해 보니까
되더라고요

해 보니까
되더라고요

중학교 통합교육을 말하다

새로온 봄

중3 때 우리 반에 다운증후군을 가진 친구가 있었다. 장애인식 교육이 전무하던 시절, 우리는 그 친구에게 어떻게 대해야 할지 몰랐다. 어울리지 못하는 것이 안타까워 다가갔다가도 그 친구가 내 옆에서 떠나지 않으려고 하면 괜히 부담스러워 오히려 멀리했다. 그때도 미안했고, 지금도 사무치게 미안하다. 중학교 교사가 되어 담임을 맡은 학급에서 다운증후군을 가진 학생을 지도하게 되었을 때, 그때의 담임 선생님이 떠올랐다. 왜 가르쳐주시지 않았을까. 이 친구와 어떻게 지내면 좋겠다고 왜 당부하시지 않았을까. 그 친구에게 잘못 대하는 건 나쁜 일이라고 왜 따끔하게 야단치시지 않았을까. 철 다 든 열다섯 여학생들이었으니 가르쳐 주셨더라면 우리는 서로 조금 더 나은 관계를 맺을 수 있었을 텐데.

　그때 가르쳐 주셨더라면 지금 내가 우리 반 아이들을 지도할 방법을 알고 있을 텐데.

　그렇다. 나는 장애 학생이 함께 있는 통합학급 교육을 어떻게 해야 할지 배우지 못했다. 내가 학생일 때는 물론이고, 사범대학 교육과정에서도. 배우지 못했다는 것을 깨닫고 나니 옛 스승의 마음이 이해가 갔다. 그분도 모르셨으리라. 어떻게 해야 이 아이들이 서로 조화롭게 발달할 수 있는지, 어떻게 배려해야 하고 어떤 것은 안 되는 행동인지 그분도 모르셨을 것이다. 배우신 적이 없으니까.

　우리는 배우지 못한 채 교사가 되고, 그저 큰 문제 없이 한 해가 지나가기만을 바라며 임기응변으로 하루하루를 보낸다.

　이 책은 그런 교사들의 이야기다.

　'어떻게'든 잘해보고 싶은 마음은 있으나, 바로 그 '어떻게'를 배우지 못한 나 같은 교사들. 그런 교사들이 나와 비슷한 고민을 하고, 비슷한 시행착오를 겪으며 '스스로' 배워가는 과정이 책 전반에 오롯이 담겨 있다. 전 세대로부터 배우지 못했다면 현장에서 실시간으로 배워가면 된다. 자신과 동료의 모든 경험이 교육과정이고 교과서다.

　그래서 책을 읽다 보면 묘하게도 마음이 편해진다. 나만 이런 생각을 하는 것이 아니었구나. 나만 모르는 것이 아니었구나. 나처럼 생각하는 교사들이 많이 있구나. 내 생각이 가끔은 맞기도 하는구나. 나의 고민과 경험이 의미를 부여받는 느낌이다.

이런 공감은 본문 속 여러 학자의 이론에서도 확인되는데, 평소 통합교육에 대한 내 생각이 그리 잘못되지는 않았음을 알게 되어 반가웠다. 여러모로 힘을 주는 책이다.

- "통합교육 프로그램을 통해 비장애 아동이 인간의 개인차를 수용하는 태도와 남을 돕는 적절한 방법을 학습할 수 있다"
- "교사는 학급의 아이들에게 통합교육의 가치를 '가르치는 존재'가 아니라, 학생들에게 적절한 환경을 제공함으로써 스스로 생각하고 경험할 수 있도록 '촉진하는 존재'다."
- "특수교육대상 학생이 통합 학교에서 배우지 못한다는 생각은 학교에 다니는 이유가 '수업'이라는 생각에서 벗어나지 못했기 때문이다. –중략– 아이를 중심에 놓고 보면 학교에 다니는 이유는 충분하다. 학교 안에서 수많은 만남이 이뤄지고, 만남을 통해 가정에서 하지 못하는 경험을 하기도 한다."

최주연

서울 삼정중학교 수학 교사

《자유학기, 이런 수업 어때요?》 공저자

특수교사로 살아온 16년, 그 시간 동안에도 또 지금도 "통합교육은 정말 필요한가요?" "통합교육, 어떻게 해야 할까요?" "통합교육은 비장애 학생들의 성장에 도움이 되나요?"라는 질문은 여전히 어렵다. 이런 질문을 들으면 머뭇머뭇하며 원론에 가까운 답을 한다.

강렬한 느낌의 이 책의 제목을 만났을 때, 그래서 반신반의하면서도 설레었다. 아주 천천히 때론 멈춰서 호흡을 고르면서 책 속으로 한 걸음씩 걸어가 민주, 진혁이, 현민이, 태수와 비장애 학생, 통합학급 담임교사와 특수교사를 만났다. 책 속의 아이가 꼭 밝은 햇볕 아래 함박웃음 가득한 얼굴로 내 옆을 뛰어 지나가며 "쌤~ 해보니깐 되더라고요"라고 말을 건네주는 것 같았다. 책을 덮는 마지막 순간, 아이들이 내게 와서 이렇게 속삭이는 듯했다.

"사실 제목 앞에 숨겨진 문구가 있어요, 찬찬히 다시 보세요"

나의 의구심과 선입견이 조금 걷히자, 숨겨진 문구가 보였다.

"(서로를 꽃으로 바라보는 우리가 함께하니) 해 보니깐 되더라고요!"

나는 기대한다. 읽는 독자마다 자신만의 숨겨진 글귀를 찾아내기를. 그 글귀가 자신의 교실, 수업, 학생들에게서 실현되기를. 끝내 우리가 함께 웃으며 이야기를 나누기를!

현은주

경기 역곡중학교 특수교사

엄마의 마음을 가진 교사, 교사의 눈을 가진 엄마가 되기를. 나도 이웃들도 그렇게 되기를 바라왔다. 그런데 '해 보니까 되더라고요'라며 저자 두 분이 그렇게 다가왔다.

영어 교사 이수현 선생님은 공교육 현장에서 장애 학생들의 소외가 어떠한지를 알기에, 자폐성 장애 아이를 낳은 후 육아휴직 7년 동안 대안학교를 만들고 운영하다가 다시 공교육으로 돌아온다. 장애 자녀가 개별적이고 안전하게 분리된 환경보다 다양한 또래 친구들과 부딪히며 함께하는 환경을 더 원한다는 것을 깨달았기 때문이다. 영어 교사이자 통합반 담임으로서 다연이, 진혁이, 현민이 등 장애 학생의 숨은 가능성 한 가닥까지도 놓치지 않고, 비장애 학생들과 좌충우돌 합의하고 만들어 가며 함께 성장한다.

특수교사 김민진 선생님은 일반 학교 안에서 장애 학생들이 타인에게 방해되지 않도록만 잔소리하던 부끄러운 과거를 드러낸다. 여러 시행착오 속에 장애 학생의 옹호자이자 비장애 세상과의 중재자로서 틀을 깨고 넓혀가는 아픈 시간을 보여준다. 학생을 감당하기 벅찬 날의 참혹한 마음과 장애 학생의 공정한 평가 기준을 지키려 선배 교사에게 대항하는 절규는 마치 장애아의 엄마로서 내가 겪었던 심정 같았다.

거대한 사회 속에서 풀꽃처럼 약한 아이는 특별한 사랑을 가진 부모와 교사로 하여금 두려움과 자책, 인내와 수용, 용기와 성장을 경험하게 하고, 그 힘으로 이웃과 사회를 연결하고 넓히게 한다. 그 길 가운데 만난 두 분 선생님께 반가운 인사를 건네고 싶다.

김석주

자폐성장애 청년의 엄마이자 음악치료사

《선물》《발달장애를 이야기하다》 공저자

＊＊＊

학기 초에 교육청으로 걸려 오는 교사의 전화 상당수는 장애 학생 지원인력에 대한 민원이다. 이렇게 심한 장애 학생을 배정해 놓고 지원인력을 배치해 주지 않으면 도대체 수업을 어떻게 하라는 건가? 이 학생 때문에 수업을 제대로 할 수 없어 일반 학생들이 피해를 본다며 직설적으로 표현하시는 분도 계신다. 지원인력이 없으면 통합교육을 할 수 없는 것처럼 말씀하실 때마다 속이 상한다. 수업에 방해가 되면 지원인력과도 함께 교실로 밖으로 내보낼 것 같은 느낌이다. 가끔 중·고등학교 특수학급이 일반 학교 속 또 다른 형태의 특수학교라는 생각을 하곤 한다.

통합학급에서 상처받는 자녀가 마음 아파 특수학급에서 전일제로 교육받기를 원하는 부모님들도 종종 있다. 종일 특수학급에만 있는 것이 통합교육인가 하는 생각이 들겠지만, 특수학교로 가는 것은 통합을 포기하는 것 같아 받아들이고 싶지 않은 것이다. 이런 요청을 특수학급 교사들은 종종 받아들인다. 통합학급의 모든 교과 선생님들에게 부탁하고 설명하고 불쾌한 말을 들어야 하는 것도 부담이지만, 그 과정에서 특수교육대상 학생들이 받는 상처가 너무 마음 아프기 때문이다.

초등학교에 비해 교과 수업 위주로 운영되는 중·고등학교 선생님들은 상대적으로 수업하는 교실에 장애 학생이 있어도 자신과는 거리가 있는 이야기로 생각하는 것 같다. 그러나 특수교육대상 학생들도 교실의 일원, 수업의 일원, 오히려 더 성장과 교육에 관심을 쏟아야 하는 공동체의 중요한 일원이라는 것을 생각해 주었으면 좋겠다.

사람은 사람으로 치유된다. 좋은 관계 속에서 자신의 존재감을 느끼며 성장한다. 그런 관계를 만들고 싶고, 그런 공동체에 소속되고 싶은 마음은 장애 학생이나 비장애 학생이나 모두 같을 것이다. 코로나 팬데믹에서 일상으로 돌아오는 이때 우리 교실들이 다정하고 따뜻한 관계들로 넘쳤으면 좋겠다. 교사라면 누구나 꿈꾸는 그런 교실과 수업들이 펼쳐졌으면 좋겠다. 이 책이 학교마다 교사들이 함께 통합의 파도를 일으키는 바람이 되고, 그 순풍이 고군분투하고 있는 특수교사들에게도 따뜻하게 가닿으면 좋겠다.

한경화

경상남도교육청 장학사, 특수교육학 박사

《나는 특수교사다》《통합교육으로 통하는 통로》《특수교사 수업을 요리하다》공저자

초등학교 특수교사인 저는 중학교 통합교육 이야기가 궁금했습니다.

유치원과 초등학교의 통합교육 이야기는 많이 들었지만, 중학교의 통합교육 이야기는 접하기 어려웠습니다. 전체 특수교육대상 학생의 약 72%가 일반 중학교에 다니고 있는데도요. 중학생이 되면 어떻게 생활하는지 중학교 선생님들을 만나 이야기를 들으면서 초등학교와는 많은 차이점이 있다는 것을 알게 되었습니다. 유·초등학교에서는 담임교사와 특수교사가 주로 일대일로 협력한다면, 중학교는 특수교사가 학생마다 담임교사는 물론 여러 교과 교사와도 함께 협력해야 통합교육이 가능한 구조였습니다.

특수교육대상 학생이 담임선생님을 만나는 시간도 짧고, 매시간 교과별로 선생님이 바뀌고, 이동수업도 많아지면서 느끼는 어려움이 많다는 것을 알게 되었습니다. 한창 호르몬의 변화를 겪는 시기인데 교과 내용도 어려워지고 친구 관계도 복잡해지는 중학교에서 (잘 지내는 학생들도 있지만) 통합학급에서 뿌리내리지 못하고 겉도는 학생들도 많아 보였습니다.

중학교 선생님들의 통합교육에 대한 어려움도 보였습니다. 특수교사가 특수학급에서 수업을 하면서 여러 통합학급의 교과 수업까지 지원하기에는 시간과 관계의 한계가 보였고, 일반 교사들은 특수교육대상 학생이 학력 격차가 크거나 수업에 충실하지 못하면 어떻게 수업에 참여시켜야 할지 갈피를 잡기 어려운 현실 보였습니다. 선생님들의 이야기를 들으며 우리에게 통합교육의 이상과 당위성은 있지만 구체적으로 어떻게 만들어가면 좋은지에 대한 이야기가 부족하다는 생각이 들었습니다. '어떻게'를 찾아가는 이야기가 필요해 보였습니다. 이 책은 그 '어떻게'를 찾아가는 이야기를 시작하기 위한 것입니다.

부족한 것, 어려운 것, 시행착오와 좋은 사례를 먼저 꺼내는 것이 출발이 될 수 있겠다 싶었습니다. 그래서 위치와 생각, 접근이 다를 수 있는 일반 교사와 특수교사 두 사람의 그간 통합교육을 향한 노정을 나누면, 더 많은 선생님이 새로운 아이디어와 자신감으로 새로운 통합의 교실과 수업을 만들 수 있으리라는 기대와 믿음을 가지게 되었습니다.

1부는 일반 교사의 접근으로, 영재교육에 관심이 많던 영어 선생님의 이야기입니다. 자녀를 계기로 특수교육대상 학생을 유심히 살피게 되면서 느꼈던 생각들과 시도들, 통합학급 담임교사로 겪었던 시행착오들과 아쉬움, 학급 아이들과 함께하면서 경험했던 통합교육의 가능성과 가치에 대하여 다루고 있습니다. 영어 수업에 특수교육대상 학생들도 의미 있게 참여하는 수업을 고민하며 시도했던 이야기는 꼭 함께 나누고 싶습니다.

2부는 특수학급 교사의 접근으로 통합교육을 바라보는 시각의 변화를 엿볼 수 있습니다. 특수교육대상 학생을 일반교육의 체계에 어떻게 잘 적응하도록 도울까로 시작해 학생들의 마음을 들여다보게 되면서 통합교육에서 정말 중요한 것은 소속감과 관계라는 것을 알게 되는 과정을 담았습니다. 통합교육은 특수교사 혼자서는 절대 해낼 수 없고, 학생 한 명을 만나는 모든 선생님의 작은 10%들이 모여야 진정한 통합교육이 가능하다는 것을 다양한 경험을 풀어 보여줍니다.

다른 방향에서 출발한 두 선생님의 공통된 결론이 있습니다. 처음엔 특수교육대상 학생에 초점을 맞춰 어떻게 하면 학교생활을 잘할 수 있을까에서 출발했지만, 학생들을 자세히 바라보게 되면서 어려움을 겪는 학생들 모두에 다가가는 방법을 찾았다는 것입니다. 또, 특수교육대상 학생의 어려움이 아니라 할 수 있는 것이 무언인지 살피면서 학급운영과 수업참여를 끌어내는 다양한 아이디어를 찾을 수 있었다는 것입니다. 교사가 규칙을 세우고 주도할 때는 풀기 어려웠던 문제들이 학생들과 이야기를 나누고 함께 하면서 실마리를 찾을 수 있었다고 말합니다. 어쩌면 선생님들이 보였던 무심함은 어려움이 있는 학생의 잠재력을 잘 몰라서, 따로 생각해보지 않아서, 어떻게 접근하면 좋을지 몰라서였다는 것을 알게 되었다고도 합니다. 그리고 알게 되는 순간, 할 수 있는 것들부터 하나씩 시도하는 선생님들의 모습을 볼 수 있었다고 말이죠.

소소한 시도들이 조그마한 차이를 만들어낼 것이라 생각합니다. 선생님들의 기분 좋은 상상들이 모여 더 풍성한 통합교육의 이야기들이 펼쳐지리라 기대해 봅니다. 저자들의 말처럼 자신이 할 수 있는 것부터 하는 것이 그 시작이 될 것입니다. 저자들의 이야기가 선생님들께 부담을 넘어 다양한 통합교육의 모습을 상상하고 만들어가는 계기가 되었으면 하고 소망해 봅니다. 이제 저자들의 이야기를 만나러 가볼까요?

이종필

초등 특수교사

《특수교사 교육을 말하다》《교사 통합교육을 말하다》 기획 및 공저자

해 보니까 되더라고요!

이게 뭐 별거라고요!

1부

해 보니까
되더라고요!

이수현

2008년부터 중학교에서 아이들을 만나고 있습니다. 한국외국어대학교에서 영어를 전공하고, 서강대학교에서 영어교육학 석사 학위 취득 후 영어 교사로 일하고 있습니다. 장애가 있는 아이들을 키우며 통합교육에 관심을 가지게 되었고, 몇 년간 통합학급 담임과 교과 교사로 다양한 학생들을 만나며 중등 통합교육이 나아갈 방향에 대해 깊이 고민하고 있습니다.

1

중학교에서의
통합교육

매일 아침 일찍 설레고 긴장되는 마음으로 출근을 했다. 7년 간의 오랜 휴직과 사직까지 고민한 끝에 다시 일하게 된 터라 잘하고 싶은 마음이 컸다. 빨리 적응하기 위해 매일 새벽에 출근해서 달라진 학교와 업무를 파악하고자 노력했다. 운동장을 바라보며 교무실로 걸어 가는 동안 늘 마음이 벅차 올랐다. 새벽 공기의 상쾌함은 긴 공백을 깨고 다시 일을 하게 된 나에게 늘 '할 수 있다'고 토닥여 주는 친구 마냥 힘이 나게 해 주었다.

휴직을 하기 전 나는 영어 교과 수업 연구에 열심을 다했다. 잘 가르치는 교사가 되고 싶었던 나는 내가 가진 지식을 학생들에게 가장 효율적인 방법으로 전달하는 것이 중요하다고 믿었다. 수업 연구 과정에서 언제나 학생들이 '대체로 잘 이해할 수 있는 교수법'을 고려했다. 최대한 많은 학생들이 내 수업을 잘 이해하면 된다고 생각했다. 수업을 따라오지 못하는 학생들에 대한 불편한 마음은 '각자 수준에 맞는 보충학습을 하고 있겠거니.'라는 마음으로 덮어 두었다. 학습이 느리고, 배움이 어려운 학생들까지 고려해 수업을 설계하지는 못했다. 그들은 매해 어느 교실에나 항상 존재했는데도 말이다.

엄마가 되고, 그것도 학습이 느린 두 아이의 엄마가 되고 보니 학생들 한 명 한 명이 이전과는 달리 보였다. 관심을 가지다 보니 수업에서 소외되고 있는 학생들, 다양한 어려움이 있는 학생들이 생각보다 많았다. 장애가 있는 특수교육대상 학생은 물론 특수교육대상으로 지정되지는 않았지만 학습이 느린 학생, 사물이나 음성을 인식하거나 표현하는데 서툰 학생 등 다양한 어려움을 겪는 학생들이 많았다. 배경이나 처한 상황, 성격이나 성향으로 인해 교실과 수업, 학업과 교우 관계에서 어려움을 겪는 학생들도 보였다. 그런 어려움을 감당하는 것을 학생 개인의 몫으로 여기는 일이 많겠다는 생각이 들었다. 느린 내 두 아이가 만날 학교와 교실도 마찬가지일 수 있겠다 싶어 정신이 번쩍 들었다. 교사로서 내 몫, 해야 할 역할을 찾아야겠다는 생각이 강해졌다.

당장은 필요와 요구를 먼저 느낀 나부터 변화를 시도해야 할 것 같았다. 우선 학습이 어려운 학생들까지 모두 고려한 수업을 하려면 예전의 교수법을 바꿔야 했다. 자유학년제는 나의 수업 혁신에 많은 도움이 되었다. 내 과목인 영어만 잘 가르치면 되는 줄 알고 복직했는데, 내 시간표에는 영어 외에도 주제탐색, 진로탐색, 진로독서, 동아리, 스포츠까지 있었다. 처음에는 부담이었으나 자유학년제로 시험이 없는 1학년을 담당했기 때문에 수업에서 다양한 시도를 해 볼 수 있었다. 강의보다는 체험과 실습, 활동 위주의 수업을 하다 보니 학생들도 그저 수동적으로 의자에 앉아 있는 것이 아니라 흥미를 가지고 수업에 참여하게 되었다. 무엇보다 시험의 부담에서 벗어나니 자유롭게 학생들과 다양한 활동을 해 볼 수 있었고, 학생들도 여유를 가지고 참여할 수 있었다. 통합교육에 관심이 생긴 나는 자유학년체제에서 '개별 학생에 대한 관심'을 실제 수업으로 옮기는 노력을 해 볼 수 있었다. 이렇게 이전의 경직된 교과 교육 중심에서 벗어나다 보니 자연히 특수교육대상 학생이나 학습이 느린 학생들이 참여할 수 있는 활동도 많아졌다.

이전에 미처 관심을 기울이지 못했던 학생들을 세심히 살펴보니 시험 점수로는 보지 못했던 변화가 눈에 띠었다. 학습이 어려운 아이들도 나름대로 활동에 참여하다 보니 무기력한 모습에서 벗어나 생기를 찾아 갔다. 학생들의 변화가 눈에 보이니 교사인 나도 신이 났다. 이전의 수업에서는 한 번도 고려해 보지 못한 특수교육대상 학생도 통합교실에서 함께 참여할 수 있는 방안을 계속해서 모색해 볼 수 있었다.

학급에 얼마나 다양한 학생들이 있는가를 살펴 보고 개별 학생들에 관심을 기울이다 보니 이제껏 평균 수준의 학생들에만 맞추어 수업했던 나의 교육 방식이 미안하게 느껴졌다. 그래서 또래와 함께 고민하며 학습할 수 있는 활동도 많이 설계했고, 학습 게임이나 신체활동과 결합한 수업도 열심히 연구했다. 쉽지만은 않은 일이고, 내가 설계한 수업이 제대로 진행되지 않을 때도 많았지만, 그래도 소외된 학습자 없이 모두가 참여할 수 있는 수업에 점점 가까이 갈 수 있었다.

통합교육은 온갖 다양한 사람들이 사회를 구성해 살아가는 것과 마찬가지로, 장애가 있거나 또 장애가 아니라도 특별한 교육적 지원이 필요한 학생들도 교실에서 함께 생활하며 교육 받도록 하는 것이다. 통합교실(교육)은 이미 20년 넘게 우리 교육에서 운영되고 있지만 여전히 어려운 것이 사실이다. 특히 담임교사가 수업과 생활지도를 하며 하루 종일 함께하는 초등학교와 달리 중학교에서는 교과목마다 교사가 달라 통합교육이 어려운 점이 더욱 많다. 담임교사조차도 학급의 학생들을 파악하는데 시간이 많이 걸리는데, 교과 교사는 매일 여러 반에서 수업을 하기 때문에 학급에 어떤 학생들이 있고, 어떤 다양한 성격과 특성을 가졌는지 파악하는 데 시간이 더 걸릴 수밖에 없다. 학생에 대해 파악했더라도 그 학생에 맞는 학습 지도 방안을 찾는 데는 많은 시행착오를 거치게 된다.

담임을 맡은 학급에 특수교육대상 학생이 있으면 학생에 대한 정보를 교과 교사에게 제공할 수는 있지만, 수업에서 어떻게 지도해 달라는 식의 요구는 하기가 어렵다. 담임교사나 특수교사가 모든 교과의 목표나 내용을 알기가 어렵고, 또 교과목별 학생의 수준을 판단하기도 힘들기 때문이다. 교과 교사의 입장에서도 마찬가지다. 일주일에 한두 번 만나는 특수교육대상자에 대한 정보도 부족하고, 시험이나 입시 때문에 교과 진도 나가기에도 급급한 경우가 많다 보니 특수교육대상 학생에 대한 특별한 교육적 지원은 특수학급의 몫, 특수교사의 책임인 것으로 넘기게 된다. 하지만 특수교사가 특수교육에는 전문성이 있겠지만, 통합교육은 그와 또 다른 접근이다. 통합교육은 단순히 독특한 개인을 단체에 적응시키는 문제가 아니라 다양한 학생들이 함께 어우러져 수업과 생활을 하도록 자원과 환경을 조율해야 하는 것이기 때문이다. 통합교육은 이미 이루어지고 있다. 학교와 교실에서 이미 물리적으로 통합되어 함께 생활하고 있기 때문에 통합교육은 특수교사나 담임교사가 아니라 교사 모두의 몫이자 책무가 되었다. 그렇기 때문에 교사는 보다 효과적인 통합교육을 위해 관점과 의지를 새롭게 할 수 있어야 한다.

우리는 교육이 학생을 학습의 주체이자 개별적인 인격체로 존중하는 학생 중심이어야 한다는 생각을 이미 오래전부터 해왔다. 학생마다 발달 속도와 특성이 다르다는 점에서 우리는 수준별 수업과 다양성을 존중하는 유연한 수업을 고민해야 한다. 그러나 현실적으로 많은 교사들이 통합교육을 부담스러워 한다. 교실과 수업에서, 일상의 학교 생활과 관계에서 어떻게 해야 할지 어려워한다. 그래서 부족하지만 나의 통합교육을 향한 고민과 노력, 실제 사례들을 통해 여러 선생님들과 함께 생각해 보고자 했다. 이 책이 현재의 중학교 현실 속에서 다양성을 존중하는 통합교육이 나아갈 방향을 모색하고, 실현 가능한 실제적인 수업 연구를 함께 할 수 있는 시작이 되었으면 좋겠다. 다음 장부터 펼쳐질 내 경험을 통해 보자면 좋은 통합교육은 쉽지 않지만, 그렇다고 어렵지만도 않다. 처음 시작은 자유학년제 활동부터였으나 막상 교과 수업에 적용해 보니 교과 수업에서도 할 수 있는 방법은 많이 있었다. 학생들 모두가 즐겁게 참여할 방법을 찾으려니 상상력이 발동되었다. 약간의 즐거운 상상이 새로운 시도와 도전의 선순환을 만드는 훌륭한 엔진이 되었다.

2

선생님을
부탁해

첫인상

민주를 처음 만났을 때 조금 놀랐다. 장애가 있는 여자아이라고
해서 나도 모르게 왜소할 거라 상상했는데, 다른 아이들에 비해 키가
크고 덩치도 나보다 컸다. 민주는 신체 건강한 아이였다. 힘도 세고 잘
먹고 아픈 곳도 없어 보였다. 첫 달은 아이들의 번호대로 좌석을 배치
했는데, 그러다 보니 중간쯤 앉은 민주가 몸집이 유난히 커 보였다. 민
주 뒤에 앉은 아이는 민주에 가려 잘 보이지 않을 정도였다.

"민주야. 뒤에 앉은 친구가 칠판이 잘 안 보일 것 같아. 민주가 제
일 뒷자리에 앉아도 괜찮을까?"

말수가 없는 민주는 말없이 고개를 끄덕였다.

민주는 매사에 의욕이 없었다. 항상 표정이 시무룩하고 어둡고 우울해 보였다. 조심스럽게 말을 걸어 보면 거의 대답을 하지 않거나 기어들어가는 목소리로 속삭이듯 말을 했다. 덩치가 워낙 크다 보니 움직임은 둔했고, 자리에 한 번 앉으면 거의 움직이지 않았다. 수업 시간에는 책상에 엎드려 있었고, 쉬는 시간에도 화장실에 갈 때를 빼고는 거의 움직이지 않았다. 가끔 수업 시간에 아무도 웃지 않는 타이밍에 큰소리로 웃는다거나 갑자기 울거나 했다. 하지만 그것도 자주 있는 일은 아니었다. 민주는 하루 일과의 반은 특수반에 있었지만 나머지 반은 교실의 맨 뒷 자석에 앉아서 그렇게 존재감 없는 시간을 보내고 갔다.

무기력과 무력감

민주를 만났을 당시 나는 열정 넘치는 신규 교사였다. 나는 수업 시간에 엄격해 학생들이 수업활동 외에 다른 행동을 한다거나 엎드려 자는 것은 있을 수 없는 일이었다. 민주에게 엎드려 있지 말고 책을 펴서 보라고 하면 잠깐 책을 펴서 앉아 있다가 이내 또 무기력하게 책상에 엎어졌다. 민주의 엎드려 있는 행동이 고민되었다. 특수 선생님께도 물어 봤지만, 특수반에서의 행동도 별반 다르지 않은 것 같았다. 나는 고민 끝에 민주의 어머니에게 전화를 했다.

"어머니, 안녕하세요. 민주 담임입니다. 민주의 학교생활에 대해 드릴 말씀이 있어서요."

"선생님. 그렇잖아도 한번 찾아뵙고 싶었습니다. 제가 학교로 바로 찾아가도 될까요?"

민주 어머니는 곧장 학교로 달려왔다. 어머니에게 민주의 학교생활에 대해 자세히 알리고 가정에서는 어떤지 조심스레 물어 보았다. 그런데 별안간 어머니가 울음을 터뜨렸다. 잠시 눈물을 흘리다 시작된 민주의 어릴 적 이야기는 충격적이었다. 초등학교 저학년 때 아버지가 민주에게 한글과 수, 연산, 구구단 등을 직접 가르쳤다고 했다. 그러던 중 민주가 학습이 잘 되지 않자 때리기 시작했고, 날이 갈수록 강도가 심해졌다고 한다. 차를 타도 민주를 조수석에 앉혀 두고 구구단 문제를 내고 답을 못하면 바로 구타를 했다고 한다. 한번 감정이 격해지면 민주의 코에서 피가 줄줄 흘러도 아버지는 구타를 멈추지 못했다고 한다.

"원래 민주가 이렇게 무기력하고 우울한 아이는 아니었어요. 어릴 땐 잘 웃고 그랬는데…. 아빠가 오죽 답답했으면 손을 댔을까 싶다가도, 애가 아빠 때문에 더 나빠진 것 같아서 저도 마음이 아파요. 민주 아빠도 힘들어서 우울증 약을 먹고 있어요."

민주 부모님의 민주에 대한 기대와 요구가 소위 말하는 보통의 아이들의 평균에 맞춰져 있어 그에 못 미치는 민주에게는 오히려 폭력과 공포가 자리 잡은 가정 환경이 된 것 같았다. 부모조차 자녀의 특성이나 장애에 대해 이해하지 못해 적절한 교육과 지원을 놓친 것이었다. 어머니와의 상담 후 나는 가슴이 더 답답하고 먹먹했다. 민주가 너무 안쓰럽고 가여웠다. 이렇게 학교에 오는 것만으로도 대단하다는 생각이 들었다. 그 당시 나는 발달장애에 대해 잘 몰랐기 때문에 민주의 장애가 아버지 탓인 것만 같았다. 상처가 깊은 아이에게 나는 무엇을 해 줄 수 있을지 생각해 봤지만 거의 없었다. 그저 따뜻하게 웃어주고 친절히 대해 주는 것 밖에는 없어 보였다.

학교 가기 싫어요

신규 교사인 나는 딱 한 달을 근무하고 연수를 떠나야 했다. 신규 영어 교사는 발령받은 첫해에 한 달간 연수를 받아야 했는데, 나는 4월 연수에 배정되었다. 아직 학생들과도 익숙지 않고 학교에 채 적응하지 못한 4월에 한 달이나 자리를 비워야 해서 마음이 불편했다. 임시 담임이 있었지만 그래도 학생들은 내가 담임이라고 한 달간 정이 들었는지 이따금 안부를 전해왔다. 우리 반 아이들 모두 잘 지내고 있다고 했다. 그래서 나는 당연히 민주도 잘 지내고 있으리라 생각했다.

연수가 끝나고 설레는 맘으로 학교에 돌아온 날이었다. 아침 조회 시간에 교실에 민주가 보이지 않았다. 몇몇 아이들이 민주가 교문에 서 있는 것을 봤다고 했다. 무슨 일인가 싶어 교문으로 달려 나가 보니 이미 특수 선생님이 와 있었다. 민주는 얼마 전부터 학교에 오면 이렇게 교문에 서서 한참을 있다가 들어온다고 했다.

"민주야~ 선생님 왔어. 들어가자."

민주는 꿈쩍도 하지 않았다. 특수 선생님과 나는 이래저래 민주를 설득하려고 애를 썼다. 민주는 기어 들어가는 목소리로 말했다.

"학교 가기 싫어요."

무슨 말로 설득을 해도 같은 말만 되풀이했다. 그 뒤로도 민주는 매일 이렇게 짧게는 10~20분, 길게는 1시간 이상 교문에 서 있었다. 특수 선생님과 나는 수업이 없는 시간에 번갈아가며 민주가 교실로 들어올 때까지 옆에 서 있었다. 어떤 날은 민주가 갑자기 특수 선생님을 때리기도 했다. 말릴 틈도 없이 너무 갑자기 선생님에게 주먹을 날려서 옆에 있던 나는 소스라치게 놀랐다.

"민주가 이렇게 다른 사람을 때리기도 하나요?"

항상 얌전히 앉아 있던 민주만 보았던 터라 나는 정말 놀랐다.

"특수반에서는 가끔 이렇게 저를 때리기도 해요."

나는 민주가 아버지에게 지속적으로 구타를 당했다는 어머니의 얘기가 떠올랐다.

민주가 순순히 학교에 들어온 날도 있었는데, 그런 날은 어김없이 중간에 어디론가 사라졌다. 화장실에 들어가서는 안에서 문을 잠그고 나오지 않기도 했다. 화장실 밖에서 아무리 설득을 해도 답이 없었다. 어떤 날은 화장실 칸 안에서 큰 소리로 울기도 했다. 민주가 우는 날은 진심으로 안아주고 싶었지만 문을 열어주지 않았다. 스스로 문을 열고 나올 때까지 수십 분을 기다려야 했다. 그렇게 며칠을 지내다 보니 나도 특수 선생님도 지쳐갔다. 민주와 소통할 어떤 방법도 찾을 수 없어서 답답하고 무기력했다. 고민이 깊어졌지만 민주의 마음을 만져줄 방법을 나는 끝내 찾지 못했다.

학급 회의를 열다

고민 끝에 나는 학급 회의를 열기로 했다. 우리 반 아이들도 민주가 교문에서 학교에 들어오기를 거부한다는 것과 화장실에서 문을 걸어 잠그고 나오지 않는다는 사실을 잘 알고 있었다. 나는 아이들에게 물었다.

"민주가 학교에 오는 것을 너무 싫어하는데 우리가 도와 줄 수 있는 방법은 없을까? 사실 내가 민주라면… 나라도 학교에 오기 싫을 것 같아. 민주는 친구도 없고 수업 시간에 참여할 수 있는 것도 많지 않잖아. 민주도 우리 반 친구이니 함께 고민해 줄 수 있겠니?"

아이들은 생각보다 진지하고 적극적이었다. 사실 학급 회의를 열기 전에는 아이들의 반응이 어떨까 걱정을 많이 했는데 그것은 나의 기우였다.

"점심시간에 민주랑 같이 밥 먹으면 좋아할 것 같아요."

"민주랑 쉬는 시간이나 점심시간에 같이 산책해요. 민주는 항상 혼자 있잖아요."

"공부가 어려워서 수업 시간에 엎드려 있는 것 같아요. 공부를 도와주면 될 것 같아요."

"민주가 아침에 등교하는 걸 싫어하니까 우리가 같이 등교하면 될 것 같아요."

내가 생각지도 못한 많은 의견이 나왔다. 나는 한꺼번에 너무 많이 하려 하지 말고 한 번에 한 가지씩 해보자고 제안했다. 그리고 어떤 것을 할지 아이들이 스스로 결정하도록 했다. 투표 결과 '민주와 함께 등교하기'로 결정됐다. 민주는 학교에서 가까운 아파트에 살고 있었다. 학급의 많은 아이들이 같은 아파트에 살고 있었기 때문에 함께 등교하는 것은 어렵지 않아 보이긴 했다. 그러나 나는 내심 염려가 되었다.

'아이들이 바쁜 아침에 과연 민주네 집까지 늦지 않게 갈 수 있을까? 민주가 거부하지는 않을까? 아이들이 과연 민주와 학교 안까지 무사히 들어올 수 있을까? 행여 특수 선생님을 때렸던 것처럼 친구를 때리지는 않을까?'

수많은 염려가 일어났지만, 일단 아이들이 회의로 결정한 일이니 믿고 맡겨보기로 했다.

함께 등교하다

드디어 아이들이 민주와 등교를 시작하는 첫날이 왔다. 나는 초조

하고 긴장된 마음으로 아침 일찍부터 교문 근처를 서성였다. 이윽고 교문 앞길 저 멀리에서 수민이, 예진이와 민주가 함께 걸어오는 모습이 보였다.

'과연 민주가 무사히 교문을 통과할 수 있을까?'

심장이 뛰는 소리가 귀에까지 들리는 듯했다. 놀랍게도 민주는 아무런 망설임 없이 교문을 통과했다.

"선생님 안녕하세요!"

수민이와 예진이가 밝은 목소리로 인사했다.

"그래! 얘들아! 민주랑 같이 오느라 수고 많았어!"

멀찌감치 떨어져 지켜보고 있던 우리 반 아이들이 우르르 달려 나왔다. 아이들이 기뻐서 소리쳤다.

"와! 민주가 들어왔다! 와! 민주야 멋져! 민주 최고!"

민주가 웃었다. 이제껏 한 번도 보지 못한 표정이었다. 아이들도 의기양양했다. 기뻐서 폴짝거리며 교실로 함께 들어가는 아이들의 뒷모습에 나는 울컥 눈물이 났다.

아이들은 등교만 함께 했을 뿐, 민주를 위해 특별히 다른 무언가를 하지는 않았다. 하지만 민주는 반 친구들과 등교를 한 이후부터 단 한 번도 교문에 멈춰 서거나 등교를 거부하지 않았다. 화장실에 들어가 나오지 않는 일도 없었다.

나는 솔직히 많이 놀랐다. 이렇게 쉽게 문제가 해결될 줄은 몰랐다. 민주가 원했던 건 무엇이었을까? 홀로 학교에 오는 것이 싫었던 걸까? 친구들의 작은 관심이 필요했던 것일까?

우리 반 아이들도 민주의 모습을 보며 행복해 했다. 자신들이 뭔가 대단한 일을 해냈다고 생각하는 듯했다. 선생님이 그토록 고민하던 일을 자신들이 한방에 해결했다는 사실에 들떠 있었다. 실로 아이들이 어른들보다 훨씬 낫다는 생각이 들었다. 나는 미리 걱정부터 하고 주저했던 일을 아이들은 과감하게 실천했고, 그 결과가 예상했던 것보다 훨씬 좋았다. 나는 매일 함께 등교한 아이들을 칭찬했다. 진심으로 고마웠다. 특수 선생님도 민주가 전보다 훨씬 밝아졌다고 우리 반 아이들에게 진심으로 고마워했다.

안타까운 결말

그렇게 한 달이 채 지나지 않은 어느 날 교감 선생님이 나를 불렀다.

"이 선생님. 지금 그 반에서 장애 아이랑 애들을 같이 등교시키고 있다면서요?"

화가 난 것 같은 교감 선생님의 모습에 나는 당황했다.

"네. 저희 반 장애 아이가 계속 등교거부를 해서요. 반 아이들이 학급 회의로 결정한 일이에요. 아이들도 좋아하고, 지금은 아이들이 함께 잘 등교하고 있어요."

"이수현 선생님. 지금 제정신이에요? 그런 걸 왜 말도 없이 혼자 진행한 거예요? 학교에서 왜 장애 아이랑 등교를 시키는 거냐고 학부모가 민원 전화를 했어요. 그 일 당장 중단하세요."

신규 교사였던 나는 어찌할 바를 몰랐다. 교감 선생님에게는 알겠다고 했다. 민원을 넣은 학부모가 누구인지 정말 궁금했다. 담임교사인 나에게 직접 얘기했으면 어떻게 설득이라도 해 보았을 텐데. 익명으로 민원을 넣어서 내가 어떻게 해 볼 수가 없었다. 지금의 나라면 교감 선생님에게 자세히 상황을 얘기하고, 뚝심 있게 그 일을 계속 진행했을 텐데. 아이들의 결정이니 존중하고 싶다고 얘기했을 텐데. 그때는 덜컥 겁이 났다.

우리 반 아이들에게는 민원이 들어왔다고 자세히 얘기하지 못했다. 어느 정도 민주가 학교에 적응을 한 것 같으니 잠시 중단해 보자고 얼버무렸다. 내 가슴에 부끄러움이 일었다. 아이들의 기특한 생각을 지켜주지 못한 부끄러움. 아이들의 용기를 끝까지 지원해줄 용기 없음. 아이들보다 못한 것 같은 어른으로서의 부끄러움.

나는 민주에게 미안했고 그동안 노력해준 우리 반 아이들에게도 미안했다. 함께 등교하기 프로젝트는 그렇게 허무하게 끝나 버렸다. 민주는 다시 등교를 거부하지는 않았지만 그 후로 자주 결석을 했다. 그리고는 어느 날 갑자기 전학을 가야 한다고 어머니가 찾아왔다. 민주 아버지의 직장 관계로 이사를 간다고 했다. 그렇게 민주는 전학을 가게 되었고, 나의 첫 통합반 운영은 허무하게 막을 내리게 되었다.

지금에 와서야 하는 뒤늦은 생각이지만, 차라리 아이들에게 솔직하게 얘기하고 함께 문제를 풀어나갔으면 어땠을까? 아이들에게 사실대로 말했다면 어떤 반응을 보였을까?

통합학급 운영의 조력자

돌아보면 미숙하기 짝이 없었다. 신규 교사라 학급 운영 노하우도 부족했다. 하물며 통합학급까지 맡아서 어쩌면 더 우왕좌왕 했는지도 모른다. 그러나 교사로서 열정이 있고 아이들에 대한 애정과 희망이 컸다.

누구에게나 처음은 있고, 처음 하는 일은 부담도 크기 마련이다. 연차가 얼마 되지 않은 교사가 통합학급까지 맡으면서 마음에 부담이 컸다. 게다가 통합학급의 운영을 담임인 나 혼자 감당해야 한다고 생각했기 때문에 더 어려웠던 것 같다. 하지만 내 부족함, 미숙함을 덜어주는 사람들이 있었다. 돌아보니 나의 통합학급 운영의 가장 큰 조력자는 학급 아이들이었다.

처음부터 통합학급의 운영을 아이들과 함께 했으면 어땠을까? '우리 반'이라는 공동체의 문제를 좀 더 많이 이야기하고, 함께 해법을 찾았으면 어땠을까? 나는 교사로서 갖가지 방법을 찾아보다 마지막에야 아이들에게 의견을 구하고 맡겼다. 그렇지만 아이들은 나보다 더 따뜻했고, 훨씬 더 용감했다. 어른의 눈높이로 아무리 노력해도 안 되던 것을 아이들은 자신들의 생각으로 해결해 나갔다. 학급의 운영은 교사가 전적으로 주도하기보다는 학생들과 함께 할 때 더 많은 것을 이끌어낼 수 있었다. 아이들은 민주와 함께하는 시간을 통해 무엇을 생각하고 배웠을까?

통합학급을 통해 민주 뿐 아니라 학급 아이들이 함께 성장하는 시간이었음은 분명하다. 학생들 스스로 결정하고 움직이게끔 교사가 장을 마련해 주면 아이들은 생각보다 잘 해내는 경우가 많았다. 통합학급의 운영도 다르지 않았다. 통합교육이 단순히 같은 교실에 있는 물리적 통합에만 그치지 않고, 학급 공동체의 일원으로 책임과 활동을 함께하는 사회적 통합을 이루는 데는 학급 아이들의 협조와 도움이 반드시 필요하다. 그 과정을 통해 학생들 모두가 서로 배우고 성장할 수 있다. 마찬가지로 교사도 자신감과 통찰력을 얻게 된다. 내가 민주와 함께한 첫 통합학급에서 얻은 교훈이다.

오늘 이 질문을 나에게, 또 학급 아이들에게 던져본다. "조금 다른 친구와 학급에서 함께 잘 어울려 지내기 위해서 우리가 어떤 노력을 해 볼 수 있을까?" 아마도 아이들은 좋은 방법들을 찾아낼 것이고, 통합교육의 가장 큰 조력자가 되어 줄 것이라고 믿는다. 그때 우리 반 아이들이 고민하는 나를 도와주었던 것처럼.

3

내 아이는
보내고 싶지 않은 학교

휴직

"사람 일은 모르는 거예요."

오래 휴직할 생각이 추호도 없다는 나에게 교무부장이 한 말이다. 첫 아이가 태어나고 10개월쯤 되었을 때 남편의 일로 함께 미국으로 가게 되었다. 교무부장은 동반휴직을 쓰라고 했지만 나는 육아휴직을 쓰겠다고 고집했다. 당시 나는 일에 푹 빠져 휴직하기가 싫었던 터라 딱 1년만 미국에 다녀왔다가 빨리 복직할 생각이었다. 육아휴직은 경력도 인정되는 데다 3년이나 쓸 수 있어 남겨둘 이유가 없었다. 그런데 정말 사람 일은 모르는 것이었다. 딱 1년만 하겠다고 큰소리치던 내가 7년이나 휴직을 했으니 말이다.

젊어서 나는 영재교육에 관심이 많았다. 아기를 낳고 휴직하기 전까지 학교에서 영재반 아이들의 영어 교육을 도맡아 했다. 교사가 되기 전에는 소위 스카이를 목표로 하는 아이들의 과외를 주로 했다. 나는 아이들을 명문대에 보내는 데에 관심이 많았고, 1점이라도 시험 점수를 올려주는 데 보람을 느꼈다.

나는 내 아이도 영재로 키우고 싶었다. 그런 나의 바람처럼 아이는 걷기도 전부터 책을 무척 좋아했다. 다른 활동에는 별로 관심이 없고 자꾸만 책을 읽어 달라고 했다. 책 육아가 유행하던 시절이라 아이가 책을 좋아하는 것에 안도했다. 하루에 수십 권의 책을 함께 읽었고 아이는 얼마 지나지 않아 책을 다 외워 버렸다. 그걸 보며 나는 아이가 영재일지도 모른다고 생각했다.

아이의 교육에 관심이 많았던 나는 1년 후 귀국해서도 복직을 하지 않았다. 어린이집을 보내지 않고 내가 직접 가르치며 키우고 싶은 욕심이 생겼기 때문이었다. 그렇게 휴직을 이어가던 중 둘째가 생겨 아이를 어린이집에 보내게 되었다. 기관에 보내고 나니 뭐라고 딱 꼬집어 말할 수 없는 불안감이 찾아왔다. 아이를 등·하원 시킬 때 만나는 또래 아이들과 내 아이는 느낌이 많이 달랐다. 그간은 딱히 발달이 느린 것도 아니었고, 오히려 빠르다면 빠른 부분도 많아서 걱정을 않고 있었다. 그런데 달랐다. 영유아 검진으로도 알아낼 수 없는 독특함, 소통이 되는 건지 안 되는 건지 판단이 서지 않는 애매함, 어딘가 자기만의 세상에 자주 가 있는 것 같은 느낌이 있었다. 그렇게 불안한 채로 1년쯤 지내다 아이가 급격하게 퇴행을 시작하고서야 우리는 대학병원을 찾았다.

장애

'자폐스펙트럼'이라는 청천벽력 같은 진단명이 의사의 입에서 흘러나왔을 때부터 나는 눈물을 멈출 수가 없었다. 세수하다 울고, 밥 먹다가 울고, 설거지 하다 울고…. 매일 눈물로 시작해서 눈물로 하루를 마쳤다. 아이가 너무 예뻤고, 또 그만큼 가여워서 견딜 수가 없었다. 의사는 조기 집중 치료를 권했고, 그때부터 기나긴 치료실 생활을 시작했다. 치료를 잘 받으면 아이가 정상으로 돌아올 것이라고 굳게 믿었다. 그래서 아이의 치료에 모든 것을 걸었다.

아이는 생각만큼 좋아지지 않았다. 의사는 치료를 많이 받으면 좋아진다고 했지만 그렇지 않았다. 유명하다는 치료실은 다 찾아다녔고 밤낮으로 내 열정을 아이에게 다 쏟았지만 아이의 변화는 미미했다. 그렇게 시간이 흘렀다. 장애는 치료로 낫게 되는 질병이 아니라는 것을 아프게 깨닫기까지 몇 년이 걸렸다.

내 아이를 위한 학교

아이가 일곱 살이 되던 해 더욱더 고민이 깊어졌다. 곧 초등학교에 입학해야 하는데, 학교를 누구보다 잘 아는 터라 나는 아이를 학교에 보내고 싶지 않았다. 그간 내가 지켜본 학교는 장애 아이에게 어떤 곳이었나? 느린 학습자에게도 냉정한 학교인데 하물며 장애가 있는 학생에게는 얼마나 무관심했는가? 학업을 따라가지 못하는 학생들은 '존재하지만 존재하지 않는 아이들'처럼 취급했었다. 게다가 철없는 아이들은 장애 아이들에게 짓궂은 장난이나 심부름을 시키기 일쑤였고, 장애아를 둘러싼 학교폭력 사건도 많았다. 내가 겪은 학교, 내가 본 모습은 그랬다. 나도 그런 학교의 일부였을 것이다. 학교의 현실을 떠올려 보니 차마 내 아이는 학교에 보내지 못하겠다는 결론에 이르렀다.

나는 교사이지만 공교육을 믿지 못했다. 아이를 위한 대안교육을 찾기 시작했다. 수많은 대안학교를 무작정 방문했다. 그러나 그 어디에도 내 아이에게 맞는 학교, 내가 만족할 만한 학교는 없었다. 고심 끝에 나는 아이를 위해서 무모한 도전을 하기로 했다. 마음 맞는 엄마들과 대안학교를 만들기로 했다. 작은 컨테이너에서 학교를 시작했다. 고맙게도 우리를 도와주는 손길이 많았다. 급여를 받지 않고 봉사해 주겠다는 사람도 많았고, 교사로 나서는 사람들도 있었다. 아이들이 소수였기 때문에 특성과 수준에 맞는 교육이 가능해서 좋았다. 아이들의 리듬에 맞추어 속도도 조절이 가능했다. 미리 짜인 커리큘럼 안에 아이를 맞추지 않아도 되니 좋았다. 학교폭력 사건 같은 건 일어날 리가 없었다. 늘 자원봉사자와 교사가 아이들 옆에 붙어 있었기 때문이었다.

나도 교사로 나섰다. 솔직히 쉬운 일은 아니었다. 나는 내 아이만 알았지, 장애 아이들도 비장애 아이들처럼 특성이 다양하다는 건 미처 몰랐다. 아이들을 파악하고 그에 맞는 교육과정을 일일이 짜기가 힘들었다. 아이들 각자가 가지고 있는 해결하기 어려운 행동(문제 행동이라 불렀으나, 그 행동 가운데 장애 당사자의 의사표현이 포함되어 있어 어려운 행동이라는 표현으로 대체함)들도 정말 다양했다. 그에 대한 대응과 조치에는 확신과 일관성이 있어야 했다. 어느 지점에 이르자 전문가가 절실히 필요하다고 느끼게 되었다. 그런데 특수교육 전문가 섭외는 쉽지가 않았다. 정식으로 특수교육 학위를 받은 교사가 이제 막 시작한 작은 대안학교에 관심을 둘 리가 없었다. 유아교육이나 사회복지를 전공한 선생님은 있었지만, 스펙트럼이 다양한 자폐 아이들을 이해하고 이끌어 가기엔 역부족이었다. 무보수로 아이들의 활동을 보조해 주겠다고 나선 봉사자들은 사랑과 열정은 있었지만, 그것이 오히려 아이들을 힘들게 하는 일도 종종 일어났다.

깨달음

이상과 현실이 충돌하면서 지쳐 에너지가 바닥날 때쯤 딸아이의 모습이 보이기 시작했다. 딸아이는 자폐스펙트럼으로 진단받긴 했지만 어려서부터 사람을 무척 좋아했다. 친근하게 웃어주는 사람들을 경계 없이 대하고 좋아했다. 언제부터인가 놀이터에 가도, 지하철 안에서도, 마트에 가도 또래 아이들을 보면 넋을 놓고 쳐다봤다. 관심사가 거의 없는 아이가 또래 아이들만 보면 함박 미소를 띠며 쳐다보는 것이었다. 길을 가다 또래 아이와 마주치면 그 아이가 사라질 때까지 뒤를 돌아보곤 했다. 그 모습을 보면서 별안간 의문이 찾아왔다. 대안학교와 내가 선택한 이 길이 맞는 것일까. 이 길이 진정 아이를 위한 길일까? 육아와 교육의 대상으로서 아이가 아니라 궁극에는 자신의 삶을 살아가야 할 주체로서 아이가 보였다.

우습게도 그제야 나는 아이의 미래와 교육을 관련지어 생각하게 되었다. 아이는 미래에 어떤 사회에서 살게 될까? 학교를 졸업하고 난 후에는 어떤 세상을 만나게 될까? 주변엔 항상 자원봉사자들이 따라다니게 될까? 늘 장애인 또래만 만나게 될까? 늘 아이에게 딱 맞는 사회만 만나게 될까? 이런 의문이 들면서 아이를 위한 학교를 만든 것도 결국엔 내 욕심임을 깨달았다. 아이가 무엇을 원하는지는 생각하지 않았다. 아이의 눈빛이 말하고 있었다. 아이는 또래를 만나고 싶어 했고, 세상과 만나기를 원했다. 아이의 미래를 생각하니 어떤 교육이 필요한지 알게 되었다.

장애인과 비장애인이 더불어 사는 사회, 장애인이 격리되는 것이 아니라 사회의 일원으로서 충분한 역할을 해낼 수 있는 사회, 그런 사회를 희망하면서 나는 왜 내 아이를 보호와 교육이라는 이름으로 작은 온실 안에 가두려고 했을까? 아이만 따로 잘 교육시켜 졸업할 때쯤 사회에 짠! 하고 내놓으면 비장애인들과 잘 어울릴 것이고, 그 만큼 성장할 수 있으리라는 생각은 착각이었다. 치료실에서 집중 치료를 받았던 것처럼 학교에서도 내 아이만을 위한 집중 교육이 이루어지면 빨리 성장할 것이라 믿었다. 이미 몇 년간 기관에 보내지 않고 집중 치료를 해 봤으면서도 나는 교육에서도 똑같은 오류를 다시 범하고 있었다.

물론 내가 학교를 보내고 싶지 않았던 또 다른 큰 이유는 아이를 보호하고 싶은 마음에서였다. 그간 학교에서 나는 장애 아이들에게 일어난 학교 폭력과 무관심을 얼마나 많이 목도했던가? 교사로서 나도 장애에 대해 얼마나 무지하고 무관심했던가? 학교는 공부를 잘하고 규칙을 잘 지키며 살아가는 사람을 길러내는 곳이라고 생각하지 않았던가? 다양성을 인정하지 않는 학교에서 다양성 스펙트럼의 가장 끝에 있는 내 아이는 철저히 소외되거나 학교 폭력에 노출될 뿐이라고 생각했다. 그래서 나는 아이를 안전한 곳, 내 품과 같은 곳에서 교육시키면 학령기에는 안전하게 클 것이라 생각했다. 그런데 그 다음은? 학령기를 안전하게 보내고 졸업 후 아이가 만나게 될 사회도 그만큼 안전할까를 생각해 봤다. 당연히 아니었다. 내 아이가 만나게 될 사람은 친절한 선생님이나 자원 봉사자만이 아닐 것이다. 내 아이만을 위해 설계된 프로그램도 없을 것이다. 그런 사회에서 살아가려면 아이 스스로 모든 상황에 적응해 나갈 수 있는 힘이 필요하다는 것은 분명했다. 새로운 상황에 적응해 나갈 수 있는 힘. 어려운 상황을 극복해 갈 수 있는 힘. 그 힘은 하루아침에 길러지는 것이 아니었다. 그 힘을 기르려면 반드시 학령기에 교육하고 훈련해야 하는 것이었다.

아이가 학교로 가야 하는 이유는 또 있었다. 내 아이도 잘 교육시켜야 하지만, 함께 살아갈 또래들에게도 아이의 장애에 대해 알리고 이해시켜야겠다는 생각이 들었다. 우리 사회는 장애를 너무 모르고 무관심하다. 부끄럽지만 나조차도 그랬다. 내 아이가 불편함 없이 살아가려면 절대 바꿀 수 없는 장애에 대해서 적극 알려야 했다. 앞으로 아이가 살아갈 사회는 결국 함께 학교에 다니는 또래, 함께 교육받는 위아래 선후배가 만들어 갈 것이다. 그 친구들에게 장애를 알리는 가장 좋은 방법은 아이를 학교에 보내어 함께 생활하도록 하는 것이었다. 익숙하지 않은 것과 함께 살아가는 데는 연습이 필요하니까. 내 아이에게도 다른 모든 사람들에게도.

한때는 학교로 돌아가지 않고 대안학교에서 근무하며 내 아이와 같은 장애 아이들을 위해 기꺼이 나를 희생(?)하리라 생각했다. 하지만 아이의 장애에만 함몰된 마음을 내려놓고 나니 좀 더 멀리 보게 되었다. 장애에 대한 사회적 인식을 개선하는 것과 같은 맥락으로 비장애 아이들을 잘 가르쳐야 한다는 생각이 들었다. 학교에 돌아가서 통합학급을 맡아 제대로 운영해 보고 싶었다. 일반 교사 중에서 나만큼 장애를 잘 이해하고 통합교육의 필요성을 절실히 느끼는 사람은 드물 것이라고 생각했다. 내가 교직에서 만날 아이들이 바로 우리의 미래이며, 우리 아이가 함께 살아갈 공동체가 아닌가.

기나긴 휴직 기간 동안 나는 새로운 교사로 거듭나게 되었다. 영재학생을 길러내는 일에만 가치를 두던 교사가 통합교육의 가치를 깨닫게 되었으니 말이다. 그러나, 학교에서 내가 마주하는 현실은 녹록치 않았다. 선하고 아이들을 아끼고 사랑하는 교사들이 많음에도 놓치고 있는 문제들이 여기저기 보이기 시작했다. 나도 그랬을 터이니 나부터 '조금씩 바꿔 가자'고 마음먹었다.

4

선생님, 진혁이가
이것도 해요

학습의 시작

발달장애가 있는 진혁이는 일주일에 네 번이나 내 영어 수업에 들어왔다. 특수교육대상인 학생이 내 수업에 네 번이나 들어오는 건 처음 있는 일이었다. 첫 수업 시간에 자신은 수업과 아무런 관계가 없다는 듯 행동했다. 교과서도 없었다. 45분 내내 아무것도 안 하고 앉아만 있었다. 아무리 수업의 내용을 이해하기 힘들다지만 수업 시간 내내 시간만 낭비하고 있는 것에 마음이 쓰였다.

"진혁아. 교과서는 꼭 가지고 오자. 진혁이는 거의 매일 영어 시간이 있으니까 날마다 영어 교과서 들고 오는 거야."

"네. 영어 교과서 들고 오는 거야."

'네'라고 답하고, 또 몇 번을 더 얘기했는데도 교과서를 가져오지 않았다. 수업에 참여하지 않는 것이 습관이 되어 교과서를 챙기지 않는 것을 당연하게 여기는 듯했다. 그래서 어머니에게 진혁이가 매일 교과서를 챙길 수 있도록 지도해 달라고 부탁했다.

수업의 내용을 이해할 수 없을지라도 교과서를 펴는 것부터가 수업 참여의 시작이다. 다른 친구들이 모두 교과서를 펴면 자신도 똑같이 해야 한다는 것부터 가르쳤다. 숫자를 알고 있으니 쪽수를 스스로 확인하고 펴도록 했다. 사실 특수반 아이들은 수업 중 교과서가 없는 일이 허다하다. 수업 내용도 이해 못하는데 교과서가 무슨 소용이냐는 생각에 교사도 그냥 묵인한다. 맞다. 이 아이들은 수업의 내용을 다 이해하려고 교실에 앉아 있는 것이 아니다. 그러면, 통합교실에 그저 잘 앉아만 있도록 하는 것이 통합교육의 목적일까? 나는 아니라고 생각한다. 많은 교사들이 특수교육대상 학생을 두고 '학교에 오면 아무것도 하지 않고 앉아만 있어도 된다.' 혹은 '참여하지 않고 앉아만 있는 것도 대단한 것이다.'라고 생각한다. 나도 과거에는 특수교육대상 학생이 수업 시간에 문제만 일으키지 않으면 다행이라고 생각했는지도 모르겠다. 하지만 이제는 내 수업을 통해 특수교육대상 학생이나 다른 모든 학생에게 이런 생각을 심어주고 싶지 않았다. 의자에 앉아만 있으려고 학교에 다니는 학생은 이 세상에 없기 때문이다. 어떻게 수업에 함께할 수 있을까 방안을 고민해보고 실행하기로 했다.

처음엔 교과서에 있는 간단한 단어들을 노트에 한번 따라 써 보도록 지도했다. 교과서에 그림이 나올 때는 그림에 대해 질문도 던져 보았다. 처음에 진혁이는 선생님이 수업 시간에 자신에게 무언가를 시키는 것이 어색한 모양이었다. 이름을 부르면 화들짝 놀라기도 하고, 질문을 하면 쑥스러워하기도 했다. 하지만 이내 다른 친구들이 수업을 할 때 자신도 무언가를 할 수 있다는 것을 즐거워했다. 진혁이에게 조금이라도 수업에 '참여'하고 있다는 생각이 들도록 매일 조금씩 과제를 주었다. 사실 교과서가 진혁이에게 너무 어렵긴 했다. 아주 간단한 단어도 모르는데 영어 교과서가 무슨 의미가 있을까 싶기도 했다. 그래서 진혁이를 위해 간단한 유인물을 만들었다. 우리가 생활 속에서 자주 볼 수 있는 단어들을 그림과 함께 구성했다. 진혁이에게도 우리 일상에 스며들어 널리 쓰이는 기초적인 영어 단어를 알고 익히는 것은 필요하고, 앞으로의 생활에도 보탬이 될 것이라는 생각이 들었다. 다른 친구들이 과제를 하고 있을 때 진혁이는 따로 제작한 유인물을 학습하도록 지도했다. 진혁이는 학습 습관이 어느 정도 잡혀 있어서 잘 따라 주었다. 반복학습을 통해 암기도 가능했다. 이렇게 한 달쯤 하니 영어 시간은 자신도 공부하는 시간이라는 것을 확실히 인지한 듯 보였다. 수업에 들어가면 교과서와 유인물을 책상에 펴 놓고 웃으며 기다리고 있었다.

함께 기뻐하다

어떤 날은 진혁이가 익힌 단어가 교과서에 나오기도 했다. 그런 날은 기회를 놓치지 않고 나는 그 문장을 칠판에 썼다. 그리고는 진혁이에게 문장 가운데 아는 단어를 친구들 앞에서 말해 보도록 했다. 진혁이는 쭈뼛쭈뼛하면서도 아는 단어를 잘 얘기해 주었다. 그러면 반 친구들도 모두 박수를 치며 기뻐했다. 어느새 반 아이들도 진혁이가 함께 학습하는 것을 당연하게 받아들이고 있었다. 어떤 때는 진혁이의 학습을 도와주기도 했다. 진혁이가 알 만한 단어들을 말해 볼 수 있도록 나에게 요청하기까지 했다. 나는 아이들의 순수하고 선한 모습에 감동을 받았다. 요즘 아이들이 경쟁심만 가득하다고들 하지만 아니었다. 아이들은 자신의 학업에만 집중하는 것이 아니라 진심으로 진혁이와 함께하고 싶어 했다. 진혁이로 인해 다른 아이들도 함께 품이 넓어지고 성장해 가는 모습이 보였다.

사회는 '경쟁'만을 강조해서는 성장해 가기 어렵다. 학교는 더욱 그렇다. 나는 진혁이도 수업에 함께 참여시킴으로써 자연스럽게 경쟁보다는 협력이 중요시되는 교실의 분위기가 조성되었다고 생각한다. 아이들은 협력하며 서로 배우고 함께 성장해 가고 있었다.

한번은 수행평가가 있는 날이었다. 영어로 작문하는 것이 과제였다. 나는 진혁이의 수행평가를 어떻게 해야 하나 고민했다. 그런데 생각해 보니 고민할 필요가 없었다. 다른 학생들이 그동안 배운 것으로 수행평가를 보니, 진혁이도 그동안 배운 것으로 보게 하면 될 거 아닌가? 시험지를 받아 든 진혁이는 이름을 쓸 생각도 안했다. 그간 평가에는 참여해 본 적이 한 번도 없었기 때문이었다. 나는 진혁이에게 시험지에 학번과 이름을 쓰도록 하고 그동안 수업 시간에 배웠던 단어를 써 보도록 했다. 평소에 조금씩 꾸준히 학습해 왔으니 잘 써 내려갔다. 아주 쉬운 단어 몇 개를 쓰는 것이었지만 진혁이에겐 큰 의미가 있는 평가였다. 나도 진혁이가 처음으로 평가에 참여한다는 사실에 가슴이 뛰고 무척 기뻤다.

진혁이의 시험지를 담임선생님에게 보여 주었더니 선생님이 깜짝 놀랐다. 진혁이가 글씨를 이렇게 잘 쓰는지조차 몰랐다고 했다.

"어머머. 놀라워라 진짜. 이렇게 글씨를 잘 쓴단 말이에요? 저는 뭔가를 시켜 볼 생각조차 못 했네요. 당연히 못 하겠지 생각해서 시험지에 이름조차도 제가 다 써줬는데…."

담임선생님은 정말 기뻐했다. 교무실에 있던 선생님들도 다 몰려와서 진혁이의 시험지를 보았다.

"세상에. 진혁이가 이렇게 잘 한단 말이에요? 저는 정말 특수반 아이들은 뭔가를 시켜 볼 생각도 못 했어요."

선생님들은 모두 진혁이의 '기대하지 못했던 학습 능력'에 놀랐고, 뭔가를 시켜 볼 생각조차 못 했음을 고백했다. 선생님들의 반응은 당연했다. 나도 그랬으니까. 대개 특수교육대상 학생이면 학습은 당연히 특수반에서 하는 거라고 생각한다. 통합반에서의 학습은 너무 어려울 거라고 생각해서 시켜 볼 생각조차 하지 않는다. 그저 수업을 방해하지 않고 자리에 앉아 있으면 다행이라고 생각한다. 하지만 생각해 보면 45분 동안 아무것도 하지 않고 자리에만 앉아 있는 것이 더 힘든 일이 아닐까? 수업 시간에 학생들은 교사의 지시에 맞춰 활동한다. 자신이 할 수 있는 것을 교사가 주지 않으면 그저 아무것도 않고 자리를 지키는 수밖에 없지 않을까?

배움 중심의 교육

사실 우리네 교실에서 수업 시간 내내 별다른 것도 하지 않고 의자에 앉아만 있는 것은 비단 특수교육대상 학생뿐만이 아니다. 학교에 다니는 학생 중 약 5%가 학습장애가 있다고 한다. 지능은 정상 범위 내이지만 듣기, 말하기, 읽기, 쓰기, 추리 또는 계산 능력 등에 심각한 문제가 있는 것이다. 또 지능, 시각, 청각이 모두 정상 범위 내인데도 글자를 읽고 이해하는데 어려움을 겪는 난독증도 전체 인구의 7.5%, 초등학생 중 2만 명 이상으로 추정된다고 한다. 이 외에도 상당수의 '느린 학습자'를 교실에서 만날 수 있다. 2017년 교육부에서 전국 5,641개 초등학교를 대상으로 읽기학습 특성 체크리스트 검사를 실시한 결과에 따르면 그 가운데 초등학생 23,491명이 글을 읽기가 곤란하거나 난독증인 것으로 의심·추정되었다.

나도 그동안 교수 목표만을 생각해서 모든 아이들이 똑같은 내용을 학습해야 한다고 생각해왔다. 교사로서 달성해야 할 교수 목표만을 생각해 왔기에 특수교육대상이나 느린 학습자는 지도해 볼 엄두도 못 내었다. 하지만 교육의 패러다임이 교사의 '교수' 중심에서 학생의 '배움' 중심으로 바뀌고 있다. 교사가 가르쳐야 할 내용을 얼마나 잘 전달했는가보다는 학생 개개인이 얼마나 배웠는가가 중요해지고 있다. 특수교육대상 학생이나 느린 학습자를 포함하고 있는 교실에서 이러한 배움 중심의 수업은 어떻게 가능할까? 다문화를 포함해 가정환경, 경험과 능력, 지능, 성격, 재능, 목표, 장애 등 여러 면에서 학생들이 점점 다양해지고 있는데 교육 현장에서는 어떻게 해야 할까? 나는 다양한 학습자의 특성과 능력을 고려한 수업 설계를 하는 것부터가 시작이라고 생각한다.

하버드대 교육대학원 교수인 토드 로즈Todd Rose는 《평균의 종말》에서 현재의 교육 시스템을 신랄하게 비판했다. 그는 우리가 늘 평균주의 시스템이 개개인보다 더 중요하다는 확신을 가지고 모든 교육과정의 표준화를 강요하고 있다고 한다. 인간의 발달은 단 하나의 정상적인 경로라는 것이 없으며 똑같은 결과에 이르는 길도 여러 갈래인데, 개인의 특성과 잘 맞지 않는 표준화된 시스템과 환경에서 진정한 재능을 펼칠 기회조차 얻지 못하는 학생들이 얼마나 많은지를 설명한다. 각각의 길은 저마다 동등한 가치가 있으며, 한 사람에게 가장 잘 맞는 경로는 개개인성에 따라 결정된다고 말한다. 또한 학습 속도를 학습

능력과 동일시하는 것은 반박할 필요조차 없는 오류라고 주장한다.

　다양한 이유로 학습이 느린 상당수의 학습자들은 현재의 평균주의 교육 시스템에서 실패할 수밖에 없다. 개인의 독특한 특성, 학습 속도에 대한 배려 없이 그저 평균을 잣대로, 평균에 이르지 못하면 열등한 존재로 낙인찍히니 거듭되는 실패에 무기력해질 수밖에 없다. 하루종일 교과서도 펴지 않은 채 의자에 앉아만 있다 집으로 돌아가는 아이들이 수없이 생겨나는 이유이다. 이제는 어느 누구도 교실에서 배제되지 않는 방향으로 바뀌어야 하지 않을까? 이는 모든 교사의 소망이기도 하다. 그렇게 되려면 우선 교사가 가르치는 교사 중심에서 배우는 학생 개개인 중심으로 관점과 수업을 바꾸어야 할 것이다.

적극적 통합교육

　우리나라에 통합교육이 처음 도입되어 시도된 것은 1970년대였다고 한다. 하지만 아직까지도 통합교육에 어려움을 겪고 있다. 나는 그 이유 또한 현재 교육의 기반이 되고 있는 평균주의 시스템에서 찾고 싶다. 평균을 강조하는 교육, 다양성을 무시하는 교육이 통합교육을 단순한 물리적 통합에만 그치도록 만들었다. 성적의 평균을 높이는데 집중하고, 학생들에게는 평균보다 뛰어나야 한다고 지도하니 특수교육대상 학생은 학교에 와서 존재감 없이 머물다 갈 수 밖에 없다.

　통합교육은 물리적 통합을 넘어 좀 더 적극적으로 교육과정의 통합으로 가야 한다. 비단 특수교육대상 학생의 학습권 때문만은 아니다. 진혁이를 통해 다른 학생들이 학습과 성장의 기쁨을 공유하고 밝고 포용적으로 성장하는 모습을 보며 나는 또 한 번 통합교육의 중요성을 절감했다. 교수 수정을 통해 진혁이를 수업에 참여시킴으로써 다른 아이들까지도 진혁이에게 더 관심을 가지게 되었다. 장애인 친구와 함께 하고자 하는 의식이 수업을 통해 자연스럽게 아이들 사이에 스며들었다. 진혁이가 수업과 평가에 전혀 참여하지 않았을 때, 다른 학생들도 '특수반 학생은 학습을 하지 않아도 된다'라고 생각하지 않았을까? 학습을 하지 않아도 된다는 생각이 곧 '특수반 학생은 열등하다'로 연결되지는 않았을까? 그래서 학습뿐만이 아니라 학교생활의 많은 부분에서 진혁이를 배제하지 않았을까? 담임선생님까지도 진혁이가 글씨를 잘 쓸 수 있다는 사실마저 모르고 있었으니 말이다.

학생들은 생활뿐 아니라 학습까지 함께하며 분명 진혁이에 대한 인식이 많이 달라졌다. 학생들이 가끔 나에게 와서 자랑하듯 말하고 간다.

"선생님. 진혁이가 이것도 해요."

"선생님. 진혁이가 이것도 알더라구요. 진혁이 똑똑하죠?"

나는 이런 말을 들을 때마다 잔잔한 감동을 느낀다. 웃음과 눈물이 동시에 난다. 이제 학생들 스스로 학교생활에서 조금씩 더 많은 부분을 진혁이와 함께 해 나갈 것이다.

5

최선을 다하면
만점 받게 해 주세요

나는 수업에 들어가면 지난 시간 배운 단어나 문법을 간단한 퀴즈로 확인하곤 한다. 퀴즈를 풀고 나면 옆 친구와 바꿔서 채점을 하고 서로 답을 알려주면서 복습을 하도록 지도한다. 퀴즈를 다 맞추면 도장을 하나씩 찍어준다.

특수교육대상 학생인 현민이는 알파벳도 모를 정도로 영어 공부에 관심이 없었다. 그런데 다른 사람의 말을 반복해서 따라하는 것을 좋아해서 내가 영어로 말하면 발음을 똑같이 흉내 냈다. 단어를 영어로 불러주고 학생들이 받아쓰는 퀴즈를 본 어느 날, 현민이 옆에 앉은 승원이가 현민이의 학습지를 가지고 나왔다.

"선생님, 현민이 만점 주고 싶어요. 현민이도 도장 찍어주시면 안 돼요?"

현민이의 시험지를 보니 우리말이 빼곡히 적혀 있었다. 자세히 보니 내가 영어로 발음한 것을 우리말로 그대로 받아써 놓았다. 나는 승원이의 생각이 궁금해서 물어 보았다.

"승원아, 현민이 시험지에는 영어가 하나도 없는데, 왜 현민이한테 만점을 주고 싶어?"

"현민이가 열심히 썼잖아요. 보니까 자기가 쓸 수 있는 건 다 썼어요. 최선을 다했잖아요. 현민이도 열심히 하면 만점 받을 수 있었으면 좋겠어요."

승원이의 눈빛에는 진심이 가득했다. 아이의 생각이 너무 기특해서 눈물이 핑 돌았다.

"그래, 승원아. 현민이가 정말 열심히 썼네. 선생님한테 알려줘서 고마워. 현민이한테도 도장 찍어줘야겠다."

도장을 받은 현민이가 신이 나서 소리쳤다.

"와! 고맙습니다! 나도 도장 받았다!"

나는 특수교육대상 학생과 함께하는 교실에서 아이들이 배려와 존중, 평등의 가치를 스스로 배워나가는 모습을 많이 본다. 승원이는 현민이와 매일 함께 생활하기 때문에 현민이를 진심으로 친구로 생각하고 있었고, 친구가 최선을 다하는 데도 도장을 받을 수 없는 것이 안타까웠던 거다. 승원이는 현민이가 장애 때문에 아무리 노력해도 할 수 없는 것이 있다는 것을 잘 알고 있었다. 비장애인과 똑같은 방법으로 평가받는 것은 진정한 평등이 아니라고 생각하고 있음이 분명했다. 현민이를 친구로 존중하고 배려하는 마음도 있기 때문에 시험지를 들고 나와 선생님에게 부탁할 용기도 있었던 것이다. 오히려 내가 승원이에게 배웠다. 장애로 인한 한계가 분명 존재하는데 교사인 내가 그것을 존중하지 못하고 간과했었다. 현민이에게도 만점을 주자는 승원이의 제안을 통해 교사로서의 나를 돌아보게 되었다. 한편으론 통합교실을 통해 존중과 배려, 평등을 자연스럽게 배우고 있는 학생들의 모습을 확인하게 되어 희망이 보이고 힘도 났다.

지난 해 우리 반 학생들의 모습도 떠올랐다. 학기 초에는 친구가 한 명도 없었던 지원이가 있었다. 경계성 지능을 가진 지원이와 1년을 보낸 학급 아이들이 얼마나 달라졌는지를 생각해 보면 흐뭇한 미소가 절로 나온다. 학기 초에 친구가 없어 매일 혼자 다니던 지원이를 조금씩 도울 수 있도록 몇몇 친구를 연결해 주었더니 시간이 지나며 자연스럽게 아이들과 어울리게 되었다. 절친은 아니더라도 아이들이 학급의 구성원으로 받아들이고 나니 부족한 점을 감싸주려고 노력하는 모습이 보였다. 엉뚱한 질문을 하거나 수업의 내용과 맞지 않는 발표를 자주 하는 지원이의 모습에 학기 초에는 짜증스러운 반응을 보이던 아이들이 학기 말에는 안타까워하며 답을 알려주려고 전전긍긍하기도 했다. 간혹 지원이의 우스꽝스러운 모습에 야유를 보내는 친구가 있으면 아이들 여럿이 한 목소리로 "야! 너 지원이한테 그러지마!" 하는 모습도 보였다. 학기 초에는 투명인간 취급받던 지원이가 서서히 친구를 사귀게 되고, 공동체의 일원이 되어가는 모습은 1년 만에 일어난 변화라고 보기엔 실로 엄청난 발전이었다. 한결 밝아진 지원이의 모습도 좋았지만, 나는 달라진 학급 아이들의 모습이 너무나 자랑스러웠다. '다름'을 '경계'하는 아이들에서 '존중'하는 아이들로 바뀐 것이다. 조금 부족하거나 독특한 모습은 피하고 경계하던 아이들이 개인차를 이해하고 수용하며 얼마나 성장했는지 통합학급 1년을 지켜본 담임으로서 뿌듯했다. 통합교육은 각박한 시대에 메마른 아이들의 마음을 촉촉이 적셔주는 단비와 같았다.

학창시절 이렇듯 학급에서 자연스럽게 장애인 친구와 어울리며 통합교육을 경험한 학생들이 사회, 문화적 다양성에 대한 이해가 높다는 연구는 끊임없이 세계 여러 나라에서 보고되고 있다. Morgan과 York는 〈Ideas for mainstreaming young children〉(1981) 연구 논문에서 통합교육 프로그램을 통해 비장애 아동이 인간의 개인차를 수용하는 태도와 남을 돕는 적절한 방법을 학습할 수 있다고 발표했다. 또한 한국심리학회 학술대회에서 발표된 〈통합교육이 비장애 아동에게 미치는 영향〉(정성희, 정태연 2006) 연구에서는 현재 통합을 하고 있는 아동은 그렇지 않은 아동들보다 장애아 선호도와 배려지향적 도덕성이 높은 것으로 나타났다. 통합교육은 다양한 사람들과 화합하며 더불어 살아가는 세상을 학생들이 미리 경험해 볼 수 있는 좋은 기회다. 또한 진정한 평등이 무엇인지, 배려와 존중이란 무엇인지, 학생들 스스로 사고를 확장해 나갈 수 있는 기회의 장이기도 하다.

나는 승원이를 보며 잠시 승원이의 미래 모습을 상상해 보았다. 통합학급에서 생활한 승원이는 당연히 다양성을 존중하는 어른으로 클 것이다. 통합교육을 통해 보다 많은 승원이들이 어른으로 성장하는 사회를 상상해 본다.

6

특수반 가야
되는 거 아니야?

"헛!!"

기합 소리 같기도 하고 딸국질 소리 같기도 하다. 누군가 소리를 낸 것 같은데 누구인지 알 수 없다.

"누가 선생님한테 할 말이 있나요?"

아이들은 아무 대답이 없었다. 나도 그냥 무심하게 수업을 이어갔다. 5분쯤 지났을까? 또 어딘가에서 같은 소리가 났다. 잠시 수업을 멈추고 둘러보았다. 교실 뒤쪽에 고개를 숙이고 앉아 있는 한 남학생 같았다.

'딸국질 소리가 갑자기 크게 난 건가?'

나는 대수롭지 않게 또 다시 수업을 이어갔다. 그렇게 수업을 하는 동안 이 학생은 스무 번도 넘게 소리를 냈다. 조금 당황했지만 모르는 척 수업을 했다. 수업이 끝나자마자 교무실에서 담임선생님을 찾았다.

"5반 담임선생님이시죠? 그 반에 이상한 소리를 내는 학생이 있던데… 혹시 왜 그런 건지 아시나요?"

"아, 종혁이요. 틱 장애*가 있어요. 작년부터 시작된 틱이라는데, 긴장을 하면 더 심해진다고 하더라구요. 어머님이 걱정을 많이 하고 계세요."

"아, 그래요? 음성 틱이군요. 저도 음성 틱이 있는 아이는 처음이라 수업할 때 좀 당황했네요. 어쩌나… 아이가 많이 힘들겠어요."

작년에 아들이 눈을 쉴 새 없이 깜빡이는 운동 틱 증상을 보였던 일이 생각났다. 다행히 아들은 한 달 정도 후 괜찮아졌지만, 종혁이는 작년부터라니 마음이 짠해졌다. 수업 시간에 내가 보였던 반응들이 미안했다. 첫 시간이라 긴장했을 텐데 얼마나 마음이 조마조마했을까.

첫 시간 이후로 수업에 들어갈 때마다 마음이 쓰였다. 아는 체를 안 하는 것이 최선이라는 생각이 들었다. 하지만 소리가 워낙 커서 나도 적응하는데 시간이 좀 필요했다. 수업을 하다가 갑자기 소리가 나

---

* 틱은 특별한 이유 없이 자신도 모르게 얼굴이나 목, 어깨, 몸통 등의 신체 일부분을 아주 빠르게 반복적으로 움직이거나 이상한 소리를 내는 것을 말한다. 전자를 운동 틱(근육 틱), 후자를 음성 틱이라고 하는데, 이 두 가지의 틱 증상이 모두 나타나면서 전체 유병기간이 1년을 넘는 것을 뚜렛병(Tourette's Disorder)이라고 한다. _출처: 서울대학교병원 의학정보

면 깜짝 놀라는 나의 무의식적 반사가 행여 종혁이에게 상처가 되지 않을지 걱정이었다. 하루 종일 종혁이와 함께 생활하는 다른 아이들과의 관계도 염려가 되었다. 다행히 내 염려와 달리 아이들은 아무렇지도 않은 듯 보였다. 아무래도 오랜 시간 한 교실에 있다 보니 오히려 금방 적응을 했나 보다. 하지만 종혁이는 늘 고개를 들지 못했다. 항상 눈치를 보는 듯했다.

나만큼이나 다른 교과 선생님들도 수업 시간에 적잖게 당황한 모양이었다. 교무실에서 선생님들의 염려의 목소리가 심심찮게 들렸다.

"종혁이 틱이 심해서 어떡해요? 약은 먹고 있는 거예요? 치료는 하고 있는 거예요?"

"수업 시간에 신경 쓰여서 수업하기가 너무 힘들어요. 다른 애들 공부에 너무 방해되네요."

"틱이 너무 심한데 그냥 교실에 둬도 되나요? 특수반에 보내야 되는 거 아니에요?"

선생님들의 염려 중 특수반에 보내야 되는 것 아니냐는 말이 가장 마음 아팠다. 특수교육대상 학생과 특수반을 바라보는 시각이 여실히 드러났다. 수업에 방해가 되면 특수반에 가야 하는 건가? 특수반은 수업에 방해되는 아이들을 수용하는 곳인가? 특수반에 가면 틱 장애가 치료가 되나? 물론 종혁이를 진심으로 걱정하고 도와주려는 선생님들도 많았지만, 교과 수업에 방해가 된다는 이유로 힘들어 하는 선생님들도 많았다.

중·고등학교는 교과 수업 위주의 교육이 이루어지고 있어서 수업 시간의 학습이 중요하긴 하다. 하지만 수업에 좀 방해가 된다고 해서, 혹은 남들과 좀 다르다고 해서 그 아이의 학습권을 빼앗을 수는 없다. 또한 공동체 속에서 어려움을 겪는 일원이 생기면 그 어려움에 공감하고 함께 하려는 마음가짐을 가지도록 돕는 것이 교육 아닌가? 공동체에서 약간의 방해가 되면 내치는 것이 우리가 지향하는 교육은 아닐 텐데 말이다.

종혁이는 다행히 내적인 힘이 있는 아이였다. 시간이 지나고 중학교 생활에 어느 정도 적응이 되자 틱의 횟수도 현저히 줄어들었다. 아마도 학기 초에는 처음 하는 중학교 생활에 긴장을 많이 했던 것 같다. 시간이 지남에 따라 점차 본인이 가진 능력을 조금씩 보여주기 시작했다. 수업 시간에 발표할 때도 조금 망설이는 듯했지만 한번 해 보겠다는 적극성이 보였다. 게임이나 평가가 있을 때는 강한 승부욕과 열정을 보여주었다. 학습 성취도나 이해력도 높은 아이였다. 지내면 지낼수록 장점과 능력이 많이 보였다. 나는 종혁이가 발표를 할 때나 과제를 잘 해내었을 때 칭찬을 아끼지 않았다. 일부러 칭찬을 해준 것이 아니라, 정말로 능력이 있는 아이였다. 칭찬을 많이 받은 아이는 정말로 고래가 춤을 추듯 날개를 달았다. 시간이 갈수록 손을 들고 발표하는 횟수가 많아졌다. 틱이 사라진 것은 아니었지만, 종혁이는 고개 숙인 아이에서 점점 고개를 들고 손을 드는 아이로 변화해 갔다.

한번은 20년 후 자신의 모습을 그림으로 그려보고 영어로 표현해보는 시간이 있었다. 아이들은 저마다 자신의 장래 희망을 그림으로 그리며 즐거워했다. 종혁이도 열심히 하는 모습이 보였다. 슬쩍 노트를 보니 그림 속의 종혁이는 마이크를 들고 있었다. 그리기를 끝낸 후발표하는 시간을 가졌는데, 역시 종혁이가 손을 번쩍 들었다.

"When I become 30 years old, I will be an announcer."

종혁이는 아나운서가 되는 것이 꿈이었다. 그런데 종혁이가 아나운서라고 말하는 순간 어딘가에서 "헐!" 하는 소리가 들려왔다.

"누가 헐!이라고 했어요? 친구가 자신의 꿈을 얘기하는데 그런 반응을 보이면 되나요?"

"아… 그게… 종혁이는 계속 소리를 내는데, 아나운서는 소리 내면 안 되잖아요. 아나운서는 말을 잘해야 하는데…."

공부를 잘하는 반장 아이였다.

"종혁이 말 잘하잖니. 발표도 열심히 하고 목소리도 좋고. 선생님이 보기엔 충분히 훌륭한 아나운서가 될 수 있을 것 같은데?"

분위기가 조금 썰렁해졌다. 아이들이 서로 눈치를 보는 듯했다.

"여러분. 지금의 여러분 모습이 20년 후까지 그대로 갈까요? 천재의 대명사인 아인슈타인도 어릴 적엔 늘 꼴찌만 했다는 거 알고 있지요? 진부한 얘기 같지만 링컨이나 에디슨 같은 위인도 어릴 적엔 '바보'로 불리기도 했다는 거 여러분도 잘 알 거예요. 지금 여러분 앞에 서서 말을 하고 있는 선생님도 어릴 적엔 수줍음이 너무 많아서 남들 앞에서 한마디도 못 하기도 했답니다."

아이들은 고개를 끄덕였다. 종혁이는 기분이 좀 상한 듯했지만, 나는 종혁이가 이제껏 그래 왔듯 잘 극복해 갈 것이라 믿었다.

믿어주는 것의 힘은 생각보다 강하다. 아이 안의 내면의 힘을 믿어주면 아이는 스스로의 에너지로 발전해 간다. 종혁이가 그랬다. 고개 숙인 아이에서 손을 들고 일어나는 아이로 변화하고 발표할 때마다 점점 얼굴에 자신감과 만족감이 묻어났다. 틱의 횟수가 현저하게 줄어들기도 했지만, 종혁이의 얼굴에서 빛이 났다. 힘든 상황을 극복해 가는 아이의 모습은 봉오리에서 꽃이 피듯 그 자체로 빛이 난다. 지켜보는 이들에게 기쁨과 희망을 준다.

요즘은 스트레스나 심리적인 요인 때문에 틱 증상을 보이는 학생들이 10년 전보다 훨씬 많아졌다. 강박증이나 주의력결핍 과잉행동장애(ADHD)를 보이는 학생들도 많다. 이런 학생들을 따로 상담하거나 치료 프로그램을 연계해 주는 것도 물론 필요하겠지만, 무엇보다도 학교와 학급에서 수용해 주는 따뜻한 분위기가 중요하다. 학급에서 적응이 어려우니 특수반에 보내야 한다는 생각으로 대하기보다, 장점을 찾아주고 장점이 더 부각될 수 있도록 환경과 분위기를 만들어 주면 좋겠다. '수업을 방해하는 존재'라는 부정적 시선이 아닌, '어려움을 만나 극복해 가는 빛나는 존재'로서 바라보자. 교사의 따뜻한 시선이 학급에 따뜻한 분위기를 만들어 줄 것이다. 따뜻한 수용의 분위기가 어려움을 겪는 아이를 변화시키고, 아이 안에 있는 내면의 힘이 발휘되도록 할 것이다. 아이는 생각보다 더 용감하게 문제를 극복해 나갈지도 모른다. 종혁이가 친구들 앞에서 당당하게 아나운서의 꿈을 발표했던 것처럼.

교사는 믿어 주고 포용해 주고 따뜻한 눈빛으로 지지해 주는 것으로 아이의 성장을 함께 누릴 수 있을 것이다. 가장 크게 어려움이 드러난 사람을 포용하는 분위기는 어려움을 겪고 있지만 아직 겉으로 드러나지 않은 다른 사람들에게도 긍정적 영향을 끼칠 것이다. 울타리는 울타리 안의 모두를 안전하게 만드는 것이니까. 이것이 통합교육의 가치이고 지향이 아닐까?

7

존재하지만
존재하지 않는 아이들

용덕이는 거의 매일 지각을 했다. 늦게 온 녀석이 급한 기색도 하나 없이 느릿느릿했다. 용덕이의 등교하는 걸음을 보고 있자면 꼭 도살장에 끌려오는 소 같았다. 담임선생님은 여러 번 야단을 쳐 봤지만 소용이 없다고 했다. 집에 전화도 여러 번 해 봤지만 부모님도 거의 포기를 했단다. 오기 싫은 학교를 그래도 결석은 하지 않고 꾸역꾸역 오고 있으니 고맙다고 해야 할 판이었다. 학교에 와서도 생기가 없었다. 수업 시간에는 아예 대놓고 잠을 잤다. 교과 선생님들은 몇 번 깨워봤지만, 이내 다시 잠을 자는 용덕이를 어찌할 수가 없다고 했다.

내 수업 시간에도 역시 교과서도 없이 앉아 있는 날이 많았다. 교과서를 가져오라고 몇 번 타일러도 보고 야단도 쳐 봤지만 소용이 없었다. 수업 중 아무것도 하지 않고 무기력하게 앉아 있다가 꾸벅꾸벅 졸기 일쑤였다. 어느 날 용덕이에게 물어 보았다.

"교과서를 왜 자꾸 안 가져오니?"

"어차피 가져와도 몰라요."

"교과서 내용이 너무 어렵니?"

"네. 하나도 모르겠어요."

반항이 아니라 용덕이의 진심이라는 것이 느껴져 나는 고개를 끄덕였다. 사실 한 반에 적어도 한두 명은 용덕이와 같은 아이들이 있다. 학습 결손이 누적되어 하루 종일 무기력한 아이들. 특수교육대상 학생은 아니지만 중학교 학습 내용을 전혀 따라갈 수 없는 아이들 말이다. 나는 특수교육대상 학생을 위해 제작했던 학습지를 떠올리며, 이 아이들을 위해서도 교수적 수정을 해야겠다고 마음먹었다. 교과서 내용을 바탕으로 학습해야 할 단어의 개수를 대폭 줄여 아주 쉽고 간단한 생활영어 중심의 학습지를 따로 만들었다.

용덕이가 또 교과서를 가져오지 않은 날, 나는 따로 준비해 두었던 학습지를 내밀었다.

"용덕아. 교과서가 없으니까 그럼 이걸 해 보자."

용덕이는 학습지를 받아들더니 수업 시간 내내 쭉 훑어보며 공부하는 모습을 보였다. 옆에서 한 번씩 지켜보니 기본기가 영 없는 것은 아니었다.

"용덕아, 이건 어렵지 않지?"

"네."

"내가 널 위해 특별히 만들어 온 거야! 다음 시간부터 이거 들고 올 수 있지? 교과서도 잘 찾아 보고 있으면 들고 오고."

선생님이 자기를 위해 특별히 학습지를 만들었다는 말에 감동을 한 건지 다음 시간에는 학습지와 교과서를 모두 들고 왔다. 무언가 용덕이의 마음을 움직였음에 틀림없었다. 교과서를 펴고 수업에 참여하려는 모습이 보였다. 매일 무기력하게 앉아 있거나 잠을 자던 용덕이에겐 큰 변화였다. 나는 용덕이에게 조금 어렵겠다 싶은 내용이 나오면 학습지를 펴서 좀 더 쉬운 내용을 공부하도록 안내했다. 자신이 이해할 수 있는 내용을 학습하니 기대했던 것보다 더 열심히 했다.

하루는 영어 단어 시험을 보기로 한 날이었다. 수업에 들어가자마자 학생들이 소리쳤다.

"선생님! 용덕이 단어 공부했어요!"

"어머! 정말이야? 용덕이 공부했니?"

용덕이가 대답 없이 수줍게 웃었다. 그리고는 정말로 단어 시험에서 반 이상을 맞추었다. 항상 단어 시험은 빵점만 맞던 용덕이었다. 보니까 공부한 티가 많이 났다. 나는 100점보다 더 기쁘다며 용덕이를 진하게 칭찬해 주었다.

담임선생님에게도 용덕이의 시험지를 보여 주었다. 선생님은 깜짝 놀랐다. 매일 지각하고 하루 종일 학교에서 잠만 자는 아이인데 당연히 놀랄 만도 했다.

"용덕이가 영어 선생님을 좋아하나 봐요."

"용덕이는 관심과 사랑이 많이 필요한 아이 같아요. 관심을 주었더니 학습할 마음이 생긴 것 같더라고요. 그리고 용덕이 수준에 맞게 조금 쉽게 학습지를 만들어서 주었더니 공부를 하더라고요."

담임선생님도 고개를 끄덕였다. 그리고 종례시간에 칭찬해 주었다고 방과 후에 나에게 슬쩍 얘기했다.

그 후로도 계속해서 용덕이에게 조금 쉬운 수준의 과제를 주었다. 미리 계획을 세우고 학습지도 만들어야 해서 시간과 노력이 조금 필요하긴 했다. 하지만 각 반마다 용덕이와 비슷한 학생들이 있어서 한 번 수업과 과제를 디자인하면 여러 반에서 비슷하게 쓸 수 있었다. 각 반의 영어 학습에 어려움을 겪던 학생들은 모두 쉬운 수준의 과제는 열심히 참여했다. 그리고 어느 순간 나는 학생들에게서 '와! 네가 변화되었구나!' 하는 기쁨을 느낄 수 있었다. 이것이 바로 교사에게는 가장 큰 '보람' 아니겠는가!

우리 학교는 한 학급에 30명 정도의 학생들이 있다. 교육열이 높은 지역이라 대부분의 아이들이 수업 내용을 잘 이해하는 편이다. 하지만 한 반에 한두 명, 많게는 서너 명 정도는 수업 내용을 이해하지 못하는 아이들이 있다. 학습된 무기력으로 모든 활동을 거부하는 학생들도 있다. 획일화된 교육을 하게 되면 이 학생들은 '존재하지만 존재하지 않는 아이들'이 되어 버리고 만다. 이 학생들은 교사의 '특별한 관심'이 필요한 아이들이다. '특별한 관심'이란 현재 학생의 어려움과 수준, 상태를 파악하고 그에 맞는 학습이 가능하도록 안내하는 것이다. 교실에 존재하는 어느 누구도 교사의 관심에서 소외되거나 교육과 활동에서 배제되어서는 안 된다.

아이들은 여러모로 다양하고, 앞으로 더 다양해질 것이다. 교사는 이런 학생들의 다양성을 인정하고 교실과 수업에서 포용할 수 있어야 한다. 그것이 바로 학생 중심, 배움 중심 수업이 아닐까 생각한다. 내 경험에 비춰 보면 학생들의 능력에 맞춰 과제의 난이도와 학습의 양만 조절해도 반은 성공했다. 작은 성공 경험은 계속해서 학생들의 다양성과 차이를 인정하고 반영하는 수업을 설계하게 이끌었다. 거기에서 바로 내가 교사된 '보람'을 느낄 수 있었기 때문이다.

다음은 내가 만든 일반 학습지와 이를 느린 학습자를 위해 수정한 학습지다. 학습지를 수정해 만드는 것은 오랜 시간이 걸리거나 품이 많이 드는 일이 아니었다.

예시 1

학습목표: 수량 형용사를 이용하여 그림을 묘사할 수 있다.

(수량 형용사를 학습하고 난 후 진행한 영어로 쓰기 활동이다.)

• 일반 학습지 •

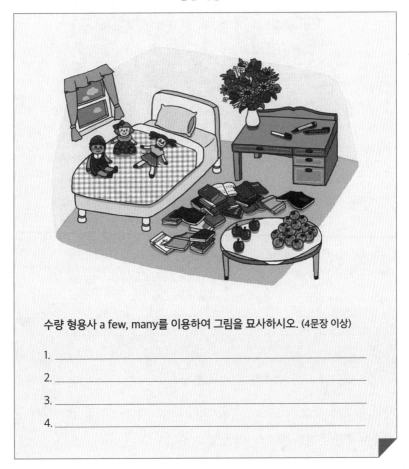

수량 형용사 a few, many를 이용하여 그림을 묘사하시오. (4문장 이상)

1. _____

2. _____

3. _____

4. _____

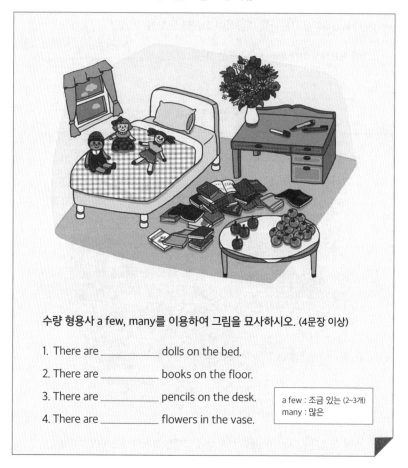

수량 형용사 a few, many를 이용하여 그림을 묘사하시오. (4문장 이상)

1. There are _____ dolls on the bed.

2. There are _____ books on the floor.

3. There are _____ pencils on the desk.

4. There are _____ flowers in the vase.

a few : 조금 있는 (2~3개)
many : 많은

There is/are~ 구문으로 전체 문장을 쓰지 못하는 느린 학습자에게는 문장의 틀을 제공하고, 목표 언어(target language)인 영어의 수량 형용사에만 초점을 맞추어 써 보도록 했다.

예시 2

● 다음 영영 풀이에 해당하는 단어를 쓰시오.

1. _____ : making you feel happy or interested

2. _____ : liked best of all

3. _____ : to go after

4. _____ : the study of numbers, shapes, or quantities

5. _____ : a course of study in school

● 다음 우리말을 영어로 쓰시오.

1. 항상 _____

2. 모든 것 _____

3. 보통, 대개 _____

4. 좋아하다, ~와 비슷한 _____

5. 체육관 _____

● 다음 영영 풀이에 해당하는 단어를 쓰시오.

1. _____ : making you feel happy or interested (흥미로운)

2. _____ : liked best of all (가장 좋아하는)

3. _____ : to go after (따르다)

4. _____ : the study of numbers, shapes, or quantities (수학)

5. _____ : a course of study in school (과목)

● 다음 단어의 우리말 뜻을 쓰세요.

1. always _____

2. everything _____

3. usually _____

4. like _____

5. gym _____

수업 시간에 영영(english-english) 풀이는 이미 학습을 했지만, 아직 이해하지 못한 학생에게 한국어 뜻을 제공하고 영단어를 써 보도록 했다. 그래도 쓰지 못할 경우는 교과서를 찾아 써 보도록 했다. 우리말 뜻을 보고 영어로 쓰는 것보다는 영어를 보고 우리말 뜻을 쓰는 것이 상대적으로 쉬우므로 문제를 바꿔 제공했다.

<u>예시 3</u>

다음 사진을 보고 인물의 외형을 묘사하는 문장 2개, 행동을 묘사하는 문장 1개

를 영어로 쓰시오.

• 학습지 •

● 외형 묘사

1. _____

2. _____

● 행동 묘사

3. _____

77

● **외형 묘사**

1. She _____

   (long, has, straight, hair)

2. She _____

   (wearing, is, a, and, dress, black, a, jacket)

● **행동 묘사**

3. She _____

   (the, playing, is, guitar)

외형 묘사와 행동 묘사에 초점을 둔 글을 읽고 난 후에 하는 활동(post-reading activity)으로서의 쓰기(writing) 활동이다. 문장을 쓰지 못하는 느린 학습자를 위해 문장 안에 들어가는 모든 단어를 제공함으로써 단어를 배열해 문장의 구조를 익힐 수 있게 과제를 조정했다.

이렇게 목표를 중심으로 과제를 수정해 주면 학생들의 수업 참여는 확실히 높아졌다. 학생들이 자신의 과제에 집중하여 뭔가를 열심히 하고 알아가려는 모습을 보면 나의 약간의 노력이 보상 받는 느낌이다. 내가 멈출 수 없는 이유다.

8

다리가
되어 주세요

선생님. 안녕하세요. 찬이 아빠입니다. 찬이에 대해 드릴 말씀이 있는
데, 시간 되실 때 전화 부탁드립니다.

찬이 아버지로부터 문자가 왔다. 찬이는 우리 반 귀염둥이였다.
통통한 몸매에 아기 같은 말투가 매력이었다. 중학교 1학년 아이들은
초등학생의 티를 채 벗지 못하고 올라와서 가끔 내가 초등 교사인지
중등 교사인지 헷갈릴 때가 있다. 3월은 특히 더 그렇다. 그래서 찬이
도 아직 초등학생의 티를 못 벗은 줄 알았다. 예닐곱 살 아이 같은 귀
여운 말투로 불쑥불쑥 하는 말들이 통통 튀긴 했다. 대수롭지 않게 여
겼던지라 나는 찬이를 우리 반 '귀염둥이'라고 불렀다. 가끔 말투를 흉

내 내며 장난을 치기까지 했다.

무슨 일인지 궁금해서 얼른 전화를 걸었다.

"아버님. 안녕하세요. 찬이 담임입니다."

"네. 선생님. 찬이에 관해 말씀드릴 게 좀 있어서요. 혹시 우리 찬이를 어떻게 보시나요?"

"네. 아버님. 찬이 너무 귀여워요. 말투도 너무 귀엽고. 너무 사랑스러운 아이지요. 입학한 지 얼마 안 돼서 학교생활이 궁금하시죠?"

"아니에요 선생님. 그래서가 아니고요. 사실은 우리 찬이가 네 살 때 발달장애 진단을 받았어요. 초등학교 5학년 때까지 치료를 받았고, 지금은 많이 좋아져서 치료는 안 받지만 중학생이 되니 많이 불안하네요. 말투가 너무 아기 같아서 초등학교 때 놀림을 많이 받았어요. 3학년 때는 아이들이 심하게 놀리고 따돌려서 학폭까지 간 적도 있어요. 그래서 찬이가 학교 가는 걸 많이 무서워했는데, 지금은 어느 정도 커서 극복하긴 했어요. 친구는 한 명도 없고요. 친구가 없어서 모둠 수업 같은 건 어떻게 할지 걱정이 되네요. 특수반은 아니지만 담임선생님께 말씀은 드려야 할 것 같아서요."

아버님 말씀을 듣는데 온몸에 소름이 돋았다.

'아, 그래서 그랬구나.'

그동안의 엉뚱한 질문들과 표정, 다소 어눌했던 몸놀림이 한순간에 이해가 되었다. 그런 줄도 모르고 놀리고 장난쳤던 게 너무 미안했다. 찬이는 특수교육대상자나 특수반 소속도 아니었다.

아버지와 통화 후로 찬이를 좀 더 세심히 살피게 되었다. 조금 엉뚱하긴 했지만 질문도 잘 하고, 학급 아이들이 찬이의 말에 다 같이 웃기도 했던지라 친구도 있을 줄 알았다. 하지만 쉬는 시간에 늘 혼자 자리에 앉아 있고, 배회하듯 복도도 혼자 다니는 모습이 그제야 눈에 들어왔다.

학기 초 학생 상담을 얼른 시작해야겠다 싶었다. 찬이의 상담 차례가 왔다. 다른 아이들과 똑같이 학교생활에 어려운 점은 없는지, 취미 활동이나 학업, 친구 관계에 관해 물어 보았다. 다른 질문들에는 특유의 발랄하고 귀여운 목소리로 답을 했는데 친구 얘기가 나오니 바로 눈물을 글썽였다.

"저는 친구가 없어요."

"그래, 찬이야. 친구가 없어서 힘들지?"

"아니요. 그렇게 힘들지는 않아요."

"그럼 친구를 사귀고 싶은 마음은 있어?"

"친구가 있으면 좋을 것 같기는 한데, 친구를 사귀어 본 적이 없어서 잘 모르겠어요. 친구가 그렇게 필요하지는 않은 것 같아요."

친구가 필요하지는 않은 것 같다는 말이 마음을 울렸다. 찬이의 눈에 고인 눈물이 마음의 상처를 보여주는 듯했다. 오히려 친구를 사귀고 싶다고 나에게 온몸으로 얘기하는 것 같았다. 도와주고 싶었다.

그런데 방법이 없었다. 친구는 어른이 억지로 만들어 준다고 될 수 있는 것이 아니니까. 당분간은 그냥 지켜보기로 했다. 대신 학교에서 가장 믿을 만한 어른인 담임선생님이 항상 옆에 있다는 '신뢰'를 주려고 노력했다. 물론 그 노력은 학급 아이들 모두에게도 동일했다.

어느 날 아무도 없는 계단에서 우연히 찬이를 마주쳤다.

"찬이야, 왜 여기 혼자 있니?"

"교실에 있기가 불편해서요."

"교실이 불편하니? 찬이를 불편하게 하는 게 뭔지 선생님한테 말해 줄 수 있을까?"

"그냥. 쉬는 시간에 교실에 앉아 있으면 애들이 저를 쳐다보는 것 같기도 하고. 좀 무서워요."

하루 종일 아무도 자신에게 말 걸어 주지 않는 공간, 시끌벅적 아이들의 소리로 가득한 공간에서 찬이는 얼마나 어색하고 외로웠을까, 얼마나 함께 놀고 싶었을까…. 그 외로움을 견디지 못해서 아무도 없는 곳을 찾아 서 있었던 것이다. 아무도 없는 곳이 오히려 무섭지 않은 거였다. 마음이 아프고 걱정이 되었다. 찬이가 이렇게 학교생활을 계속해 나갈 수 있을까 우려되었다.

나는 담임으로서 뭘 해야 할까

다행히 우리 반에는 심성이 고운 아이들이 많았다. 반에는 특수교육대상인 아이도 있었는데 그 아이에게도 우호적이었다. 그래서인지 찬이를 놀리거나 괴롭히는 아이는 없었다. 다만 혼자 있는 아이에게 어떻게 손을 내밀어야 하는지 모를 뿐이었다. 모두가 자신의 친구 관계에 바빠서 미처 관심을 가지지 못할 뿐 찬이를 미워하거나 싫어하는 것은 아니라는 생각이 들었다. 찬이가 특수교육대상이라면 '도우미'를 정해 줄 수도 있고, 학급 아이들에게 도움을 요청하기도 수월했겠지만 그도 아니라 고민이 되었다.

며칠을 고민하다 보니 유난히 밝고 심성이 고운 아이 하나가 눈에 띄었다. 태준이는 얼핏 보면 얌전한 듯 보이지만 장난을 좋아하고 밝았다. 내가 장난을 걸면 당황해서 어쩔 줄 몰라 하지만 좋아하는 마음이 한눈에 보였다. 친구들이 귀찮아하는 자질구레한 학급의 일들도 조용히 티 나지 않게 했다. 태준이의 시선이 머무는 곳을 따라가 보면 마음이 보였다. 타인을 존중하고 배려하는 마음. 나는 태준이에게 조심스럽게 부탁해 보기로 했다.

"태준아, 선생님이 태준이에게 부탁 하나만 해도 될까? 찬이가 항상 혼자 있어서 선생님이 마음이 너무 아프네. 찬이가 항상 혼자인 건 태준이도 알지?"

"네. 알고 있어요."

"쉬는 시간이나 점심시간에 찬이한테 말 한마디라도 걸어 줄 수 있을까? 그리고 이동 수업 시간에 함께 이동하기. 찬이랑 억지로 친구

83

가 되어달라는 말은 아니야. 찬이가 학교생활에 적응할 수 있도록 태준이가 조금만 도와주자."

"네. 선생님. 저도 찬이 혼자 있는 게 마음에 좀 걸렸어요. 근데 아무도 말을 안 거니까 저도 어떻게 해야 할지 몰랐어요."

"그래. 아무도 안 하는 일을 한다는 것이 쉬운 일이 아니지. 아무도 말 안 거는 친구한테 말을 거는 게 쉬운 일은 아니야. 그런데 선생님은 태준이라면 할 수 있을 것 같다는 생각이 들었어. 다만 너무 부담은 갖지 않았으면 좋겠어. 그냥 네가 할 수 있다고 생각하는 것만 조금씩 해 보자."

"네. 점심시간에 같이 밥 먹으러 가는 거, 이동 수업 시간에 같이 이동하는 거. 그건 할 수 있을 것 같아요. 저 항상 영훈이랑 같이 다니는데, 찬이랑 영훈이랑 셋이 같이 가도 되죠? 영훈이도 좋다고 할 것 같아요."

"그래. 태준아. 고마워."

사실 마음이 조마조마했다. 태준이에게 이런 부탁을 해도 될까, 부담이 되면 어쩌나, 찬이는 또 어떻게 받아들일까, 많은 염려가 일어났지만 일단 묵묵히 지켜보기로 했다.

"태준아, 샤프심 좀 빌려줘."

찬이 목소리가 들렸다. 학생들이 등교 후 수업 시작 전까지 책을 읽는 아침 독서 시간이었다. 태준이는 얼른 샤프심을 꺼내 찬이에게 건네고 있었다. 찬이가 누군가의 이름을 부르고 말을 하는 건 처음 들어본 것 같았다. 모르는 척 지켜보는 나는 흐뭇하고 감사했다.

태준이와 찬이 사이의 온기는 시간이 지나면서 천천히 조용하게 우리 반을 물들였다. 언제부터인가 교실에서 찬이가 태준이 말고도 다른 아이들과 대화를 주고받는 모습이 보였다.

어느 날 점심시간에 아이들을 살피러 교실에 가 봤더니 아이들이 한 곳에 모여 있었다. 가만히 보니 찬이가 아이들 틈에 있었다.

"얘들아, 거기 모여서 뭐해?"

"영민이가 그림 그리는 거 보고 있어요."

영민이는 그림 그리기에 재능이 있는 아이다.

"선생님도 그려 드릴까요?"

영민이가 나를 보고 웃으며 물었다.

"그래. 어디 한번 그려 봐. 예쁘게 그려 줘야 해."

장난기 많은 영민이는 나의 특징을 과장되게 부각해 그림을 그렸다. 집게핀을 꽂은 헤어스타일과 팔의 근육, 복근까지 그려 넣었다. 지켜보던 아이들 모두 깔깔대며 웃었다. 찬이도 숨이 넘어가게 웃었다.

"찬이 진짜 좋아한다."

영민이가 말했다.

"어! 너무 재밌어. 나도 한번만 그려 줄 수 있어? 나는 어떻게 그

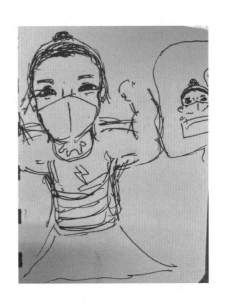

려 줄지 궁금하다."

찬이가 들뜬 목소리로 부탁했다.

"그래! 선생님 다음은 너야! 기다려!"

모여 있는 아이들 틈에서 자연스럽게 웃고 있는 찬이의 모습이 너무 예뻤다. 이제 찬이의 독특함도 자연스럽게 받아들이고 있는 반 아이들이 기특했다. 우리 반에 자연스럽게 스며든 그 온기는 나에게 흡족한 기쁨과 그 이상의 감동을 주었다.

그 뒤로도 나는 가끔 찬이가 혼자 서 있던 계단에 가 보았다. 아무도 없었다. 다행이었다. 한결 밝고 편안해진 찬이의 표정을 보니 이제 더 이상은 계단에 가 보지 않아도 될 것 같았다.

청소년기의 학생들과 함께 지내면서 또래 관계가 얼마나 중요한지 깨닫는다. 교사가 신뢰할 만한 어른이 되어 주는 것도 중요하지만, 아이들에게 친구는 다른 의미가 있다. 친구와의 즐거운 놀이를 통해 기쁨과 즐거움을 배운다. 학교에서 서로 어울리는 시간을 통해 '함께 하는 삶'도 배운다. 서로의 단점과 장점을 보며 함께 성장한다. 모두가 알 듯 학교는 개인의 지식과 인성, 사회성을 키우는 곳이자, 공동체의 시민으로서의 소양과 태도를 키우는 곳이다. 사실 교양과 태도는 교사가 가르친다기보다 친구들과 다양한 관계를 맺으며 배워 가는 것이다.

하지만 아이들은 종종 '다르다' '독특하다'는 이유로 친구가 되기를 거부하기도 한다. 때로는 친구를 사귀고 싶지만 방법을 몰라 쩔쩔매기도 한다. 사교성이 뛰어나서 어딜 가나 친구를 잘 사귀는 아이도 있지만, 대부분의 아이들이 학년이 바뀔 때마다 친구 관계로 스트레스를 받는다. 비단 찬이같은 경우만이 아니다. 매년 상담을 통해 아이들의 가장 큰 고민거리는 '친구 관계'라는 걸 느낀다.

나는 찬이의 일을 통해 내가 친구는 되어 줄 수 없지만, 적절한 다리는 놓아 줄 수 있음을 깨달았다. 아이들 사이에 다리만 놓아 주는 것으로도 충분했다. 아이들은 생각보다 자유롭게 다리를 왔다 갔다 건너며 관계를 만들어 갔다. 그리고 아이들 사이의 온기는 천천히 교실에 퍼져 나갔다. 너무 염려할 필요는 없었다. 아이들은 생각보다 더 유연하고 열려 있으니까. 언젠가 아이들은 스스로 다리를 놓게 되는 날이 올 것이다. 아이들이 서로서로 놓는 다리가 점점 더 많아지고, 거리낌 없이 자유롭게 다리를 드나들었으면 좋겠다. 독특함이 장애가 되지 않고 누구나 차별 없이 건널 수 있는 다리를 우리 아이들 스스로 많이 만들 수 있기를 소망한다. 그리하여 학생들이 사회로 나왔을 때 약자를 차별하지 않고 더불어 사는 세상을 만들 수 있기를 간절히 소망한다.

9

통합반 운영
어떻게 하나요?

매년 통합학급을 운영하리라 다짐한 나는 올해도 통합학급 담임을 자처했다. 우리 반에 지적장애가 있는 여학생이 배정되었다. 첫날 복도에서 엄마와 함께 등교한 아이의 모습을 보고 속으로 눈물이 났다.

'여기까지 오느라 얼마나 힘들었을까… 중학생이 되기까지 얼마나 시련이 많았을까?'

딸만큼이나 긴장한 어머니의 모습을 보니 더 눈물이 났다.

"어머니. 걱정 마세요. 윤지는 제가 잘 보겠습니다."

눈물이 나는 속마음이 들킬세라 어머니께 짧은 인사말을 남기고 아이를 데리고 교실로 들어왔다.

아이는 외모가 고왔다. 두꺼운 안경을 쓰고 있긴 했지만 크고 예쁜 눈에 얼굴이 하얀 호감형의 외모였다.

"윤지야, 여기 앉아."

"윤지야, 내가 담임선생님이야. 내 이름은 이수현이야. 반가워. 혹시 불편한 거 있으면 선생님한테 다 얘기해."

윤지는 말없이 고개만 끄덕였다.

어떻게 하면 1년간 통합반을 잘 운영해 나갈 수 있을까. 고민을 하면 할수록 특별한 방법은 없다는 생각이 들었다. 장애 학생을 대하는 태도를 내가 먼저 학생들에게 보여주고자 노력하기로 했다. 학생들은 담임교사를 보고 말투부터 행동까지 모두 배운다. 1년이 지나고 나면 담임과 비슷해진다고 할 정도로 담임의 영향력은 크다. 내가 장애 학생을 대하는 태도를 분명 학생들이 보고 배울 것이었다.

윤지에게 먼저 밝게 인사를 건네는 것부터 했다. 큰소리로 밝게 인사를 건넸지만 윤지는 못 본 척했다. 그래도 나는 매일 꾸준히 인사를 건넸다. 그리고 하루에 한마디라도 일상적인 질문을 하려고 노력했다.

"윤지야, 아침은 먹었니? 뭐 먹었어?"

"윤지야, 오늘 학교에 누구랑 왔어?"

"윤지야, 점심 맛있었어? 무슨 반찬이 제일 맛있었어?"

이런 질문들은 물론 비장애 학생들에게도 자주 건네는 질문이다. 윤지는 나의 질문들에 거의 답을 하지 않았고, 잘 쳐다보지도 않았다. 그래도 꾸준히 대화하고자 노력했고, 이 모든 과정을 학생들이 지켜보게 했다. 윤지가 대답을 하지 않아도 모두 보고 느끼고 있다는 것을 모든 학생들이 알기를 바랐다.

며칠 후 드디어 내가 건네는 인사에 윤지가 손을 흔들었다. 나는 뛸 듯이 기뻤다. 손 인사를 시작으로 윤지는 나에게 마음을 열기 시작했다.

"윤지야, 오늘 학교에 누구랑 왔어?"

"엄마."

"윤지야, 점심 맛있었어?"

"네."

학급 아이들이 하는 모든 활동에 윤지도 포함시켰다. 예를 들면 청소나 정리정돈 같은 일에도 똑같이 참여시켰다. 아침 독서 시간에 멍하게 앉아 있는 윤지에게 다른 아이들처럼 책을 꺼내 독서를 하도록 했다. 윤지에게도 학급의 모든 활동에 잊지 않고 꼭 참여할 수 있도록 지도했다. 물론 늘 비장애 학생들에게 하는 것보다 더 자세하게 설명을 해주었다.

한번은 청소 시간에 윤지에게 블라인드를 올리고 창문을 열라고 했는데, 윤지는 블라인드 올리는 법을 몰랐다. 계속 올리고 내리고를 반복하는 윤지에게 다가가 시범을 보였다. 시범을 보여도 윤지가 따라 하지 못하자 나는 윤지의 손을 잡고 블라인드를 올리는 법을 찬찬히 알려주었다. 몇 번 함께 올리는 연습을 했더니 윤지가 혼자서도 블라인드를 올리는 법을 터득했다. 이 모든 과정을 함께 청소하는 친구들이 지켜보았다. 윤지가 혼자 해냈을 때 나는 뛸 듯이 기뻐하며 한껏 칭찬해 주었다. 나의 기쁜 마음을 반 아이들이 모두 자연스럽게 함께 공감했으리라 나는 확신한다. 얼마 후에는 반 아이들이 내가 윤지에게 했던 것과 같은 방식으로 윤지를 가르쳐 주고 있는 것을 발견했다.

학기당 한 번 의무적으로 실시하는 장애이해 교육 시간에는 학교에서 제공하는 짧은 영상 이외에 윤지의 장애를 이해할 수 있는 영상을 따로 준비했다. 아이들과 함께 보고 자유롭게 얘기하는 시간도 가졌다. 점심시간이나 담임에게 주어진 학급 시간에 학생들에게 장애 이해를 돕는 관련 동영상도 자주 보여 주었다. 아이들은 확실히 장애인 친구가 학급에 있으니 관련된 영상에도 관심이 있었다. 영상을 보고 난 후에는 꼭 함께 영상에 대해 짧게라도 생각을 나누는 시간을 가졌다.

한 달쯤 지났을 때는 학급 회의를 열었다. 주제는 '어떻게 하면 윤지가 우리 반에 소속감을 느낄 것인가?'였다. 이미 반 아이들은 윤지에 대해 마음이 열려 있었고, 통합의 분위기가 충분히 조성되어 있었다. 학급 회의에서 아이들은 많은 의견들을 내었고, 스스로 실천 가능한 목표를 정했다. 나는 간단한 가이드만 해 주었을 뿐 아이들이 스스로 결정하도록 하고, 강제성은 조금도 두지 않았다. 아이들은 '하루에 한 번 윤지에게 말 걸기'를 목표로 정했고, 한 달 동안 실천한 후 함께 얘기해 보기로 했다. 한 달 동안 꾸준히 실천하는 아이도 있었고, 그렇지 않은 아이도 물론 있었다. 나는 지켜보기만 했다.

한 달이 지난 후 나는 아이들의 생각이 너무 궁금했다. 아이들에게 간단히 윤지와 있었던 일을 자유롭게 써 보라고 했다.

학생들은 나의 기대보다 더 적극적으로 윤지의 학교생활에 함께했다. 윤지와 아주 가까운 친구가 될 정도는 아니었지만, 윤지를 학급의 일원으로 완전히 받아들였다. 윤지도 학급 친구들에게 점차 마음을 열어 가고 있었다. 윤지가 마음을 열어 가는 과정에서 반 친구들도 분명히 마음이 따스해지고 있었다. 그렇게 한 학급에서 아이들은 서로 따스한 온기를 주고받으며 일 년 동안 장애와 비장애의 경계를 넘어 성장해 갔다.

통합학급을 운영하고 직접 겪으며 교사는 학급의 아이들에게 통합교육의 가치를 '가르치는 존재'가 아니라, 학생들에게 적절한 환경을 제공함으로써 스스로 생각하고 경험할 수 있도록 '촉진하는 존재'라는 것을 알게 되었다. 교사는 아이들과 공동체의 선의를 믿고, 학생들이 스스로 결정하고 선택할 기회를 주면 되었다. 환경을 만들고 적절한 도움만 주면 아이들 스스로 원칙을 세우고 그것을 지키려고 노력하는 모습을 볼 수 있었다. 아이들은 스스로 성장해 가는 과정을 통해 자신들이 구성원으로서 학급에 기여할 수 있는 존재라는 소속감과 자신감 또한 얻게 되었다. 이러한 경험들이 쌓여 훗날 사회의 구성원으로서 좋은 공동체를 만드는데 기여하게 될 것이라는 기분 좋은 확신이 들었다.

♥ 처음에는 윤지가 인사해도 무시하는 것 같았어요. 그래도 매일 인사를 해 봤어요. 그런데 조금 지나니까 윤지가 오히려 저한테 먼저 말을 걸어 주었어요.

♥ 윤지에게 오늘 수업 재미있었냐고 물어보니 윤지가 "응"이라고 대답했어요. 그 후로 윤지가 청소할 때 쓰레기는 어디에 버리는 거냐고 나한테 와서 물어봤어요.

♥ 윤지가 신비아파트에 나오는 캐릭터를 좋아하는 것 같았어요. 그래서 쉬는 시간에 같이 그리고 놀았더니 윤지가 좋아하는 것 같았어요.

♥ 윤지가 과학시간에 실험을 할 때 혼자 있어서, 같이 했어요.

♥ 윤지에게 "안녕" 인사를 하면 손을 흔들어 줄 때도 있고 받아 주지 않을 때도 있었어요. 받아 주지 않을 때도 괜찮았어요. 전에 담임선생님이 윤지한테 인사할 때도 윤지가 안 받아 줬는데, 그래도 윤지가 다 알고 있다고 선생님이 말씀하셨었어요.

♥ 매일 윤지에게 인사를 했는데, 처음에는 아무 반응이 없었는데 마지막 두 번은 같이 손 인사를 해 주었어요.

♥ 하루에 한 번씩 인사를 했는데 말로만 인사할 때는 반응이 없다가 손을 흔들며 인사했더니 윤지도 같이 손을 흔들어 주었어요.

♥ 점심시간에 "밥 잘 먹었어?"라고 물어봤고, 하교할 때 만나서 말을 걸어 본 적이 있어요. 주로 고개를 끄덕이거나 도리도리로 표현을 했어요. 그런데 청소할 때 쓰레기 봉투가 없어서 난감할 때 저한테 와서 도움을 요청했어요. 조금 친해졌다고 생각하면 먼저 말을 걸기도 하는 것 같아요.

● **통합반을 운영하는 나만의 팁!**

1. 장애 학생을 대하는 담임의 태도를 반 학생들에게 적극적으로 보여준다.

2. 짧은 글이나 영상을 통해 장애인식개선 교육을 꾸준히 한다.

3. 학급의 모든 활동에 장애 학생을 참여시킨다.

4. 학급 회의를 통해 반 학생들의 협조를 적극 구한다.

5. 구체적으로 실행할 수 있도록 학생들과 체크리스트를 만든다.

6. 활동 후 피드백을 통해 함께 성장할 수 있도록 돕는다.

7. 통합학급은 학급 아이들 모두에게 긍정적인 성장의 기회를 제공한다고
   믿는다.

10

해 보니까
되더라고요!

몰라서 못 느끼는 기쁨

1학년 1반 교실 뒤편에는 각종 알림 사항들이 빼곡히 붙어 있다. 가만히 들여다 보니 '1인 1역', '조별 청소구역' 등 역할 나누기 한 것을 담임선생님이 붙여 두었다. 그런데 1학년 1반의 재적은 분명 30명인데 역할 나누기에는 29명밖에 없었다. 자세히 보니 발달장애로 특수교육대상인 혁이가 빠져 있다. 왜일까? 혁이는 학습도 어느 정도 가능하고, 몸이 불편한 것도 아니고, 친구들과도 곧잘 어울리는 아이인데…. 청소 정도는 시켜도 아주 잘 할 텐데…. 분명 학급에 혁이가 할 수 있는 역할이 있을 텐데….

담임선생님은 학급 관리를 잘 하고, 늘 열심히 수업하며 학생들을 사랑하는 선생님이었다. 혁이를 일부러 학급에서 배제할 리는 없었다. 게다가 혁이가 너무 귀엽다고 교무실에서 얘기하는 걸 여러 번 듣기도 했다.

나는 동료 교사들이 특수교육대상 학생을 교육 활동에서 배제시키는 장면을 여러 번 목격했다. 아니, 어쩌면 나도 장애 아이를 키워보지 않았을 때는 의식조차 하지 못한 채 특수교육대상 학생을 차별하고 배제시켰을지도 모르겠다. 교사의 자질이 부족해서, 혹은 인품이 나빠서 특수교육대상 학생을 배제시키는 것은 아니었다. 그저 그동안 특수교육대상 학생은 특수반에서 학습하고, 특수교사가 관리한다는 생각이 관행처럼 자리 잡아서이기도 했다.

나는 혁이가 수업에 참여한 일들을 담임선생님에게 알리기로 마음먹었다. 그동안 혁이가 공부했던 영어 단어 활동지를 보여 주었다, 수업 중 혁이가 하는 활동들도 얘기했다. 다른 아이들이 하는 활동을 그대로 할 수는 없지만, 혁이가 할 수 있는 부분을 연구해서 참여시켰던 경험을 나누었다. 혁이가 영어로 표현을 못하는 부분은 그림이나 한글로라도 표현하도록 지도하고, 발표 활동에도 참여할 수 있다는 것을 강조했다.

역시 담임선생님은 깜짝 놀랐다. 혁이가 수업 중에 무엇을 할 수 있을 거라는 생각조차 못했다고 한다. 혁이가 글씨를 잘 쓰는 줄도 처음 알았고, 그림도 처음 봤단다. 알려줘서 고맙다고 했다. 역시 예상했던 것처럼 그동안 몰라서 못한 거였다. 특수교육대상 학생은 의례히 다른 아이들처럼 활동을 하지 못할 것이라 생각해서 그렇다. 교무실의 다른 선생님들과도 자연스럽게 혁이 이야기를 공유하게 되었다. 모두 혁이의 담임선생님과 같은 반응이었다.

그 후로 혁이의 담임선생님이 이것저것 시켜봤나 보다.

"해 보니까 되더라고요!"

혁이가 청소도 잘 하고, 글씨도 생각보다 잘 쓴단다. 많은 활동을 시키지는 못했지만, 혁이가 할 만한 것들이 보이기 시작했다고 했다. 역시 긍정의 기운은 그 힘이 크다. 다른 교과 선생님들도 이내 조금씩 혁이가 할 수 있는 것들을 고민하고 서로 나누었다. 한동안 혁이의 이야기로 교무실 분위기가 훈훈했다.

청소 시간에 빗자루를 들고 복도에 왔다 갔다 하는 혁이의 모습이 보였다.

"혁아! 왜 도망가! 빨리 들어와서 여기 쓸어!"

반 친구들의 목소리도 들렸다.

이제 혁이네 반 아이들은 장애가 있든 없든 모두가 1인 1역을 가지고 있다. 모두가 함께 생활하고, 함께 공부하고, 함께 밥을 먹고, 함께 청소도 한다. 혁이의 장애가 함께 생활하는데 장애가 되지 않는다.

담임선생님은 오늘도 입에 침이 마르게 혁이와 반 아이들을 칭찬한다. 서로 돕는 모습을 보고 뿌듯해 하고, 혁이가 생각보다 잘한다고 날마다 기뻐한다. 날로 성장하는 혁이의 모습을 혁이 부모님에게 알리는 모습도 보인다. 역시 선생님이 역량이 부족해서 못한 게 아니었다. 그저 잘 몰라서, 그저 관행대로 했을 뿐이었다. 이제 아마도 혁이의 담임선생님은 통합교육의 가능성과 가치를 전파하는 또 한 명의 전도사가 될 것이다.

아이들과 함께하는 기쁨

학생들이 주제 하나씩을 골라 영어로 글을 쓰는 시간이었다. 특수교육대상인 혁이는 영어로 글을 쓰지는 못해서 무엇을 시켜야 하나 고민이었다. 다른 학생들은 영어로 글을 쓰고 발표까지 할 텐데, 혁이를 아무것도 안 하게 내버려 둘 수는 없었다. 무언가 과제를 주고 발표까지 참여시키고 싶었다. 고민을 하다가 혁이한테 물어봤다.

"혁아. 친구들 다 글 쓰는데, 혁이도 쓸까?"

"안 써."

"그럼 혁이는 뭐하고 싶어?"

"없어. 없어요."

여기까지 대화하자 반 아이들이 한 목소리로 얘기했다.

"혁이 자동차 좋아해요! 자동차 그리라고 하고 발표시키면 돼요!!"

학생들 덕분에 아이디어를 얻어, 혁이는 자동차를 그리게 되었다.

혁이의 자동차 그림

교실 앞에 나와서 자신이 그린 자동차에 대해 발표도 했다. 몹시 수줍은 듯했지만, 더듬더듬 하면서도 끝까지 해냈다. 발표가 처음이냐고 물어 보니 고개를 끄덕였다.

혁이를 바라보는 반 친구들의 눈빛이 따뜻했다. 진심으로 잘하기를 바라는 응원의 눈빛이었다. 비록 우리말로 발표했지만, 더듬더듬 최선을 다해 발표하고 돌아서는 혁이를 향해 아이들이 힘찬 박수를 보내 줬다. 아이들도 분명 함께 기뻐하고 있었다.

교과 선생님과 함께하는 기쁨

2교시 수업 시간이었다. 열심히 예문을 들어가며 단어 설명을 하고 있었는데 갑자기 맨 앞에 앉아 있던 종현이가 소리를 쳤다. 종현이는 지적장애가 있는 특수교육대상 학생이다.

"와! 이수현 영어 선생님 카리스마 쩐다!! 지구에 모든 나쁜 놈들을 무찔러 줄 거다!!"

반 친구들이 모두 책상을 치며 웃었다.

"종현아, 왜? 선생님이 무서워?"

"선생님 안 무서운데 세 보여요."

"그래서 종현이는 선생님 싫어?"

"아니요. 좋아요."

"그럼 종현이는 어떤 선생님이 제일 좋아?"

내심 내가 제일 좋다고 하기를 기대하고 물어 보았다.

"홍길동 체육선생님이 제일 좋아요!!"

종현이는 지적장애에 신체장애가 중복으로 있던 지라 의외였고 내심 놀랐다.

"와 정말? 종현이 체육도 잘해?"

"네!"

우리의 대화를 듣던 학급 친구들이 여기저기서 나에게 자랑하듯 얘기를 해 준다.

"체육 선생님이 종현이한테 엄청 잘해 주세요. 종현이가 체육 수업을 거의 못하는데, 종현이한테 항상 앉아만 있지 말고 공이라도 던

저 보자고 하세요."

"체육 선생님이 종현이한테 이거 해보자 저거 해보자 하면서 엄청 챙겨 주셔서 종현이가 체육 선생님 좋아해요."

아이들의 얘기를 듣는데 마음이 따뜻해졌다. 역시 특수교육대상학생들을 나만 챙기고 있는 것은 아니었다. 체육 선생님도 통합교육의 기쁨을 함께하고 있는 것이 분명했다. 나보다 더 종현이를 감동시키는 선생님과 같은 학교에 다니고 있어서 정말 행복했다. 복도에서 체육 선생님을 우연히 마주쳤을 때 나는 엄지를 척 올려 보였다.

"선생님! 아이들이 체육 선생님을 정말 좋아하던데요!"

11

역차별
아닌가요?

다연이만 예뻐해

"1학년 2반에 들어가시는 교과 선생님들! 잠깐만 모여주세요!"

새 학기가 시작되기 전 학년부 회의 시간이었다. 나는 이번 학기 짝수반에서 수업을 하기로 했으니 2반에 들어간다. 무슨 일인가 싶어서 달려갔다.

"안녕하세요. 특수교사입니다. 2반에 시각장애 학생이 있어서요. 선생님들께서 협조해 주셔야 할 일이 있어요."

내가 수업 들어갈 반에 시각장애가 있는 다연이가 있다고 했다. 아주 못 보는 것은 아니라고 했다. 큰 글씨는 볼 수 있기 때문에 학습 자료를 큰 용지에 따로 출력해줘야 한단다. 판서도 큰 글씨로 해주면 도움이 될 거라고 했다.

　1학년 2반에 수업하러 들어간 첫날, 교실에 들어서자 이제 막 중학생이 된 아이들의 긴장이 느껴졌다. 그리고 한눈에 다연이를 알아볼 수 있었다. 다연이는 커다랗고 두꺼운 안경을 쓰고 맨 앞자리에 앉아 있었다. 반장의 구령에 맞춰 아이들이 "안녕하세요!"라고 합창을 하듯 인사를 했다. 다연이는 다른 아이들보다 한 박자 늦게 어눌한 목소리로 "안녕하세요." 하며 나를 쳐다보았다.

　시각 장애인을 가까이서 겪어 본 적이 한 번도 없었기 때문에 무엇을 어떻게 도와주어야 할지 잘 몰랐다. 특수 선생님이 일러준 대로 그저 학습 자료를 확대 복사해서 준비했다. 직접 만나보고 나니 최대한 빨리 다연이를 도와줄 방법을 찾아야겠다는 생각이 들었다. 한두 시간 수업을 해보니 다연이의 성향도 금방 파악이 되었다. 다연이는 학습 의욕이 높은 아이였다. 수업을 무척 재미있어 했다. 자신이 아는 이야기가 나오면 함박 미소를 지으며 행복한 표정으로 나를 바라봤다. 수업 활동에 적극적으로 참여하고 싶어 했지만 속도는 조금 느렸다. 아무래도 잘 보이지 않다 보니 과제를 보고 파악하는 데에 다른 아이들보다 몇 배로 시간이 더 걸렸다. 그렇지만 다연이는 항상 학습과제를 다 끝내고 싶어 했고, 다른 아이들에 비해 자신이 느린 것을 속상해했다. 늘 조급하게 허둥지둥 과제에 매달릴 수밖에 없어 그 모습이 안타깝고 안쓰러웠다.

"다연아, 천천히 해."

"다 못 끝내도 괜찮아."

"할 수 있는 만큼만 해."

"다 못하면 집에 가서 해도 괜찮아."

이렇게 얘기해도 다연이는 늘 다른 아이들처럼 다 해내려고 애를 썼다.

나는 수업 시간에 아이들에게 질문을 많이 하는 편인데, 다연이는 늘 대답도 열심히 했다. 답이 틀릴 때도 많았지만 열심히 참여하는 것을 칭찬해 주었다. 다연이 덕분에 다른 아이들도 발표에 좀 더 용기를 냈다. 다연이가 아무리 틀려도 내가 참여 자체를 열심히 칭찬해주니, 틀리는 것이 두려워 발표를 꺼려했던 아이들도 용기를 내기 시작했다. 그래서 2반은 그 해에 발표를 가장 많이 하는 반이 되었다.

자신의 어려움을 의식하고 있기 때문인지 다연이는 늘 주변의 관심과 사랑을 갈구했다. 그러나 교실에서 반 아이들이 그런 다연이의 요구를 채워줄 리 없었다. 다연이의 이동을 도와주는 학생들이 있었지만, 진심으로 마음을 나누는 친구 같아 보이지는 않았다. 아이들이 활발히 웃고 떠드는 쉬는 시간이나 점심시간이면 무척 외로웠던 것 같다. 그래서인지 교무실에 자주 찾아와 질문거리를 늘어놓곤 했다. 딱히 질문이 있어서라기보다는 관심을 받고 싶어서 온다는 건 금방 알아챌 수 있었다. 다연이의 잦은 교무실 출입을 달가워하지 않는 선생님도 있었다. 반면 언제나 밝은 목소리로 반갑게 맞아 주는 선생님도 있었다. 그런 분위기에 나름대로 적응해 가는 다연이의 모습이 보였다. 나는 일부러 지나친 관심을 보이지도 그렇다고 무심하게 대하지도 않았다. 정말 필요한 것을 질문할 땐 최대한 정성을 들여 설명을 해 주었다. 무언가 불안하거나 마음의 결핍을 채우기 위해 찾아왔다고 생각될 때는 질문에 대한 답보다 가벼운 격려나 칭찬 정도로 아이가 안정을 느끼도록 도왔다.

다연이가 교무실에 자주 찾아오다 보니 오해를 하는 아이들이 생겨났다.

"재는 선생님들이랑 친하잖아요."

"선생님들은 다연이만 예뻐해요."

중학교 1학년 학생들의 꾸밈없이 솔직한 말이었다. 나는 다연이가 다른 아이들과 더 어울리지 못할까봐 염려되었다.

"다연아. 질문은 꼭 교무실로 가지고 오지 않아도 돼. 질문을 모아 놨다가 수업 시간에 할 수 있을까? 아니면 질문을 선생님한테 카톡으로 한번 보내볼까?"

내 휴대폰 번호를 알게 된 다연이는 가끔 카톡으로 엉뚱한 질문이나 인사말을 남기기도 했다. 더 이상 나를 찾아 교무실로 질문을 하러 오는 일은 없었다. 하지만 다른 교과 선생님들을 만나기 위해 여전히 교무실 출입이 잦기는 했다.

수행평가

중학교 1학년은 자유학년제로 시험이 없다. 수행평가는 있지만 점수화 되지는 않는다. 그래도 아이들은 중학교에 들어와서 치르게 되는 평가라서 다소 긴장을 한다. 영어 수행평가는 쓰기와 말하기를 하기로 되어 있었다. 첫 평가는 쓰기(writing)로 주제를 미리 주고 쓸 내용을 생각해 와서 작문을 하는 것이었다. 대부분의 아이들은 미리 내용을 써 보고 암기해 와서 채 20분이 되기도 전에 평가과제를 끝냈다. 반면 저시력인 탓에 워낙 쓰는 것이 느린 다연이는 다른 아이들보다 시간이 훨씬 더 많이 필요했다. 게다가 시험이라는 생각에 긴장을 해서 그런지 평소보다 속도가 더 느렸다. 다른 아이들이 하나둘 쓰기를 끝내니 다연이는 거의 울음을 터뜨릴 것처럼 보였다.

"다연아, 천천히 해도 괜찮아. 다 못 쓰면 이따 교무실에서 완성하자."

그제야 좀 안심이 되었는지 약간 속도가 나기 시작했다.

다연이뿐 아니라 쓰는 속도가 느린 아이들이 있다. 이 아이들이 수업 시간에 쓰기를 다 끝내지 못할 때는 교무실에서 완성할 수 있도록 좀 더 시간을 준다. 평가의 목적이 정해진 시간에 얼마나 빨리 쓰는가를 측정하는 것은 아니기 때문이다. 수행평가는 해당 과제의 학습 정도와 능력을 평가하는 것만이 아니라, 평가를 통해 학습자가 스스로 배울 수 있도록 돕는데 의의가 있다. 다연이는 교무실에서 쓰기를 끝

마쳤다.

"선생님 다 했어요."

"그래. 다연아. 오랜 시간 동안 고생했어. 힘들었지?"

"네. 좀 힘들었어요. 근데 괜찮아요."

얼굴에 만족스러운 미소가 번졌다. 과제를 끝까지 다 해낸 것이 좋은 모양이었다. 나는 시간을 정해두지 않은 것을 참 잘했다고 생각했다. 내가 시간을 엄격하게 정해두었으면 어땠을까? 아마도 다연이는 거의 쓰지 못했을지도 모른다. 평가 시간마다 더욱 긴장하고, 시간 내에 끝내지 못했다는 좌절감에 힘들어 했을 게 분명하다. 나는 교사로서 아이들이 스스로 준비한 만큼 충분히 실력을 발휘하도록 여유를 가지고 시간만 조금 더 주었을 뿐이다. (물론 이것은 사전에 교과협의회에서 합의한 사항이다.) 끝까지 최선을 다한 것은 다연이고, 나는 그 길을 열어준 것뿐이다.

배려와 역차별

두 번째 수행평가는 말하기(speaking)였다. 친구들 앞에서 영어로 자기소개를 하는 것이었다. 미리 자기소개를 글로 써 보게 하고 각자 집에서 연습해 온 다음 발표하도록 했다. 대략 일주일 정도의 시간을 주었다. 아무리 간단한 내용이라도 대중 앞에 서서 말하는 게 쉬운 일은 아니다. 학생들은 긴장을 많이 했다. 평소에 거침없이 발표를 잘하던 아이들도 친구들 앞에 서니 긴장해서 발표할 내용을 잊어버리기도 했다.

다연이 차례가 되었다. 평소에 발표를 잘하기 때문에 당연히 말하기 발표도 잘할 줄 알았다. 그런데 많이 긴장한 모양이었다. 다연이가 나에게 뜻밖의 부탁을 했다.

"선생님. 저 써온 거 보고 하면 안 돼요?"

쓴 것을 보고 읽을 수는 없다고 여러 번 공지를 했기 때문에 나는 당황스러웠다.

"응. 그건 평가 규정을 어기는 거라서 허용해 줄 수가 없어."

"저 글자도 잘 안 보이는데…. 안 볼게요. 그냥 종이를 들고만 있을게요."

입장이 난처했다. 종이를 보니 다연이가 서서 읽을 수는 없을 만큼 작은 글씨이긴 했다. 그렇다고 다른 학생들에게 허용하지 않은 것을 다연이에게만 허용해 줄 수는 없는 노릇이었다.

"미안해. 다연아. 네가 잘 읽을 수 없는 글씨라고 해도 보고 하는 것은 안 돼. 이미 선생님이 여러 번 공지하는 거 너도 들었지?"

"네. 들었어요. 그런데 저 너무 떨려서 못할 것 같아요. 그냥 발표 안 할게요."

"다연아. 평소에 하듯이 그냥 하면 돼. 평가라고 생각하지 말고 그냥 해보자."

"싫어요. 안 할래요."

평소와 다르게 다연이가 고집을 피웠다. 수행평가는 모든 학생이 참여해야 하기 때문에 나는 너무 당황스러웠다.

"다연아. 그럼 이렇게 하면 어떨까? 종이를 들고 있어도 잘 안 보인다고 했지? 안 볼 거니까 우리 종이를 반으로 접자. 괜히 보지도 않을 건데 종이를 펴고 있으면 보고 하는 것처럼 오해를 받잖아. 다연이는 안 보고도 분명 잘할 텐데."

다연이는 잠시 고민하는 듯하더니 이내 고개를 끄덕였다. 그리고 종이를 반으로 접어 앞으로 나와 영어로 자기소개를 했다.

'휴~ 다행이다.'

나는 안도의 한숨을 쉬었다.

그때 어디선가 퉁퉁 부은 불만의 목소리가 들려왔다.

"와. 이건 차별이다. 종이 보고 하면 안 된다고 했는데, 이거 역차별 아니에요?"

건형이였다. 건형이는 장애가 있는 것은 아니지만 학습에 어려움이 많은 아이였다. 평소에 다연이가 완벽하게 하지 못하는데도 칭찬을 받으면 불만스럽게 쳐다보기도 했다. 언젠가는 다연이가 잘하면서 못하는 척한다는 비아냥 섞인 얘기도 했다.

"건형아. 너도 봤다시피 종이를 반으로 접었잖니. 안에 글자가 전혀 보이지 않았으니 보고 읽은 게 아니지."

"보고 읽지도 않을 거면서 왜 종이를 들고 해요? 선생님이 처음부터 종이 들고 하면 안 된다고 했으니까 이건 반칙이에요."

"응. 선생님이 종이를 들고 하면 안 된다고 했지. 근데 그건 쓴 글을 보고 읽으면 안 된다는 뜻이었어. 다연이는 보고 읽은 게 아니니까."

"보고 읽었는지 안 읽었는지 어떻게 알아요? 다연이한테만 종이를 들고 하게 해주는 거 차별이에요!"

건형이가 부리는 억지에 슬슬 화가 나려 했다. 하지만 여기서 화를 내면 다연이가 곤란해질 것 같았다. 그리고 건형이도 수행평가에 자신이 없고 힘들어서 억지를 부린다는 생각이 들었다.

"그래. 건형아. 다연이만 종이를 들고 하게 해주는 게 차별처럼 느껴졌구나. 그럼 건형이도 종이를 접어서 들고 해 볼까? 다연이랑 똑같이 기회를 줄게."

"아니에요. 됐어요."

"아니야. 네가 차별이라고 했으니까 선생님은 똑같이 기회를 주고 싶어. 건형이도 종이를 들고 나와서 하자."

나는 건형이도 다연이와 똑같이 종이를 반으로 접어서 들고 나와 발표하도록 했다. 긴장되는 순간이었다. 차별이라는 반응에 당황스러워서 나의 대처가 옳은지 그른지 판단할 여유도 없었다. 그러나 그 일로 나는 장애가 있는 학생들에게 하는 '배려'를 비장애 학생들은 '특혜'나 '역차별'로 느낄 수도 있겠다는 생각이 들었다. '배려'와 '역차별'은 충분히 고민해야 할 중요한 주제였다.

차별, 역차별

흔히 역차별이라는 말을 많이 하는데 '차별과 역차별'에 대해 생각해 보자. 예를 들어 장애가 있는 학생도 평가에 참여할 수 있게 하려고 비장애 학생들과 다른 내용의 시험지를 제공했다고 해보자. 장애 학생은 그동안 비장애 학생들과는 난이도가 다른 학습자료를 공부했고, 그에 맞는 시험지를 받았다. 이 학생이 다른 시험지를 받았다고 해서 비장애 학생이 '역차별'을 받는다는 주장은 타당한 걸까? 평가가 공정해야 한다고 해서 모두가 같은 시험지를 받는 것이 과연 공정한 것일까? 시험과 평가의 목적에 따라 다르겠지만, 모든 시험과 평가에서 장애인이 비장애인과 똑같이 학습하고 평가받으라는 것은 분명한 차별이다. 장애인도 본인의 특성과 수준에 맞는 교육을 받고, 배운 내용을 평가받을 권리가 있기 때문이다. 누군가 똑같은 시험지가 평등이라고 주장한다면, 이것은 장애인에게 배운 내용을 평가받을 기회조차 박탈하고 결과의 평등만 주장하는 엄연한 차별이다. 차별로부터 장애 학생을 보호하기 위해 수준에 맞는 학습의 기회를 제공하고, 그에 맞게 평가하는 것을 '역차별'로 규정할 수는 없다. 장애는 성별이나 인종과 마찬가지로 개인의 노력으로 바꿀 수 없는 것인데, 장애로 인해 할 수 없는 것을 하라고 하는 것이 차별이다.

역차별을 표준국어대사전에서는 '부당한 차별을 받는 쪽을 보호하기 위하여 마련한 제도나 장치가 너무 강하여 오히려 반대편이 차별을 받는 것'이라고 설명한다. 약자와 소수자를 보호하는 장치가 오히려 다수를 차별할 만큼 강력하고 사회적 배려로 인해 기득권을 가진 이가 그동안 차별받던 이들처럼 자신의 기회조차 제한당해야 성립하는 것이다. 소수에 대한 배려와 도움을 '역차별'이라고 누군가 주장을 한다면, 자신이 누리는 기득권을 조금도 나누지 않겠다는 억지가 될 수 있다. 여성고용할당제, 농어촌 특별전형 등은 소수를 보호하고 고착된 사회적 장벽을 낮춰 도움을 제공하는 일이다. 의지와 노력으로 바꿀 수 없는 정체성이나 배경 때문에 박탈당하는 기회와 피해, 고통을 사회가 개입해 차별받지 않도록 조절하는 것이다. 하지만 소수를 위한 배려가 기득권의 기회까지 박탈하는 경우는 극히 드물고, 역차별 주장은 사실은 차별이라기보다는 그동안 누리던 것이 침해당할까 두려워하는 데서 오는 심리적 박탈감에 가까울 수 있다. 역차별 주장이 장애에 대한 배려로 자신의 위치나 평가에 훨씬 영향을 받는다고 느끼는 친구에게서 나온 것을 주목할 필요가 있다.

소수와 약자는 환경과 상황, 맥락에 따라 달라진다. 당장 낯선 곳에 여행을 가면 누구나 소수자가 될 수 있고 어려움을 겪게 된다. 이처럼 우리는 누구나 배려가 필요한 상황에 처할 수 있다. 소수를 단순히 장애인이나 특수교육대상자, 특별한 꼬리표를 붙인 이들로 한

정하지 않도록 충분히 고려하고, 또 우리 모두의 문제로 세심히 접근해야 한다.

학교에서 차이에 대해 인식하고 지원할 부분에 대해서는 구성원들 간의 합의가 있어야 한다. 교사들 사이만이 아니라 교실에서 함께하는 학생들 사이에서의 공감과 합의는 중요하다. 지원의 기준은 '결과'가 아닌 '기회'에 초점을 두고 마련해야 한다. 장애 학생에게 똑같은 시험지를 제공하는 결과의 평등이 아닌, 배움의 '기회'를 제공하는 데 초점을 두어야 한다. 통합교육 관점에서 본다면 차이를 구성원 전체가 어떻게 받아들이냐가 특별한 교육적 지원이 필요한 학생들을 어떻게 지원하고, 기회를 부여하고, 평가 결과를 수용하느냐로 발전할 수 있을 것이다.

다연이의 경우 시각장애로 인해 학습이 느릴 수밖에 없고, 불안이 상대적으로 높아 다른 학생들과 똑같은 학습 환경을 제공하는 것은 공평하다고 볼 수 없다. 느리더라도 할 수 있도록 기회를 제공해야 한다. 이를 '역차별'이라고 할 수 없는 것은 다연이에게 시간을 더 주거나 심리적 안정장치를 제공한다고 해서 다른 학생들이 기회를 박탈당하지는 않기 때문이다. 다양성에 대한 이런 존중과 배려는 학생들이 통합학급에서 자연스럽게 배울 수 있는 소중한 덕목이자 태도이다.

합의의 과정

아이들은 순수하다. 아이들은 머리로 판단하기보다는 느끼는 대로 반응하기 쉽다. 그렇다 보니 느낌을 말로 조리 있게 표현하지 못할 수 있다. 그래서 건형이도 자신이 느끼는 불만을 '차별'이라는 단어로 표현한 것이 아닐까 생각해 본다. 그렇다면 건형이의 마음속 불만이 일게 된 이유는 무엇일까? 혹시 장애에 대해 이해가 부족한 것은 아닐까? 누군가 "선생님들은 다연이만 예뻐해요."라고 했던 말도 떠올랐다. 어쩌면 상당수의 아이들이 다연이에 대한 배려를 오히려 특혜로 느낄 수도 있었겠다는 생각이 들었다. 시각 장애인으로 일상생활에서 겪는 불편들이 너무 분명히 보이기 때문에 나는 아이들이 잘 이해하고 있을 것이라고 지레 짐작했던 것 같다.

아이들에게는 시각 장애인이 일상생활에 겪는 불편함 외에도 학습하는 과정의 어려움과 시각이 발달에 미치는 영향 등 좀 더 깊은 이해가 필요했다. 다연이가 왜 한 박자 느리게 반응하는지, 왜 글자를 느리게 쓰는지, 때때로 왜 극도의 불안감을 느끼는지 아이들은 알지 못했다. 자신과 다르고 겪어보지 않았기 때문에 누군가 설명해주지 않으면 모르는 것이 당연했다.

교실에서 '장애'에만 초점을 맞추면 배려가 자칫 자신은 배려 받지 못하는 차별로 받아들여질 수 있다. 차별로 느끼면 학생들은 당연히 불만을 가질 수밖에 없다. 반면에, 장애인은 일방적으로 무조건 도와만 주어야 하는 존재라는 잘못된 인식을 학생들에게 심어 줄 수도 있다. 통합교육을 통해 장애 학생과 비장애 학생이 서로를 이해하고 함께 성장해 가기 위해서는 비장애 학생들이 장애를 이해할 수 있도록 장애로 인한 어려움과 한계에 대한 충분한 설명이 필요하다. 그 이후에 기회에 초점을 둔 배려를 할 수 있도록 하는 '합의'의 과정이 필요하다.

통합교실은 구성원인 학생들과의 합의의 분위기가 무엇보다 중요했다. 합의의 분위기가 조성되려면 사전에 친절하고 충분한 설명이 필요했다. 나는 학생들이 배려를 역차별로 받아들이지 않도록 다양한 상황에서 이성적으로 이해하고, 정서적으로 공감할 수 있게 설명하려고 노력했다. 예를 들면, 수업 시간 내에 끝내야 하는 과제가 있을 때, 다연이는 보고 쓰는데 어려움이 있으니 시간을 좀 더 주자고 사전에 학생들의 동의를 구했다. 이전에는 학생들의 동의는 구할 생각도 못했고, 당연히 이해할 것이라 여겼다. 하지만 배려가 필요할 때마다 한 번 더 설명해 주니 학생들이 배려하는 분위기에 더 익숙해졌다. 인간은 어릴 때부터 오감을 통해 학습을 하는데, 그 중 한 감각이 손상되었을 때 겪게 되는 어려움도 학생들의 눈높이에 맞추어 틈나는 대로 설명해 주었다. 어쩌면 비장애 학생들이 보이는 태도는 어른들이 충분히 설명해 주지 않아서기도 했다. 아이들은 설명한 만큼 확실히 더 이해했다. 그리고 이해하는 만큼 배려가 필요한 순간들을 스스로 판단했다.

12

생기부에
이렇게 써주세요

학기 말이라 생활기록부 입력으로 바쁜 시간을 보내고 있었다. 개인별 교과 세부능력 및 특기사항을 입력하는데, 메시지가 왔다.

수업에 들어오지 않은 특수교육대상자는 '순회교육으로 특이사항 없음.'이라고 입력하시고, 1시간이라도 들어온 학생은 한 줄이라도 꼭 입력하세요.

선생님들은 또 고민에 빠졌다.
"○○이는 수업 시간에 아무것도 안 했는데, 뭐라고 입력해야 할까요?"

"혹시 ○○이 교과 세특 입력하셨어요? 수업 중에 아무것도 못 하지 않았어요? 혹시 뭐라고 입력하셨어요?"

"그냥 '~에 참여함.'이라고 입력하세요. 수업 내용 아무거나 하나 넣고 '~에 참여함'이라고 입력해야죠 뭐."

이런 대화들이 교무실에서 오간다. 학기 말이면 늘 비슷한 대화가 오고 간다. 그리고 특수교육대상 학생의 생기부에는 모두 비슷한 말이나 똑같은 말만 적힌다.

내가 수업을 들어가는 모든 반에는 특수교육대상 학생이 있다. 나는 담당 과목이 영어여서 정말 고민이 많았다. 어떤 학생은 한글도 제대로 모르는데 영어를 가르친다는 게 어쩌면 쓸데없는 일처럼 보일 수도 있었다. 그렇지만 나는 한글도 어려운 학생은 그림이라도 그려 보게 했다. 우리 주변에서 볼 수 있는 수많은 영어 중 간단한 영어 위주로 익혀 보도록 했다. 예를 들면, 티셔츠에 적혀있는 S, M, L이 무엇을 뜻하는지 티셔츠를 그려서 보여 주었다. 크기가 다른 컵에 직접 S, M, L을 써서 익혀 보도록 하기도 했다. 자동차를 좋아하는 아이에겐 작은 자동차와 큰 자동차를 그려 보고 익히도록 했더니 효과적이었다.

이렇게 시작하다 보니 특수교육대상 학생 뿐 아니라 학습이 느린 친구들에게도 수준에 맞게 적용할 수 있었다. 내 수업에서는 한 명도 그냥 앉아만 있는 학생이 없이 모두가 참여할 수 있도록 하는 것이 목표였다. 보조 교사가 있었다면 더 좋았겠지만, 나 혼자서도 불가능한 일은 아니었다.

지금은 특수교육대상 학생들도 습관이 되어 책가방에 영어책은 꼭 챙겨 온다. 그리고 내 수업 시간에는 자신도 반드시 무언가를 해야 한다는 것을 당연하게 받아들이고 있다. 아래는 이번 학기에 특수교육 대상 학생들의 교과 세부능력 및 특기사항에 기재한 내용이다.

○○○
장래희망을 그림으로 그리고 영어로 발표하는 시간에 자동차를 그려 자신의 그림을 친구들 앞에서 발표함. 영어로 발표하는 것이 어려워 한국어와 간단한 영어 단어를 섞어서 발표함. 간단한 생활영어 표현을 성실하게 학습함. 우리 주변에서 쉽게 볼 수 있는 영어를 조사해 보고, 간단한 단어 위주로 반복 학습을 함. 알파벳을 이용한 그리기 활동에 참여함. 짧은 단어를 그림과 함께 학습하기를 좋아함. 간단한 단어와 그림을 맞게 연결할 수 있음. 밝고 성실한 태도로 수업에 참여하고, 자신이 할 수 있는 것은 최선을 다해서 노력함.

○○○
학급 친구들에게 자기를 소개하는 발표를 함. 영어로 문장을 쓰는 것이 어려워 미리 쉬운 문장을 여러 번 암기한 후 발표함. 20년 후 나의 모습을 묘사하는 글쓰기 활동에서 포클레인 기사가 되고 싶은 자신의 꿈을 그림으로 표현함. 간단한 대화를 듣고 대화가 일어난 장소를 고르는 문제에서 약간의 도움을 받아 알맞은 그림을 고를 수 있음. 평소 수업 시간에 매우 밝고 명랑한 모습으로 수업에 참여함. 자신이 할 수 있는 것은 최선을 다하려 하는 모습이 돋보임. 단어를 따라 읽기를 잘 하고 발음이 좋음.

○○○

우리나라 걸그룹 중 한 인물에 대해 조사하고 영어로 소개하는 글을 완성함. 자신이 쓴 글을 자신감 있는 목소리로 분명하게 발표함. 항상 적극적으로 발표 활동에 참여함. 세계의 길거리 예술 사진을 보고 가장 마음에 드는 사진을 골라 영어 단어를 사용해 설명함. 일상생활을 영어로 표현하는 글쓰기 활동에서 자신의 경험을 간단한 영어로 서술함. 수업 시간에 학습한 간단한 단어로 편지글을 완성함. '미래 명함 만들기' 활동에서 적절한 단어를 사용하여 자신의 미래를 묘사함. 항상 최선을 다하려고 노력하는 모습이 돋보임.

○○○

알파벳을 이용한 그리기 활동에 참여함. 조용하고 차분한 태도로 수업에 참여함. 교과서 본문의 내용을 따라 쓰기를 잘 할 수 있음. 간단한 생활영어 표현을 성실하게 학습함. 우리 주변에서 쉽게 볼 수 있는 영어를 중심으로 간단한 단어 학습을 열심히 함. 주변에 보이는 간단한 단어나 문장을 듣고 도움을 받아 단어와 사진을 연결 지을 수 있음. 교과서에 나오는 단어를 보고 따라 말하기 위해 노력함. 겨울방학 계획을 서술하는 글을 따라 쓰는 활동에 참여함.

○○○

일상생활을 영어로 표현하는 글쓰기 활동에서 주말에 있었던 일을 동사의 과거형을 사용하여 간단히 기록함. 20년 후의 자신의 모습을 묘사하는 글쓰기 활동에서 수의사가 된 자신의 모습을 그림으로 그리고 영어로 간단히 서술함. 떡국을 끓이는 방법에 대해 외국인에게 소개하는 글을 간단하게 작성하고 발표함. 우리 주변에서 쉽게 볼 수 있는 영어를 중심으로 간단한 단어 학습을 열심히 함.

13

장애는
극복하는 건가요?

"장애인이 장애를 극복하고 판사가 되다니 존경스럽다."

"시각장애를 이겨내고 꿈을 이룬 모습을 본받고 싶다."

"눈이 보이지 않는 장애인도 해냈는데, 게으른 내 모습을 반성한다."

"장애인이 장애를 극복할 수 있도록 나도 도와주어야겠다."

우리 반 아이들이 장애이해 교육 영상을 보고 제출한 소감문의 주요 내용이다. 한 학기에 한 번 학생들을 대상으로 하는 장애이해 교육이 있다. 이번 학기에도 학생들에게 20여 분 길이의 영상을 보여 주라고 했다. 시각 장애인 김동현 판사에 관한 영상이었다. 학생들과 함께 영상을 시청한 후 소감문을 작성해 보도록 했다. 학생들의 소감문을 보니 모두 내용이 비슷했다. 나는 학생들이 쓴 소감문을 모두 꼼꼼히 읽어본 후 질문을 던졌다.

"장애는 극복하는 건가요?"

"극복하는 사람도 있고, 극복 못하는 사람도 있어요."

한 학생이 대답했다.

"극복하는 사람은 훌륭하고, 극복하지 못한 사람은 실패한 사람인가요?"

나의 질문에 학생들이 어리둥절한 표정을 지었다.

"우리나라에 시각장애인이 몇 명일까요?"

"엄청 많을 것 같아요."

"네 맞아요. 유엔에서는 전 세계 인구의 10프로를 장애인으로 봅니다. 2021년 보건복지부가 발표한 장애인 현황에 따르면 우리나라에 등록 장애인은 약 263만 명, 그 중 시각 장애인은 약 25만 명입니다. 어마어마한 숫자죠? 시각 장애인 판사는 몇 명일까요? 우리나라에 시각 장애인 판사는 현재 두 명입니다. 그러면 이 두 명의 판사님은 시각 장애를 극복한 멋진 분이고, 나머지는 장애를 극복하지 못한 실패자인가요?"

나의 질문에 학생들이 할 말을 잊은 듯 쳐다봤다.

"여러분, 장애는 극복하는 것이 아닙니다. 여러분의 신체가 여러분에게 극복의 대상이 아니듯, 장애도 마찬가지에요. 장애는 장애를 가진 사람의 일부일 뿐, 극복할 수도 없고 극복 대상도 아니에요."

나는 학생들에게 설명했다. 장애를 극복하고 성공한 유명 인사들의 이미지로 장애인을 바라보아서는 안 된다고. 우리가 해야 할 일은 장애인도 우리와 함께 어울려 살아갈 수 있도록 사회의 문턱을 조정하는 것이지, 장애인에게 장애 극복의 신화를 강요해서는 안 된다고. 장애는 싸워서 극복해야 할 대상이 아니며, 장애인이 불편하고 힘들게 살아가도록 만드는 우리 사회와 싸워야 한다고. 장애인에게 장애를 극복하라고 토닥일 게 아니라, 장애인을 불편하게 만드는 사회의 부조리와 인식, 제도, 문화가 개선되도록 함께 싸워 주어야 하는 거라고. 학생들은 한참 이야기를 듣더니 고개를 끄덕였다.

"자, 그럼 다시 얘기해 볼게요. 영상 속의 판사님은 훌륭하신 분입니다. 자신의 장애를 극복해서 훌륭한가요?"

"아니오! 열심히 살아서 훌륭해요!"

"항상 긍정적으로 생각해서 훌륭해요!"

"어려움이 있어도 포기하지 않아서 훌륭해요!"

영상 속의 시각 장애인 판사가 장애를 극복해서 훌륭한 것이 아니고, 어려움에도 불구하고 좌절하지 않고 꿈을 이루어 간 모습이 훌륭한 거라고 학생들이 대답했다.

장애인뿐 아니라 누구나 삶에서 어려움을 만난다. 나는 학생들이 그 영상을 통해 장애극복의 신화를 감상하기를 바라지 않았다. 어려움을 만났을 때 좌절하지 않고 삶을 긍정하는 자세만 배우기를 바랐다.

학기마다 한 번 하는 장애이해 교육. 이 시간에 더 이상 학생들에게 장애극복 신화만 보여주고 끝내는 식의 교육은 하지 않았으면 좋겠다. 장애인의 힘든 삶이 장애인 개인의 의지 부족 때문인 것처럼 그리는 것은 그 자체가 장애인에겐 폭력이다. 그 폭력성을 학생들에게 장애이해 교육의 이름으로 전수하지 않아야 한다. 학교에서는 장애를 다양성의 문제로 보고 이웃과 친구로 받아들이는 교육을 했으면 좋겠다. 학생들이 장애인과 어떻게 더불어 살아갈 것인지, 함께 살기 위해 사회의 문턱을 어떻게 조정해 갈 것인지를 생각하고 실천하는 계기를 만들어 주면 좋겠다. 학생들이 장애인과 더불어 살아가고 싶은 마음이 생기도록 교육하는 것. 함께 잘 사는 세상을 만들어 갈 수 있도록 교육하는 것. 그것이 진정한 장애이해 교육이 아닐까.

14

특수반인 건
비밀이에요

"선생님, 우리 반에 특수교육대상자가 있어요. 그런데 비밀이에요. 학생들한테는 비밀로 해야 하니까 조심하세요."

내가 수업을 맡은 반에 특수교육대상인 현수가 있다고 담임선생님이 얘기했다. 그런데 현수는 특수반에 가는 것을 싫어한단다. 친구들이 자신이 특수반인 것을 아는 것도 싫어한다고 했다. 부모님이 현수의 의견을 존중해서 담임선생님에게 간곡히 부탁했다고 한다.

첫 수업에서 나는 단번에 현수가 누구인지 알아봤다. 말하기를 너무나 좋아하는 아이였다. 교사뿐 아니라 반 아이들의 일거수일투족에 참견하고 싶어 하고, 맥락에 맞지 않는 엉뚱한 말로 교실을 웃음바다로 만들기도 했다. 친구들이 학습지에 집중하는 시간에는 교실에 흐르는 침묵을 참지 못해 엉덩이가 들썩들썩한 모양이 외모는 중학생이지만 짐짓 예닐곱 살 아이를 연상케 했다.

현수의 수준을 파악하기 위해 이것저것 조심스럽게 시켜 보았다. 내가 무엇을 시킬 때마다 현수는 발랄하게 말했다.

"선생님. 제가 영어를 잘 못해서요. 따로 과외는 받고 있는데 수업은 못 따라가요. 제가 수업을 못 따라가도 이해하세요. 과외 선생님이 저 지금 학교 공부할 때가 아니래요."

그렇게 과제를 쏙쏙 피해 가려는 현수가 우스워서 물어봤다.

"선생님이 너무 궁금한데, 과외 수업에서는 뭘 배워? 현수가 지금 뭘 공부하고 있는지 알려줄래. 그럼 선생님이 수업에 참고할게."

"어. 어. 그게 분명히 뭘 배우긴 배웠는데 생각이 안 나네요. 하하."

이렇게 얼렁뚱땅 넘어가기 일쑤였다.

특수교육대상 학생을 위해 학습지를 따로 만들어 둔 게 있었지만, 현수가 친구들과 다른 활동을 하는 것을 싫어한다고 해서 줄 수가 없었다. 대신 수업 활동을 최대한 참여할 수 있도록 꾸준히 격려하고 촉진했다. 나의 관심에 신이 난 현수는 얼마 지나지 않아 나에게 마음의 문을 활짝 열었다. 어떻게든 수업 활동에 참여하고 싶은 현수의 마음이 보였다. 내가 영어 단어를 가르칠 때는 발음을 우리말로 빼곡히 써 놨다가 공부를 했다. 그리고 자신이 영어 공부를 했다는 것을 나에게 자랑하고 싶어 했다.

"선생님. 저요. 원래는 페이버릿 서브젝트가 매쓰였는데요, 이제 잉글리시로 바뀌었어요. 잉글리시 스터디가 조금 좋아지려고 해요."

이렇게 자꾸만 수업 시간에 배운 단어를 우리말에 억지로 끼워 넣어 나에게 다가와 구수한 발음으로 얘기했다.

"우리 현수 정말 열심히 하는구나! 기특하다!"

엄지를 들어 보이면 신이 나서 뛰어가는 현수가 정말 귀여웠다.

나는 학기 초에 도장판을 나눠 주고 학생들이 발표를 하거나 과제를 잘할 때마다 도장을 찍어 주었다. 학기 말에는 도장을 많이 받은 학생에게 시상을 했는데, 아이들은 상품보다도 도장을 모으는 것 자체에 열광을 했다. 현수도 도장 받는 것을 좋아했는데, 과제를 잘 해내지 못하는 현수가 도장을 받는 것은 여간 힘든 일이 아니었다. 그래서 다소 주제에 어긋나는 발표를 해도, 발표를 했다는 것 자체를 크게 칭찬하며 도장을 찍어 주곤 했다. 그런데 도장이 정말 욕심이 났는지 어느 날엔 영화를 보고 감상문을 쓰는 과제에 이렇게 써서 냈다.

3. 영화를 보고 난 후 나의 생각이 달라진 부분이 있다면 무엇인지?

내가 영어 지능이 높았으면 좋았을 것이라는 생각을 했다.

이유는 이수현샘한테 영어 도장 많이 받을 수 있어서 입니다.

3. 영화를 보고 난 후 나의 생각이 달라진 부분이 있다면 무엇인지
내가 영어 지능이 높았으면 동아줄거이다는 생각을했다
이유는 이수현쌤한테 영어 도장 많이 받을수이어서입니다

현수는 정말 순수하고 사랑스러운 아이였다. 나는 어떻게든 현수가 학습 활동을 할 수 있도록 돕고, 도장을 찍어 주어 성취감을 느끼게 해 주고 싶었다. 그런데 쉽지가 않았다. 한 반에 30명의 아이들이 있고, 학생들에게 공평한 관심을 주어야 했기 때문이다. 매일 현수만 지도할 수는 없는 노릇이었다. 게다가 특수교육대상이라는 사실을 숨겨야 해서 따로 학습지를 주기도 조심스러웠고, 따로 도움을 주기가 곤란한 상황이 많았다. 내가 도움을 주면 할 수 있는 활동들도 꽤 많았지만, 도움이 필요한 아이가 현수뿐만이 아니었기 때문에 한계가 있었다. 이럴 때면 '보조 교사'의 도움이 절실했다. 만약 '특수교육 보조원'이 있다면 현수가 수업에 더 많이 참여할 수 있을 텐데. 더 나아가 '통합교육 지원 교사'가 있으면 얼마나 좋을까? 그러면 함께 상의하며 학생에게 맞는 적절한 수업을 설계하는데 도움이 될 것이다. 물론 특수반도 거부하는 현수가 보조 교사를 받아들일지는 장담할 수 없지만, 어쨌든 현수와 비슷한 수준의 아이는 확실히 많은 도움을 받을 수 있을 것이다.

1년간 현수를 지도하며 아쉬움이 많이 남았다. 현수와 나 사이에

긍정적 관계가 형성되어 현수의 학습을 촉진시키기는 했지만, 가능성이 보이는데 더 해 주지 못한 것 같아 안타까움이 컸다. 아직 우리 사회에 많은 사람들이 특수교육대상 학생에 대한 편견이나 선입견을 갖고 있어서인지, 대상자 신청을 하는 것도 대상자임을 밝히는 것도 꺼리는 학부모와 학생을 종종 본다. 특수교육대상 학생이 되는 것이 열등한 존재로 낙인이 찍히는 것이 아니라, 학교에서 필요한 도움과 교육적 지원을 받고 개인의 성장을 보다 효과적으로 돕는 일이라는 인식이 필요하다. 학교와 선생님들의 노력이 더 필요한 것이 분명하다. 그래서 사회 전체의 인식 개선도 빨라졌으면 좋겠다.

학교에는 수많은 현수가 있다. 자신의 수준에 맞지 않아 수업을 따라갈 수 없는 아이들, 장애와 비장애의 경계에 있는 아이들, 특수교육대상임을 밝히기 꺼려하는 아이들. 학교와 사회에서 이 아이들을 배제하지 않고 적극적으로 통합하는 방법을 이제는 적극적으로 마련해야 하지 않을까. 학교에 있는 수많은 현수가 학습 활동에서 소외되지 않고 적절한 도움을 받을 수 있도록….

다양성을 인정하고 존중하는 것은 21세기 글로벌 세계에서 살아가는 시민으로서 기본 태도다.

15

내 아이가
중학교에 간다면

교사가 되고 아이들을 낳기 전까지 나와 함께 수업을 했던 몇 명의 특수교육대상 학생들이 떠오른다. 그 아이들을 나는 어떤 생각으로 가르쳤을까? 솔직히 말하자면 부끄럽게도 나는 수업 활동 계획에 그들의 수준을 고려한 적이 한 번도 없었다. 나는 늘 열정을 다하는 교사였고, 수업 준비를 철저히 했지만 특수교육대상이나 배움이 느린 학생들까지 모두가 참여했던 수업은 드물었다.

한 반에 40명에 가까운 학생들이 있었고, 수준이 다양했다. 원어민에 가깝게 영어를 구사하는 아이부터 알파벳도 습득하지 못한 아이들까지. 모든 아이들이 만족하는 수업을 할 수는 없으니 2/3 이상의 아이들이 참여할 수 있으면 성공한 수업이라고 생각했다. 교과 성취기준과 목표가 있으니 그에 맞게 수업을 하는 것이 당연하다고 생각했다. 나는 대다수의 아이들이 성취 목표에 도달하면 만족했고, 수업에 참여하지 못해서 일어나는 학습부진은 학습자의 몫이라 생각했다.

그래서 아이를 낳고, 내 아이가 특수교육대상이 되었을 때 내 아이를 학교에 보내는 것이 최대의 고민이었다. 내 아이는 당연히 어떤 수업도 따라갈 수 없을 텐데, 학교에서 무의미하게 시간을 보내다 오는 건 아닌지, 다른 아이들이 사칙연산을 할 때 숫자도 제대로 모르는 내 아이가 무엇을 할 수 있을지, 교과서를 읽고 학습지를 풀어야 하는 수업에서 글자도 모르는 내 아이가 과연 무엇을 할 수 있을지 걱정이 되었다.

학부모로서의 걱정은 교사로서의 내 모습도 돌아보게 했다. 고민은 내 수업에서도 똑같이 이어졌다. 특수교육대상 학생 중에서도 어느 정도 일반 교육과정에 참여할 수 있는 학생이 있고 그렇지 않은 학생도 있었다. 장애가 심한 학생이 통합학급에 있을 때 아무것도 하지 않고 시간을 낭비하는 것 같아 마음이 몹시 불편했다. 차라리 특수학교에 가서 자신의 수준과 특성에 맞는 전문적인 교육을 받는 게 낫지 않을까 하는 생각도 많이 했다.

지난 2년간 끊임없는 고민이 이어지는 가운데 내 아이들은 학교를 다니고, 나는 학교에서 수업을 했다. 그 고민 끝에 내가 가장 크게 깨달은 것이 있다면, 그간 교사로서 내 일의 모든 것이 학생 중심이 아니라 교사 중심이었다는 사실이었다. 특수교육대상 학생이 학교에서 배우지 못한다는 판단은 그 학생이 학교에 다니는 이유가 '수업'이라는 생각에서 벗어나지 못했기 때문이었다. 그리고 그 '수업'의 목표가 철저히 교과의 성취 기준에 맞춰져 있어서, 교사가 다수의 학습자만을 고려하는 것이 당연하다고 생각했기 때문이었다. 그러나 학생들을 중심에 놓고 보면 학교에 다니는 이유가 충분했다. 학생들은 단순히 학습 목표만을 성취하고자 학교에 다니는 게 아니다. 학교 안에서 수많은 사회적 만남이 이루어지고, 만남을 통해 가정에서 하지 못하는 많은 경험을 한다. 학교가 모든 사람에게 사회화의 필수적인 관문임을 상기해 보면, 특수교육대상 학생에게도 가족이 아닌 다른 사람과 만나고 생활하는 것 자체만으로도 큰 의미가 있다. 수업 또한 교과의 목표가 기준이 아닌 학습자의 현재 수준과 요구를 기준으로 삼는다면, 특수교육대상 학생도 수업 중 할 수 있는 것이 훨씬 더 많아진다.

특수교육대상 학생도 참여할 수 있는 수업이 되려면 무엇이 필요할까? 우선 학생의 현재 수준과 요구, 어려운 행동 등 학생에 대한 사전 이해가 있어야 한다. 중등의 경우 학기별 개별화교육계획(IEP) 수립 시 특수교육대상 학생과 수업을 하는 모든 교과 교사의 협조가 필요하다. 학생의 개별 수준과 한 해의 학습 목표를 안다면 교과별로 교사가 어느 수준으로 접근하고 교육해야 하는지 가늠할 수 있을 것이다. 그 후에는 각 과목별로 학생의 현행 수준을 파악한 후 장기 목표와 단기 목표를 수립해야 한다. 중등에서의 일반교사는 교과 전문성이 있으므로 교과의 성취 기준에 비추어 특수교육대상 학생의 현행 수준에 맞는 목표 설정이 가능할 것이다. 이때 일반교사와 특수교사가 협력하여 측정이 가능한 목표를 설정해야 한다.

하지만 중학교에 근무하며 나는 단 한 번도 내가 수업하는 학생들의 개별화교육계획을 본 적이 없다. 통합학급을 맡았을 때 담임으로서 회의에 참여한 적은 있어도 수업하는 학생들의 계획회의에는 참여하지 않았을 뿐 아니라 계획서를 본 적도 없다. 학기 초 특수교사가 각 특수교육대상 학생의 특성에 대해 간단히 설명해 주었을 뿐이었다. 그렇게 수업에 들어가면 일주일에 한두 번 수업에서 만나는 학생들의 수준과 특성을 파악하는데 오랜 시간이 걸린다. 당연히 특수교육대상 학생은 한동안 수업에서 배제될 수밖에 없고, 기껏해야 그때그때 잠시라도 할 수 있는 활동이 있으면 운 좋게 참여하는 식이었다. 그마저도 착석이 잘 되고 협조적인 학생인 경우에나 가능한 것이었다. 교실을 돌아다닌다거나 ADHD가 심한 경우, 혹은 갑작스레 성질을 부리거나 짜증이 폭발하는 탠트럼(Tantrum)을 일으키는 경우는 수업이 불가능하다. 그러면 많은 교사들은 특수교사에게 도움을 요청한다. 아니 쉽게 특수교사에게 떠넘긴다. 그러면 특수교사가 헐레벌떡 뛰어오거나, 학생이 특수반으로 쫓겨나기 일쑤다. 사전에 학생의 특성에 대해 파악이 되어 있고, 학생의 수준에 맞는 활동이 주어진다면 충분히 예방가능한 문제도 많을 텐데 말이다.

특수교육대상인 내 아이가 중학교에 간다면, 나는 적어도 아이가 하루 종일 할 일 없이 의자에 앉아 있다만 오지는 않았으면 좋겠다. 교과 수업을 따라갈 수는 없겠지만, 적어도 아이가 할 수 있는 활동이 주어졌으면 좋겠다. 교과 활동의 일부는 아이도 어떠한 형태로든 참여가 가능했으면 좋겠다. 나의 이러한 바람이 이루어지려면 앞에서 언급한 특수교육대상 학생의 개별화교육계획에 교과 담당 교사의 참여부터 시작해야 한다. 매 시간 바뀌는 교과목 교사들이 내 아이의 특성과 수준을 잘 알고 있어야 과제 제공이 가능하고, 문제행동도 예방할 수 있을 것이다.

또한 일반교사와 특수교사의 협력이 잘 이루어지는 환경이 만들어져야 한다. 일반교사, 특수교사, 부모, 치료사가 함께 학생에 대한 교육과 지원 방안을 고민하고 나눈다면 훨씬 더 효과적으로 아이의 성장을 도울 수 있다.

통합교육이 보편화된 시대다. 물리적 통합이 아닌 진짜 통합을 이루기 위해서 고민하고 개선해야 할 것들이 많다. 좀 더 나은 통합 환경을 위해 나 또한 중등 교사로서 무엇을 해야 할지 끊임없이 고민해 나갈 것이다. 내 아이들이 중등교육을 받을 즈음엔 내가 희망하는 것들이 조금이라도 자리 잡을 수 있기를 간절히 소망한다.

...

교사이자 장애인의 엄마인 나에게는 꿈이 있다. 장애 여부와 상관없이 함께 어울려 살아가는 세상. 서로 친구가 되는 데 장애가 장애물이 되지 않는 세상. 장애인도 비장애인이 누리는 것들을 아무런 장애 없이 누리는 세상. 식당에서 밥을 먹고, 친구를 만나 차 마시고, 마트에서 물건을 사는 평범한 일상을 장애인도 자연스럽게 누리는 세상. 그런 세상을 만드는 것이다. 그 꿈을 이루기 위해 나는 오늘도 좋은 시민을 기르는 교사라는 사명감으로 학생들을 가르친다.

많은 교사들이 곳곳에서 각자의 방법으로 통합교육을 하고 있을 것이다. 모두가 지역도, 학교도, 교실도 각자 다른 환경에서 다양한 아이들을 만나며 나름의 방법으로 아이들을 위한 교육을 하고 있을 것이다. 중등은 특성상 교과목별 경험과 사례가 무척이나 다르고, 학교나 지역에 따라서도 차이가 있을 수 있다. 이런 각각의 다양한 사례를 모으고 나눈다면 아직은 시작 단계인 우리 중등 통합교육을 올곧고 풍요롭게 만드는데 도움이 될 것이다.

내가 쓴 이야기도 수없이 다양한 사례 가운데 그저 하나일 뿐이다. 내가 나누는 작은 경험이 우리의 교실과 교육을 조금이라도 성장시키는데 도움이 되었으면 좋겠다. 우리 교육 공동체에서 한 학생도 소외되지 않도록 하는데 작은 디딤돌이 되기를 바라는 간절한 마음으로 썼다. 나의 이야기가 많은 선생님들이 각자 자신의 경험을 나눌 수 있는 시작이 되었으면 좋겠다.

2부

이게 뭐
별거라고요!

김민진

중학교 특수학급에서 14년째 학생들을 만나고 있습니다. 공주대학교에서 도덕·윤리교육과 특수교육을 전공하고 한국교원대학교 대학원에서 특수교육을 공부했습니다. 《특수교사 교육을 말하다》와 2015년 개정 《특수교육 기본교육과정 과학과 교과서》(중등) 집필에 참여했습니다. 발달장애 청소년의 사회 정서적 역량에 관심을 가지고 장애 학생뿐만 아니라 학교의 모든 학생이 공감과 존중으로 차이를 이해하며 함께할 수 있는 방향을 고민하고 있습니다.

1

배제는
은연중 일어난다

똑똑똑

"저기, 선생님. 승재 좀 데려가시래요."

특수학급에서 한참 수업하는 중인데, 오늘도 승재 도우미가 특수
학급으로 왔다. 승재가 통합학급 수업 시간에 방해를 한다고 교과 선
생님이 보내신 모양이다. 실무사 선생님께 승재를 데려와 달라고 부
탁을 드린 후 수업을 이어가지만, 승재 생각이 머리를 떠나질 않는다.
'이번 시간은 또 무슨 일일까? 어떤 잘못을 했을까? 어제 분명히 나랑
수업을 방해하지 않기로 약속했는데 왜 지키지 않은 걸까? 자꾸 반복

되는 이 일을 어떻게 해야 할까?'

문이 열리고 승재가 실무사 선생님을 따라 고개를 숙이고 들어왔다. 그래도 시간이 얼마 걸리지 않은 걸 보니 오늘은 큰 실랑이 없이 실무사 선생님을 따라왔나 보다. '오늘은 본인도 잘못을 인정하고 있는 건가? 이렇게 순순히 따라오는 것이 드문 일인데.' 일단 자리에 앉힌 후 다른 학생의 수업을 마무리한다. 종이 울리고 학생들을 보낸 뒤 승재와 이야기하기 전에 먼저 승재를 보낸 교과 선생님께 인터폰으로 연락을 했다.

"선생님, 죄송해요. 승재 때문에 많이 곤란하셨죠? 수업 중에 무슨 일이 있었을까요?"

"승재가 앞자리 여학생의 옷에 코딱지를 묻히고, 자꾸 등을 두드리면서 건들었어요. 그 여학생과 제가 하지 말라고 해도 계속 같은 행동을 하고, 이것 때문에 여학생이 울고 화내면서 수업이 끊기고, 승재는 분위기 파악 못하고 자꾸 웃고 또 오히려 자기가 더 화내고요. 휴 (한숨) 그래서 주변의 다른 학생들도 산만해지고… 또 승재가 자기가 잘못해 놓고 여학생을 때리려고 하고요. 암튼 한두 번도 아니고 늘 승재 때문에 이 반은 수업 진행이 잘 안 돼요."

"아, 예예. 그렇죠. 죄송해요."

"결국 피해 보는 건 7반의 다른 학생들이에요. 승재도 굳이 이렇게 미움 받으면서 7반에 있어야 할까요? 한두 번이지 매시간 이런 식이면 저도 다른 학생들도 정말 곤란합니다. 승재는 수업도 못 따라가고 친구들에게 방해만 되는데, 승재를 위해서라도 개별학습실에서 배우는 게 좋을 것 같아요."

"죄송합니다. 일단 제가 승재랑 이야기 잘 해 볼게요."

대화의 시작과 끝은 항상 "죄송합니다."이다. 오늘따라 교과 선생님의 불만 수위가 높은 걸 보니 그동안 쌓인 불만이 폭발하신 것 같다. 교과 선생님의 마음은 충분히 이해하지만 한편으로는 선을 넘는 발언에 기분이 좋지 않다. 교과 선생님의 말씀을 들어보니, 승재가 수업 중에 또 앞에 앉은 친구를 건들었다고 한다. 그러다 둘이 큰소리 나는 싸움이 되었고 둘 간의 유혈사태를 막고 수업을 계속 진행하기 위해 승재를 특수학급으로 보냈다고 한다. 거기까지만 말씀하셨으면 참 좋았을 텐데, 그 뒤에 따른 말이 속상하고 그 말에 담긴 메시지와 결론에 마음이 아프다.

승재를 위해서라는 말에 숨겨진 메시지는 승재로 인해 수업이 힘드니 승재를 통합학급에서 빼달라는 말이다. 그래도 이 선생님의 표현은 그나마 양호한 편이다. '장애 학생들이 왜 일반 학교에 있는지 모르겠네' '여기서 배우는 것도 없잖아! 특수학교가 있는데 왜 일반 학교에 다니는 거야' '내 수업에는 들여보내지 마세요' 이렇게 대놓고 차별적인 말을 하는 선생님들도 많다. 최근에야 인권이 강조되고 장애인 차별과 관련된 법들이 제정되면서 학교 안에서 이렇게 대놓고 말하는 선생님들은 줄었지만, 은연중에 그리고 은근히 저런 메시지를 던지는 분들이 여전히 있다.

　초임 시절엔 이런 일들이 수도 없이 반복되었다. 이렇게 표현하는 교사들에게 통합교육의 의미와 중요성을 말하는 건 '소귀에 경 읽기'라는 생각이 강했다. 신규 교사로 학교생활과 교직 사회에 아직 적응하지 못한 때여서 일반 교사들과 갈등을 일으키고 싶지 않았고 좋은 이미지와 관계로 지내고 싶었다. '나의 이미지가 곧 내 학생의 이미지'라는 생각이 강했기 때문이다. 그래서 갈등을 일으키지 않으며 좋은 이미지로 남는 방법으로 내가 선택한 것은 먼저 사과하는 것이었다. 임용 후 3년 차까지는 우리 반(특수학급) 학생이 그저 통합학급에서 별다른 문제를 일으키지 않는 것만으로도 나름 통합교육을 잘하는 것이라고 생각했다. 우리 반 학생이 통합학급 수업에 방해가 되지 않고 문제가 될 행동을 하지 않으며, 통합학급 학생들과 갈등 없이 '있는 듯 없는 듯' 지내 주는 것만으로도 괜찮다고 생각했다. 현실적으로 중학교에서의 통합교육은 이 정도로 만족해야 한다고 말이다.

　그래서 통합학급 교사들과 학생의 특성과 행동 문제를 함께 고민하기보다 외려 특수교육대상 학생들에게만 지도를 가장한 잔소리에 집중했다. 특히 통합학급에서는 문제를 일으키면 안 된다고 평상시에도 귀에 딱지가 앉도록 강조하고 또 강조했다. 통합학급에서 조금이라도 소란이 있으면 수업 시간이든 쉬는 시간이든, 내가 수업 중이든 업무 중이든 만사를 제쳐 두고 특수학급으로 데려오기를 반복했고, 특수학급으로 가지 않으려는 학생을 억지로 데려온 적도 많았다. 그렇게 쫓겨나다시피 특수학급으로 온 학생에게 나는 행동의 이유나 마음에는 관심을 두지 않고, 왜 그런 행동을 하면 안 되는지, 그런 행동으로 인해 다른 학생들이 어떤 피해를 보고, 교과 선생님께 어떤 잘못을 한 것인지만 강조했다. 승재에게도 마찬가지였다. 교과 선생님과 통화를 마치고 승재와 한숨을 쉬며 대화했다. 이 일의 원인을 승재 탓으로만 돌려 버렸다.

"선생님하고 약속했잖아요. 7반 수업 시간엔 조용히 있기로."

"아니요. 그게 아니라요⋯."

"승재 때문에 다른 친구들 수업이 방해가 되었어요. 자꾸 이러면 승재 7반에 못 있어요."

"방해한 거 아닌데요? 그 수업 재미없고 심심했다고요! 그리고 걔도 떠들었어요. 저만 그런 거 아닌데요?"

"지금 선생님은 승재 행동만 이야기 하고 있어요. 그리고 선생님과 친구가 하지 말라고 했는데 계속했잖아요. 그게 방해에요. 자꾸 이러면 승재는 개별학습실에만 있어야 한다고요. 그러고 싶어요?"

"싫어요! 왜요? 왜 선생님은 나한테만 그래요?"

하지만 사실 나는 승재가 왜 그런 행동을 했는지 알고 있다. 승재는 유난히 장난을 좋아한다. 그런데 그게 나이에 맞지 않은 장난일 뿐만 아니라 시간과 장소를 잘 고려하지 못한다. 특히 수업 중에 심심하면(체육, 미술, 음악을 빼고는 당연히 늘 심심하다. 수업 내용을 전혀 따라갈 수 없으니까) 주변에 있는 친구들에게 장난을 친다. 이번 시간에도 승재는 수업이 무슨 말인지 모르겠고 할 수 있는 것도 없으니, 시간도 안 가고 지루하고 심심했던 것이다. 그러던 차에 마침 앞에 앉은 친구의 등이 보였고 그 등에 자신의 코딱지를 묻혔다. 그걸 알게 된 앞자리 친구가 화가 나 승재에게 욕을 했고 본인이 잘못했지만 욕은 듣고 있을 수 없었는지 승재도 같이 욕을 하고, 그렇게 점점 두 사람의 목소리가 커지고 여학생은 우니 교과 선생님이 이 일을 중재하는 방법으로 선택한 것이 승재를 특수학급으로 보내는 거였다. 그간 교과 선생님에게는 이것이 가장 쉽고 빠른 길이었기 때문이다.

교과 선생님이 선택하고 내가 받아들인 이 쉽고 빠른 길은 학교에서 특수교육대상 학생의 교육은 전적으로 특수교사의 책임으로 한정시키는 결과를 초래했다. 그때는 특수교육대상 학생에 대한 것은 특수교사가 전적으로 개입하는 것이 당연하다고 여겼다. 교실에서 교사와 학생들이 특수교육대상 학생으로 인해 어떠한 불편함도 느끼지 않도록 하는 것이 특수교사의 일이라고 여겼다. 또 통합학급 학생들이나 다른 교사들에게 특수학급과 특수교육대상 학생들에 대한 좋은 이미지를 만드는 것이 통합교육을 이끄는 것이라고 생각했다. '일반 학생(통합학급)은 다수이고, 다수가 바뀌는 것은 힘드니까 소수인 우리 특수교육대상 학생(특수학급)이 바뀌면 되는 거야. 우리가 이렇게 노력하니 같이 지내 주지 않을래?'라는 마음이 숨어 있었다. 다수이며 상대적으로 강자들인 일반 학생들과 함께 살아가기 위해서는 소수이고 약자인 우리(특수학급 학생들)가 노력하는 것이 가장 쉽고 빠른 길이라고 생각했다. 이는 학생들만이 아니라 특수교사와 일반 교사의 관계에도 은연중 적용되었다. 한 번, 두 번 이렇게 하다 보니 평소에 그렇지 않았던 다른 교과 교사들도 특수교육대상 학생으로 인해 조금이라도 수업이 방해된다 싶으면 스스로 어떤 교육적 조치를 취해 볼 생각은 하지 않고 당연하다는 듯 특수학급으로 연락을 하고 또 나는 매번 당연하게 특수학급으로 데려왔다. 특수학급에서 나의 수업이 진행되든 말든, 일단 통합학급의 소란부터 잠재워야 하니까. 이렇게 학생을 데려오게 되면 특수학급에서 진행되던 다른 학생들의 수업도 나쁜 영향을 받았고, 꼭 수업 중이 아니더라도 공강 시간에 해야 하는 수업 준비나 업무에도 영향을 받았다. 또 이후에 해당 교과 교사에게 가서 죄송하다고 말해야 하는 상황을 생각하다 보니 학생의 마음을 알아보거나 행동의 이유를 생각해보는 것보다는 문제를 일으킨 학생에 대한 서운함, 속상함이 먼저 들었다. 그러면 나조차 학생을 다그치는 경우가 많아졌다. 그럴 때마다 참으로 억울하고 속상한 표정을 지었던 학생들의 얼굴을 모른 척 했었다. 학생들의 다친 마음보다 문제를 일으키지 않는 것이 더 중요하다고, 내가 허상으로 만들어낸 좋은 이미지가 더 중요하다고 내 나름대로 합리화를 했다. 학생들의 마음을 다독이고 들여다보는 것이 필요하다고 생각했지만 묻고 다독이는 과정은 생략되었다.

그때의 나는 '불편'을 해결하는 데만 급급했다. '존재'에 대한 고민을 하지 못했다. 특수교육대상 학생으로 인해 어떤 불편한 일이 있으면 학생을 특수학급으로 데려오고, 학생에게 잔소리를 하고, 선생님들께는 죄송하다고 말하는 것이 내가 할 수 있는 최선이었다.

통합학급에서 심각한 문제가 발생하는 경우, 특수교육대상 학생이나 통합학급 학생을 위해서라도 분리가 필요한 순간이 있다. 피치 못해 그런 선택을 해야 할 때도 있다. 안전과 관련된 상황이나 특수교육대상 학생이 극도의 불안과 스트레스를 보이는 상황이라면 분리의 방법을 선택할 수 있다. 통합학급에서 어려움을 보이는 학생을 통합이라는 이름으로 어떤 경우에라도 무조건 있게 하는 것이 정답은 아니기 때문이다. 그러나 중요한 점은 분리를 선택할 때 그것이 최선의 방법인가? 혹시 배제는 아닌가? 그리고 특수교육대상 학생과 통합학급 학생 모두에게 분리가 유익한 순간인가를 먼저 생각하고 결정을 내려야 한다는 것이다. 가급적이면 학기 초에 특수교사와 통합학급 교사가 발생할 수 있는 다양한 문제 상황에 대해 서로 공유하고, 그때 선택할 수 있는 최선의 방법을 함께 고민하고 협의 하는 과정이 우선적으로 이루어져야 한다. 분리하고 배제하는 것은 가장 쉬운 방법이지만 최후의 선택이어야 한다. 교사들의 선택은 일반 학생들에게도 큰 영향을 미치기 때문이다. 교사가 불편한 상황에서 가장 손쉬운 분리와 배제의 방법을 선택한다면 학생들은 분리와 배제를 당연한 것으로 여기고 또 그렇게 행동할 것이다.

승재와 같은 상황을 지켜보는 통합학급 학생들은 교사들의 조치를 통해 어떤 것을 배우게 될까? 통합교육을 한다는 것은 물리적 통합에 그치는 것이 아니라 서로 존재를 존중하고 함께 살아가는 법을 배우는 것인데 이런 해결 방법은 은연중에 특수교육대상 학생은 불편한 존재, 공동체에서 없어져도 당연한 존재, 일반 학생들과 교사들이 시혜를 베풀거나 허락해야 공동체 안에 있을 수 있는 자격을 얻을 수 있는 존재로 인식하게 만들 수 있다. 통합교육의 취지와 의미에서 보자면 완벽한 실패다. 이 학생들이 몇 년 뒤에 사회에 나갔을 때 장애인이나 소수자에 대해 이와 비슷한 방법으로 문제를 해결한다고 생각하면 마음이 무겁다. 통합교육은 단순히 장애에 대한 이해나 지식을 가르치는 것이 아니라 함께 사회를 살아가는 공동체의 시민으로서의 소양과 태도를 가르치고 배우도록 하는 것이다.

돌아보면 그때 내가 통합학급 교사와 이러한 문제와 관련된 고민을 공유하고 대처 방법들을 협의하지 못했던 가장 큰 이유는 무엇보다 문제 상황을 빨리 해결하고 싶은 마음이 컸기 때문이다. 당장 발생한 불편에 집중하여 문제를 쉬운 방법(분리, 배제)으로 해결하려다 보니 승재의 존재에 대한 고민은 하지 못했다. 중학교부터는 교육과정이 어려워져서 아무리 장애 정도가 약한 학생이라도 통합학급의 교육과정을 따라가기는 쉽지 않다. 그런 이유로 여전히 특수교육대상 학생이 일반 학교에 통합되어 있는 것에 의문을 가지는 교사들도 많다. 하지만 우리가 모두 알고 있듯이 학교는 지식을 습득하고 익히는 학습과 학업적 성취만을 위해 다니는 곳은 아니다. 비록 수업의 내용 면에서는 따라가지 못하더라고 같은 공간에서 같은 교과서로 수업에 함께하고, 같은 공간에서 호흡하며 또래와 같은 문화를 향유하며 상호작용하는 것은 모든 학생이 가진 권리이다. 다양한 학생들이 함께 공동체를 이루는 것은 특수교육대상 학생을 넘어서 모든 학생에게 학교가 가지는 중요한 가치라고 생각한다. 승재가 수업이 심심하고 친구들이 자기와 어울려 주지 않았음에도 통합학급에 있고 싶어 하는 마음 또한 그와 같았을 것이다.

두 번째 이유는 일반 교사들이 가진 특수교육대상 학생에 대한 생각과 역량을 나의 자의적인 판단으로 제한하고 오해했다. 일반 교사에게는 특수교육대상 학생을 가르치고 지도할 능력이 부족하다고 재단했다. 또 대다수 일반 교사들은 통합교육에 대해 부정적으로 생각한다고 여겼다. 특수교육대상 학생이 자신의 수업에 있는 것을 불편하게 여기고, 가르치고 싶어 하지 않는다고 오해했다. 그러나 실제로 14년 동안 학교에서 만난 많은 일반 교사들은 어떻게든 자신의 수업과 학급에서 모든 학생들을 품고 함께 가고 싶어 했다. 자신과 함께 수업하는 특수교육대상 학생에 대해 배제를 먼저 생각하거나 자신이 가르쳐야 할 학생이 아니라고 생각하는 교사는 드물었다. 특수학급에 먼저 찾아와 특수교육대상 학생의 행동에 대처하는 방법이나 수업에 유의미하게 참여하도록 도울 방법, 교과 교사로서 또 담임교사로서 어떤 것들을 준비해야 하는지 물어 오는 선생님도 종종 있었다. 통합학급 담임을 하고 싶다고 먼저 이야기하고 자신을 선택해달라고 말하는 선생님들도 여럿 있었다. 자신의 수업과 학급에서 특수교육대상 학생과 함께하는 과정이 자신을 교사로서 성장하고 보람을 느끼게한 기회라면서 말이다.

"○○이를 가르쳐 보니까, 특수교육대상 학생은 아니지만 학습이나 또래 관계 등으로 어려움을 겪는 학생들에게 어떻게 접근해야 하는지 보이더라고요. 오히려 저는 ○○이 때문에 제 수업에 참여하는 모든 학생들을 제대로 가르친다는 느낌이 들었어요. 교수적 역량이 한 단계 업그레이드 되는 느낌이요. 그리고 학생을 보는 관점이 다양해졌어요. 그래서 또 통합학급하고 싶어요. 저 내년에도 시켜주시나요?"

학생에게도 배움의 기회가 필요하듯이 특수교사, 일반 교사에게도 특수교육대상 학생과의 만남을 통해 교사로서 성장할 수 있는 기회가 필요하다. 한때 나는 동료 일반 교사들을 못 미더워 하고 통합교육에 부정적이라고 오해했지만 이제는 많은 교사들이 함께하려 노력하고 있다는 것을 안다. 아직 가야 할 길은 멀지만 어깨동무할 수 있는 선생님들이 있어 우리 학생들의 내일과, 학교와 교육의 미래가 기대된다.

2

멍석만
깔아주면 돼

최근에는 사회 전반에 걸쳐 다름(difference)을 존중하는 분위기
가 많이 자리를 잡아가고 있다. 지금의 학교 안에는 장애가 있는 학생
이나 다른 문화권의 생활양식을 가진 학생, 자신만의 개성이 두드러진
학생 등 다채로운 학생들이 있다. 또 중학교에는 유치원이나 초등학교
를 거치면서 다양한 특성의 학생들과 지낸 경험을 가진 학생들이 제
법 많다. 학생뿐 아니라 학부모들도 비슷한 경험이 있어서 통합교육에
대한 합의와 분위기가 어느 정도 조성이 되어 있고, 자신의 자녀가 통
합학급이라는 것에 대놓고 불만을 드러내지는 않는다.

불과 10여 년 전까지만 해도 일반 중학교에서 특수교육대상 학생
들을 보는 시선과 분위기는 지금과 많이 달랐다. 다행히 내가 근무한

첫 학교는 특수학급이 생긴 지 오래 되기도 해서 특수교육대상 학생에 대한 차별적 시선은 적었지만 그럼에도 "함께"하는 분위기는 쉽게 만들어지지 않았다. 한 교실에 함께 있는 물리적 통합은 되어 있으나 그렇다고 그 이상은 기대하기 어려웠다. 물리적 통합을 넘어선 그 이상을 꿈꿨지만 현실은 물리적 통합에 만족해야 했다.

첫 학교 4년 차에 아주 밝고 쾌활한 지현이와 민석이가 입학을 했다. 이 학생들과 지내면서 나는 물리적 통합을 넘어서는 통합의 가능성을 보게 되었다. 여기에는 이 두 학생이 가진 매력이 크게 작용했다. 지현이와 민석이는 방해 행동이나 부적절한 행동 자체가 매우 적었고, 일단 외모가 다른 이들의 시선을 끌만큼 매력적이었다. 그러다 보니 통합학급 내에서 인기가 많았다. 통합학급의 학생들이 먼저 말을 걸면 지현이는 냉소적으로 반응했다. 이런 지현이의 타고난 특유의 시니컬한 반응은 오히려 통합학급 학생들에게 더 어필했다. 반면 민석이는 다감했다. 민석이의 수줍음 가득한 다정함은 통합학급 학생들에게도 편안함을 주었다. 지현이와 민석이가 2학년이 되던 해(나의 첫 학교에서 마지막 해)에 나와 학생들에게 좋은 추억을 하나 만들고 싶었다. 특수학급에서의 추억은 차고 넘치니, 통합학급에서의 좋은 경험을 만들고 싶었다.

첫 학교에서 마지막 해인 만큼 일반 교사들과도 좋은 관계를 맺고 있었고, 이런 관계를 활용해 2학년 담임을 맡게 되는 선생님들 중 각

151

별히 친한 두 분의 선생님께 지현이와 민석이의 통합학급 담임을 부탁드렸다. 워낙에 예쁜 학생들이라 흔쾌히 맡아 주셨고, 나와도 친분이 두터워 그 해는 통합학급 담임선생님들과 소통이 아주 잘 되었다. 교무실에서도 바로 맞은 편에 두 분의 선생님이 계셔서 하루라도 지현이와 민석이에 대해 이야기하지 않은 적이 없을 정도였다. 지현이와 민석이가 통합학급에서 담임선생님과 학생들에게 어떻게 인식되는지 바로바로 알 수 있었다. 기본적으로 인품이 훌륭한 선생님들이셨지만 누구보다 지현이와 민석이를 본인의 반 학생으로 받아들이고 자연스럽게 대해 주셨다. 어떤 활동이라도 지현이와 민석이를 섣부르게 판단하지 않고 배제하지 않으셨다. 지현이와 민석이가 어려워하거나 힘든 부분이 보이더라도 교사가 자의적으로 판단해 행동하기보다 지현이와 민석이에게 먼저 물어보고 나와도 수시로 이야기를 나누며 어떻게든 지현이와 민석이도 함께 참여하도록 하셨다. 일상에서 선의로 시작된 일방적인 배려가 외려 당사자를 배제하는 것으로 이어지기도 하는데, 두 선생님은 지현이와 민석이의 입장에서 먼저 생각하고 참여할 수 있도록 이끌었다. 이런 담임선생님들의 태도는 통합학급 학생들에게로 자연스럽게 연결이 되었다. 통합학급 학생들 또한 지현이와 민석이를 자신들과 같은 반 학생으로 받아들이고 가끔 지현이와 민석이가 보이는 어긋난 행동에 대해서도 자신들의 어긋난 행동과 별다르게 생각지 않았다.

"선생님, 지현이한테 먼저 물어보세요. 지현이 할 수 있을 걸요?"

"선생님, 민석이 지금 개별학습실에서 수업하는데, 민석이도 넣어야 해요!"

"지현이가 시끄러운 거 싫어해서 그래요."

"민석이 거절 잘 못 하는데, 다시 한번 물어보세요. 싫다고 할 걸요!"

지현이나 민석이에 대해 잘 모르는 교과 선생님들이 간혹 지현이나 민석이를 놓치거나, 지현이와 민석이가 없는 시간에 학급의 활동을 결정할 때, 지현이가 시끄러운 소리에 예민하게 반응하여 힘들어 할 때, 민석이가 자신의 의사를 잘 표현하지 못할 때도 통합학급 학생들이 먼저 지현이와 민석이의 입장에서 전달해 주었다는 이야기를 듣곤 했다. 통합학급에서 그저 자리에 "있는" 존재가 아닌, "함께"하는 존재가 된 것이다.

이런 통합학급 학생들의 태도에 용기를 얻어 지현이와 민석이도 통합학급 야영에 참여하기로 했다. 당시 학급 야영이 유행했는데, 어떤 학급은 하룻밤 학교에서 자기도 하고 어떤 학급은 밤 10시쯤 마치기도 하는 식으로 진행되었다. 그렇지만 통합학급 담임교사들은 학급 야영뿐 아니라 교육 여행, 외부 활동 등 학급에서 진행되는 다양한 행사에 특수교육대상 학생이 참여하는 것을 매우 부담스러워했다. 그도 그럴 것이 혹시나 안전사고나 학생 간 폭력 사건이 일어나지 않을까 하는 두려움과 걱정 때문이었다.

"내가 계속 붙어 있을 수 없으니까, 혹시 내가 못 본 사이에 사고가 날까봐."

"○○이가 힘들어하지 않을까요?"

"같이 모둠하려는 아이들도 없고, ○○이가 아이들 사이에서 눈치 보며 여기저기 치이는 대신 가정학습이 ○○이에게 더 좋을 것 같아요."

이런 이야기는 교육 여행이나 통합학급 외부 활동 참여 문제로 통합학급 담임교사들과 이야기를 나눌 때면 자주 나오는 레퍼토리다. 이러한 걱정들이 이해가 되지 않는 것은 아니지만, 특수교육대상 학생이 참여할 수 있도록 하는 것이 우선이다. 자신의 부담과 걱정을 특수교육대상 학생을 위한다는 것으로 에둘러 표현하는 것은 아닌가 하는 생각이 들곤 했다. 최대한 참여하는 방향으로 특수교사와 먼저 협의를 했다면, 또 걱정되는 부분을 허심탄회하게 털어놓고 함께 고민했다면 지원 방법들을 찾을 수 있었을 것이다. 해당 활동 가운데 참여의 범위를 조정하거나, 지원인력을 활용(특수교육 실무사, 유급 보조 인력, 사회복무요원 등)할 수도 있고, 안전사고 예방 대책을 마련하거나, 숙소나 모둠을 별도로 배정하는 등 여러 가지 방향에서 지원해 충분히 '함께' 할 수 있는 방법을 찾을 수 있었을 텐데, 모두들 너무 쉽게 배제를 먼저 떠올리고 결정했다. 통합학급 담임교사는 선의로, 진정으로 특수교육대상 학생이 걱정되어 하는 말이었을 수도 있다. 그러나 학생은 자신도 참여해 친구들과 함께하고 싶을 때가 대부분일 것이다. 상대방이 원하지 않는 선의는 자기 만족이며, 지나친 배려는 오히려 배제가 되고 만다.

이런 분위기에 반전을 준 것이 바로 지현이와 민석이었다. 학급 야영의 날이 결정되자 지현이와 민석이 어머니께서도 많은 걱정을 하셨다.

"선생님, 같이 하고 싶은데요. 지금까지 한 번도 이런 거 안 해 봐서요. 지현이가 잘할 수 있을까요? 반 아이들이 불편해 할 것 같아요."

"야영 꼭 해야 하나요? 매번 그냥 빠졌는데요. 민석이가 눈치가 없어서, 아이들을 귀찮게 할 것 같아요. 그리고 담임선생님이 부담스러워하실 것 같은데요?"

부모님들은 초등학교 때부터 중학교 2학년 1학기까지 진행되었던 교육 여행, 수련 활동 등에 학급 담임선생님께서 부담스러워할까 봐, 반 친구들에게 눈치 받을까 봐, 학급에 피해를 줄까 봐, 지현이와 민

155

석이가 상처받을까봐 등등의 이유로 거의 참여시키지 않았기 때문에 학급 야영에 대해 느끼는 걱정이 크셨다. 혹시나 지금까지 좋았던 통합학급의 분위기에 찬물을 끼얹거나 자녀의 부적절한 모습을 보고 그동안 잘 쌓아 왔던 좋은 이미지가 사라지고 통합학급 학생들이 외면하는 일이 발생하지는 않을까 많은 걱정을 하셨다.

다행히 통합학급 담임선생님들이 어머니들과 충분히 이야기를 나누면서 분명 좋은 추억이 될 것이라고 말씀해 주셨다. 내 안에도 작은 걱정과 불안은 있었지만 누구보다 믿는 통합학급 담임선생님들이 있고, 충분히 훌륭한 지현이와 민석이가 있었다. 무엇보다 담임선생님들은 학급의 학생들을 믿으셨다. 그렇게 준비를 시작했고, 담임선생님들과 학급 야영 시 놀이(체육) 활동, 요리, 모둠 편성 등에 대해 오랜 시간 함께 고민하고 어떻게 하면 모두가 '함께'할 수 있을지 무수히 많은 이야기를 나누었다. 학급 야영에서 할 모든 활동과 모둠 배치는 통합학급의 학생들이 결정하였다. 혹시 지현이와 민석이를 모둠이나 활동에 넣는 것을 학생들이 꺼려하지 않을까, 그 과정에서 지현이와 민석이가 상처받지 않을까, 담임선생님들도 개입해야 할 순간을 놓치지 않기 위해 조심스럽게 지켜보셨다. 나와 통합학급 담임선생님들의 걱정은 기우에 불과했다. 학생들은 지현이와 민석이를 자연스럽게 우리 반의 한 명으로 생각하며, 지현이와 민석이의 의사를 존중하면서 모든 활동에 함께하도록 했다. 오히려 지현이와 민석이를 서로 자신들의 모둠에 속하게 하려고 경쟁 아닌 경쟁까지 했는데 선택은 결국 지현이와 민석이의 몫이 되었고, 선택받은 모둠은 너무 즐거워했다. 통합학급 학생들이 자율적으로 구성한 야영 활동은 지현이와 민석이가 어려워하거나 힘들 것 같은 활동보다 학급 모두가 참여할 수 있는 활동으로 꾸려졌다. 야영 활동을 구성할 때 지현이와 민석이 말고도 또 다른 부분에서 어려움을 느끼는 학급의 다른 학생들까지 고려했다. 특별히 담임교사나 특수교사가 개입하지 않아도 통합학급 학생들 스스로 모두가 즐겁게 참여할 수 있는 학급 야영을 만들어 간 것이다. 지현이와 민석이네 반에는 소극적이고 말수가 적은 학생도 있었고, 심리적으로 위축된 학생도 있었는데 지현이와 민석이와 함께 생활하면서 장애 학생뿐 아니라 다른 요구가 있는 학생들과도 자연스럽게 어울리게 되었다. 누가 가르쳐 준 것도 아닌데 함께 어울려서 하는 활동을 자연스럽게 즐기며 하는 학생들은 역시나 선생님들의 칭찬과 격려에도 쿨했다.

"에이~ 그게 뭐 별거라고요. 어려운 일도 아니고 당연하잖아요."
"에?? 다 우리 반인데요. 같이 재미있어야죠!"

그 순간 감동과 함께 부끄러움으로 얼굴이 붉어졌다. 어쩌면 어려운 일이 아닌데, 어른들이 너무 어렵게만 생각하고 있는 것은 아닐까라는 생각이 들었다. 거창하고 특별하고 대단한 것을 통해 통합교육이 이루어지는 것은 아니었다. 이렇게 자연스럽게 같이 생활하면서 서로의 존재를 인정하고 받아들이는 경험을 하는 것이 통합교육임을 우리가 놓치고 있는 것은 아닐까 하는 생각이 들었다.

통합학급 야영 당일에 특수교육 실무사와 나도 함께 참여했는데 한걸음 떨어져 지켜보며 두근두근 가슴을 졸였다. 하지만 그런 가슴 졸임을 비웃듯 결과는 대성공이었다. 지현이와 민석이는 누구보다 행복한 얼굴과 표정으로 학급 야영 시간 내내 참여했고, 통합학급 학생들 또한 지현이와 민석이와 함께하는 시간을 즐겼다. 중간중간 지현이와 민석이 표정을 살피며 조용히 다가가 재미있냐고 물었더니, 지현이는 지현이답게 특유의 무표정으로 "재미있어요"라고 했고(지현이는 매우 솔직하고 확실한 성격이어서 재미없으면 재미없다고 말하기 때문에 재미있다는 표현은 진짜다), 민석이는 즐거운 감정을 모두 담아 엄지척을 하며 "지인짜! 재미있어요!"라고 했다. 지켜보던 담임선생님과 나 또한 행복하게 만드는 미소를 지으면서 말이다. 학급 야영을 마치고 학생들을 모두 하교시킨 후 담임선생님들과 뒷정리하면서 이야기를 나누었다.

"이게 되네! 멍석만 깔아주면 되는 거였어!"

"아이들이 이렇게까지 잘할지 몰랐네. 이렇게 안 힘든 야영도 처음이야"

"걱정보다는 기대가 크긴 했는데, 이 정도일 줄은 몰랐어요!"

이번의 경험으로 통합학급에서 더 많은 것을 기대하게 되었다는 담임선생님들의 말이 큰 울림으로 남았다. 금요일 학급 야영을 무사히 마치고 다음 날 지현이 어머니께 문자를 받았다.

"선생님! 감사합니다. 지현이가 진짜 좋았나봐요. 감정 표현 잘 안 하는 아이인데 재미있었다고, 친구들하고 사진 많이 찍었다고 말하네요. 오늘의 경험이 지현이에게 좋은 추억이 될 것 같습니다."

남들이 보기엔 별 거 아닌 어떤 하루의 활동일지라도 이 날을 위해 통합학급 담임교사와 특수교사가 협력하고, 깔아준 멍석 위에서 신나게 즐겨준 학생들이 만든 아름다운 결과는 모두에게 긍정의 경험으로 남았고, 또 앞으로 나아갈 수 있는 추진력이 되었다. 이때 찍은 사진으로 나는 그해 서울시교육청에서 실시한 사진 공모전(2013, 행복스토리)에 출품해 대상은 아니지만 입선을 하게 되었다. 아직도 통합교육에 대해 의심이 들거나 고민이 될 때면 종종 그때의 사진을 꺼내어 본다. 지현이와 민석이가 학급 친구들 사이에 자연스럽게 섞여 시니컬하지만 행복한 미소를, 수줍음을 가득 담은 함박웃음을 짓고 있는 모습을 보면 마음에 힘이 생긴다.

학급 야영 이후로 지현이와 민석이는 통합학급에서 2학년을 잘 마무리하였다. 그렇게 즐겁고 행복하게 한 해를 보낼 수 있었던 것은 통합학급 담임선생님들의 역할이 컸다. 흔쾌히 통합학급 담임을 지원해 주시고, 통합학급의 모든 활동에 배제가 아닌 참여를 먼저 생각해 주시지 않았다면 지현이와 민석이, 그리고 통합학급의 학생들도 이러한 경험은 하지 못했을 것이다. 그리고 생김부터 특성, 각자가 처한 상황 등이 서로 다른 사람들이 함께 살아가는데 필요한 좋은 태도와 소통을 배우기 어려웠을 것이다.

통합학급은 담임교사의 역량에 따라 크게 좌우된다. 여기서 역량은 통합학급을 운영하는 엄청난 능력을 말하는 것이 아니다. 특수교육대상 학생을 나의 반 학생으로 보는 것, 나의 반 학생들 모두를 각자 다양성을 가진 한 명 한 명으로 보는 것, 특수교육대상 학생을 포함하여 학급의 학생들을 믿고 멍석을 깔아 주는 것이 그 능력이다. 그것만으로도 자연스럽게 통합학급의 일상에서 모두가 '함께' 있을 수 있음을 알아 주었으면 좋겠다.

매년 2월이 되면 어떤 분이 통합학급을 맡게 될지 조마조마해 한다. 대놓고 통합학급을 맡게 된 것을 싫어하는 분도 있고, 안 맡으면 좋고 맡게 되면 어쩔 수 없다는 마음인 분도 있고(본인은 티를 안 낸다고 생각하시겠지만 티가 난다), 또 너무 기쁘게 맡아 주시는 분도 있다. 요즘에는 통합학급을 맡고 싶다고 먼저 말을 꺼내 오시는 분들도 있으니 세상이 변하지 않은 것 같지만 참 많이 변했음을 느낀다. 그럴 때면 왠지 기쁘고 뿌듯하다. 그 학급에 들어간 우리 반 학생들의 한 해가 기대된다. 자신을 기쁘게 받아들이는 선생님 반의 학생이라는 것만으로도 아이의 학교생활은 희망차 보인다. 요즘도 지현이와 민석이 경우처럼 통합학급을 먼저 부탁드리기도 하는데 확실히 기쁘게 통합학급을 맡아주시는 선생님들과 함께했을 때 통합학급 학생들과 특수교육대상 학생이 편안하게 보낼 수 있었다. 만약 학교 상황이 가능하다면 통합학급 담임선생님을 먼저 정하는 것도 통합교육이 자연스럽게 이루어지는 하나의 팁이 될 수 있다.

긍정적인 통합학급의 경험은 특수교육대상 학생뿐만 아니라 일반학생에게도 "함께" 살아가는 방법을 익힐 수 있는 좋은 기회이다. 이런 경험을 한 학생들이 자라서 차이를 차별하지 않고 더불어 살아가는 사회를 만드는 어른이 될 것이다. 우리(통합학급 담임교사, 교과 교사, 특수교사)에게는 학생들에게 이런 통합의 좋은 경험을 선물해 줄 수 있는 기회가 있다.

3

함께하니
더 좋았다

"하나는 지선 샘(담임), 하나는 찬규 샘(체육), 하나는 미정 샘(음악) 가져다 드릴래요. 아직 퇴근시간 전이죠? 지금 다녀와도 돼요?"

"음, 가는 건 좋은데 내 것은 없니?"

"앗, 크크크. 선생님은 다음에요."

"아, 맨날 다음이래~ 선생님도 받고 싶다고!"

방과 후 수업에서 쿠키, 빵, 초콜릿 같은 간식이나 컵 받침, 바구니, 꽃 같은 소품을 만들면 제일 먼저 생각나는 사람이 담임선생님이란다. 통합학급 담임선생님 외에는 그날그날 대상이 달라지지만, 은주와 미소는 담임선생님과 평소 친하게 지내는 교과 선생님들께 자신들이 만든 것을 꼭 가져다 드린다. 매번 나에게는 다음에 준다고 하지만, 1년 동안 방과 후 수업에서 은주와 미소가 만든 것에서 내 몫은 없었다.

일반 학교에서 특수교사로 근무하다 보면 특수교육대상 학생의 일거수일투족이 다 내 소관으로 여겨진다. 아침에 지각하지 않고 잘 도착하는지, 수업에 잘 참여하는지, 급식실에서 점심은 잘 먹고 있는지, 쉬는 시간에 별다른 일은 없는지, 가정통신문 회신서나 근태신고서는 잘 냈는지, 비 오는데 우산은 있는지 등 등교에서 하교까지 모두 내 눈과 귀로 확인하게 된다. 특수교육대상 학생으로 인해 통합학급 담임교사나 교과 교사가 불편해 하지 않게 하려면 내가 하나도 빠짐없이 챙겨야 할 것 같기 때문이다. 수업 준비물이나 수행평가, 가정통신문 회신서 등과 같이 수업과 통합학급에서 소소히 챙겨야 하는 것은 기본이다. 혹시 뭐라도 준비가 안 돼서 교과 교사나 통합학급 담임교사가 불편함을 느끼게 되면 결국 특수교육대상 학생을 귀찮아하지는 않을까 해서 더욱 이것저것 챙긴다. 특수교육대상 학생이 일반 교사들의 눈 밖에 나는 상황을 만들고 싶지 않은 것이다. 또 특수교육대상 학생을 맡았는데 힘들다는 생각이 들지 않아야 다음에 또 통합학급 담임교사나 교과 교사가 되고 싶어 하지 않을까 싶어서다. 그 정도까진 아니더라도 또 특수교육대상 학생을 만나게 되더라도 최소한 싫다는 생각이 없었으면 하는 마음에서다.

어느 누구도 나에게 모두 책임지라고 하지 않았지만, 특수교육대상 학생과 관련하여 학교에서 발생하는 모든 책임이 마치 나에게 있는 것처럼, 나부터 먼저 그렇게 행동했다. 겉으로는 특수교육대상 학생은 통합학급과 특수학급 양쪽에 모두 소속되어 있으니 통합학급의 일은 통합학급 담임교사가 하는 게 맞다고 말하지만, 통합학급이든 특수학급이든 담임 역할은 나 혼자 하듯 해 왔다. 통합학급 담임교사에게는 그저 특수교육대상 학생을 받아 주는 것만으로도 감사해 했다. 통합학급 담임교사에게 특수교육대상 학생으로 인한 불편함을 주고 싶지 않다는 마음의 이면에는 일반 교사에게는 특수교육대상 학생에 대한 이해나 지도할 역량이 부족하다는 생각도 깔려 있었다. 그래서 나는 통합학급에서 무슨 일만 생기면 나타나 해결사가 되려고 했다.

'우리 학생들은 나 아니면 안 돼.'
'학교에서 나 없으면 큰일 나.'

오랫동안 이런 잘못된 신념을 가지고 특수교사로 살았다. 내가 없으면 특수교육대상 학생의 학교생활은 완전히 멈출 거라는 오만과 내가 학교에 없으면 반드시 큰일이 생길 거라는 어이없는 착각으로 한동안은 병가 한 번을 맘 편히 사용하지 못했다. 그래도 보조 인력이 있을 때는 일을 분담하니 어느 정도 감당이 되었는데 한동안 보조 인력도 없이 혼자 꾸려가야 했을 때는 정말 이러다 내가 죽겠지 싶었다. 몸은 하나인데 학생들 수만큼 나를 원하는 곳은 많으니 내 몸 하나로 감당할 수 없었다. 그래서 어쩔 수 없이 나 혼자 해 오던 역할들을 통합학급 담임교사, 교과 교사와 나누었다. 처음에는 나의 일을 그들에게 떠넘기는 것 같아 미안하기도 하고, 내가 무능력해 보이면 어쩌나 걱정이 되기도 했다. 그리고 통합학급 담임교사와 교과 교사가 잘 대처하지 못하거나, 불미스러운 일이라도 생기면 어떻게 하지 하는 불안이 매우 컸다. 하지만 이 모든 걱정과 불안은 순전히 나만의 기우였다.

"가정통신문 안 가져온 학생들 문자 보내는 김에 같이 보내는 거예요."

"선생님이 혼자 어떻게 다 챙겨요. 담임이 챙기는 게 훨씬 빠르고 편해요."

"어휴~ 선생님, 슬아보다 더한 학생들도 많답니다. 슬아는 양반이에요."

"선생님은 너무 걱정이 많아요. 그리고 일단 지금은 슬아 때문에 힘들지 않아요. 다른 녀석들이 문제지요. 슬아 일로 힘들거나 도움이 필요하면 연락드릴게요."

많은 통합학급 담임교사들은 특수교육대상 학생은 그저 자기 반의 학생 가운데 하나일 뿐이고, 담임이 반의 학생을 지도하고 챙기는 것은 당연한 일이라고 생각했다. 또 요즘에는 특수교육대상 학생만큼 아니 오히려 더 손이 많이 가는 학생들도 많아서 오히려 특수교육대상 학생이 훨씬 수월하기도 하다고 했다. 내 걱정과 불안은 점점 기대와 희망으로 바뀌었다.

내가 중간에서 빠지니 특수교육대상 학생도 통합학급 담임교사와 직접 소통하는 일이 잦아졌고, 내가 모르는 그들 사이의 따뜻하며 끈끈한 관계들이 만들어졌다. 또 내가 중간에 개입하지 않았을 때, 특수교육대상 학생들은 통합학급에 더 소속감을 느꼈다. 학부모님들도 처음에는 통합학급 담임교사를 어려워했지만 특수교사보다 담임교사를 통해 통합학급 소식이나 활동, 자녀의 학교생활들을 직접 들을 때 더 기뻐하셨다. 통합학급 담임교사와 맺는 관계는 특수교육대상 학생들이나 학부모에게 학교생활의 만족감을 향상시켜 주었다. 특수교사와의 관계와는 뭔가 질적으로 달리 느끼는 듯 보였다.

통합학급 수업과 관련해서도 교과 교사에게 특수교육대상 학생의 학습 특성과 행동 특성에 대해 안내를 한 후 교과 수업 안에서는 최대한 교과 교사의 역량으로 지도할 수 있도록 요청했다. 이렇게 할 수밖에 없었던 이유는 나도 특수학급에서 수업을 해야 해서 보조 인력이 있었던 예전처럼 부른다고 언제든지 달려갈 수 없었기 때문이었다. 수업 시간에 무슨 일만 생기면 출동해서 특수학급으로 데려오던 것을 어찌됐든 그 시간 안에서는 교과 교사가 책임져야 했다. 그럼에도 일부 교과 교사들은 수업 중 조금이라도 지도가 힘들다 싶으면 연락이 왔지만, 대부분의 교과 교사들은 어떻게든 자신의 수업 안에서 규칙을 만들고 적용하며 해결하려 했다.

이런 경험들은 특수교육대상 학생을 지도하는 데는 특별한 무언가가 필요하기에 특수교사인 나만이 할 수 있다고 생각했던 오만을 부서주었다. 그리고 일반 교사들의 역량을 잘 알지도 못하면서 섣불리 판단하고 제한했던 나의 편협함을 인정하게 했다. 우리 반 학생들 마음에는 특수학급보다 친구들과 함께 있는 통합학급을, 그리고 그 반의 담임선생님을 기본으로 두고 있었다. 가장 큰 깨달음은, 우리 학생들에게 내가 줄 수 없는 학교생활의 기쁨이 통합학급에 존재한다는 것이었다. 처음에 이 사실을 깨달았을 때 마음 한구석이 허전했다. 나의 존재감과 영향력이 줄어드는 기분이었다. 하지만, 나의 존재감과 영향력이 줄어드는 만큼 나 이외의 더 많은 교사들의 존재감과 영향력이 학생들에게 채워진다는 것을 깨달았다. 특수교육대상 학생들은 특수교사만의 학생도, 특수학급에만 고립되어 생활하는 학생도 아니다. 학교에서 다양한 많은 사람들과 만나고 관계를 맺고 영향을 주고받는 경험이 결국 미래 사회생활을 위한 준비가 된다. 사실 특수학급은 특수교육대상 학생들이 학교생활을 잘 할 수 있도록 지원하는 것이 제 역할인데 가끔 그것을 잊곤 했다.

이전에 내가 지레짐작으로 걱정하여 일어나지도 않은 일들을 해결하려 했던 것은 특수교육대상 학생과 나 이외의 다른 교사들을 믿지 못한 것이 가장 큰 원인이었다. 그 다음은 내 스스로 나에게 과하게 부여한 책임감이었다. 자의든 타의든 학교 상황으로 인해 학생과 교사를 믿고 원래 그들의 몫을 돌려주었을 때 비로소 균형이 맞춰졌다. 특수교사로서의 역할, 통합학급 담임교사로서의 역할, 교과 교사로서의 역할이 분명 존재하고, 또 그 각각의 역할은 그들만이 줄 수 있는 것들이 있다. 특수교사는 제아무리 노력해도 통합학급에서 담임교사가 줄 수 있는 사랑과 관심, 통합학급의 소속감을 줄 수 없다. 반대로 통합학급 담임교사는 어떤 수를 쓰더라도 특수교사가 줄 수 있는 관심과 사랑을 줄 수 없다. 교과 교사도 마찬가지다. 교과 수업에서만 줄 수 있는 관심과 사랑, 소속감이 있다.

"선생님, 은주가 편지를 써 주었어요. 나 울었잖아요. 편지 써 준 녀석이 은주밖에 없어요. 은주랑 함께해서 1년 정말 행복했어요. 은주 담임 맡겨 주셔서 감사했습니다"

"선생님, 미소 담임 내년에도 맡고 싶어요. 미소랑 통합학급 하면서 너무 즐거웠어요. 미소로 인해 학급 분위기가 너무 좋았어요."

은주가 학년 말에 통합학급 담임선생님께 드릴 작은 간식 상자를 직접 만들고 채운 다음 그 안에 넣을 정성을 담아 쓴 편지를 나에게 먼저 보여 주었다. 그러면서 지난 번 방과 후 때 내가 투덜댔던 것이 기억이 났는지 나에게도 줄 편지와 간식을 준비했다며 작은 쇼핑백을 건넸다. 그렇지만 내 것은 누가 봐도 통합학급 담임선생님께 드릴 간식을 넣고 남은 것들을 대충 담은 거였다. 하물며 나에게 쓴 편지에는 내 이름조차 틀려 있었다. '김민지' 선생님이라니? 오타가 아니라 진짜 내 이름이 김민지인 줄 알았단다. 순간 서운한 마음도 들었지만, 통합학급 담임교사와 1년을 정말 잘 쌓았구나, 은주는 통합학급에서 행복했구나라고 생각하니 그저 따뜻한 웃음만 나왔다.

"은주로 인해 막연하게 가지고 있었던 특수교육대상 학생에 대한 두려운 마음을 놓을 수 있었어요. 제가 특별히 무얼 한 건 없는데, 은주가 저에게 보여준 마음 씀씀이에 제가 더 감동받았어요."

"미소가 수업을 따라오는 건 힘들어 했지만, 미소로 인해서 다른 배움이 느린 학생들도 주의 깊게 살펴볼 수 있었어요."

"사실 학년 초에는 용훈이가 무표정하고, 무엇이든지 시큰둥한 반응을 보여서 반에서 잘 지낼 수 있을지… 겉도는 건 아닌가, 혹시 따돌림을 당하지 않을까 걱정이 많이 되었어요. 그런데 선생님께서 알려주신 방법대로 기다려 주고 끊임없이 말 걸어 주고, 수업 시간에도 빠뜨리지 않고 무엇이든 함께 했더니 이제는 먼저 말도 하고 수업 시간에 엄청 적극적으로 손도 들어요. 이제는 너무 적극적이라서 한 번쯤은 건너뛰고 있어요. 특수교육대상 학생이니까라고 생각하고 그냥 두었다면 용훈이도 저도 달라지지 않았을 거에요. 특수교육대상 학생이기 때문에 가졌던 편견이나 오해, 특수교육대상 학생은 특수교사만 가르칠 수 있다거나 특별한 방법이 필요하다거나 하는 것들이 용훈이와의 1년으로 완전히 틀렸다는 것을 알게 되었어요. 이제는 특수교육대상 학생을 만나도 먼저 다가갈 수 있을 것 같아요."

나는 그저 통합학급 담임교사와 교과 교사에게 각자의 원래 역할을 돌려주었을 뿐이다. 통합학급 담임교사와 교과 교사가 특수교육대상 학생을 위해 특별히 무언가를 더한 것은 아니다. 물론 장애 정도가 심하거나 특별한 교육적 지원이 필요한 특수교육대상 학생도 있다. 그건 특수교사가 지원할 수 있고, 지원해야 하는 부분이다. 통합학급 담임교사와 교과 교사는 특수교육대상 학생을 있는 그대로 바라보고, 우리 반 학생, 내 수업의 학생으로 여기는 마음으로 만나 주면 된다. 엄청 큰 에너지가 필요한 일이 아니다. 그저 원래 주었어야 했을 마음을 주는 것이다.

내가 혼자 100의 마음을 주었어도 특수교육대상 학생에게는 100으로 채워지지 않았다. 특수교사의 100에는 통합학급 담임교사나 교과 교사가 줄 수 있는 것이 담겨 있지 않기 때문이다. 특수교사의 10, 통합학급 담임교사의 10, 교과 교사 8명의 10들이 모여 100이 채워진다. 특수교사 혼자 100은 채울 수도 없고 채우기도 힘들다. 그렇지만 학교의 동료교사 열 명이 10씩 하는 건 힘들지도 않고 채우기도 수월할 것이다. 또 특수교육대상 학생에게는 100보다 훨씬 더 넘치게 채워질 것이다.

4

공정한
평가

"특수학급 학생들은 성적에 상관없이 고등학교 진학하잖아요. 간당간당하는 학생들을 위해 특수학급 학생들이 좀 깔아 줘야지."

특수교육대상 학생, 특히 발달장애(지적장애와 자폐성 장애) 학생의 수행평가에 대해 논의할 때 주로 나오는 말이다. 교사가 된 이후 수도 없이 들었고, 일반 학교에서 근무한지 14년째인데도 여전히 종종 듣는 이야기이다. 특수교사인 나와 가까이 지내고 특수교육대상 학생을 배제하지 않고 수업에 참여시키기 위해 노력하는 동료 교사에게조차 평가와 관련해서는 이런 말을 듣기도 한다. 그런 말을 들을 때마다 일반 학교의 특수교육대상 학생들의 존재 가치가 일반 학생들의 성적

밑받침용인가라는 생각이 들어 쓴웃음을 지은 적이 여러 번이다.

각 학교에서는 교과별 평가계획을 세울 때 인정점(과목별 지필평가, 수행평가를 치르지 못한 경우 이전·이후에 실시한 시험 점수를 일정비율로 환산해 부여하는 점수)과 관련해서 장애 학생이나 특수교육대상 학생의 평가에 대한 구체적인 지침을 넣어야 한다. 교육부와 교육청의 지침에 따라 학교의 학업성적관리규정에는 시각·청각·지체 장애 학생이 장애로 인해 평가에서 불이익을 받지 않도록 합리적인 인정점을 규정하고 장애의 정도와 유형을 고려하여 평가·조정하는 방안을 담고 있다. 예를 들어, 시각장애의 경우 확대/점자 시험지 제공, 대필 지원, 시간 연장을, 청각장애 학생의 듣기 평가와 지체장애 학생의 체육 수행평가는 지필평가 점수로 대체하는 식이다.

일반 학교에 있는 특수교육대상 학생 가운데 많은 수는 지적장애나 자폐성 장애 학생이 차지한다. 그런데 이 학생들의 평가와 관련된 공식적인 지침은 따로 없고, 학업성적관리규정에 발달장애 학생의 평가와 관련된 규정을 담고 있는 학교도 드물다. 시각·청각·지체 장애 학생에 대해서는 평가 방법적 측면을 다루고 있기 때문에 평가조정 방안에 대해 이의를 제기하는 교사, 일반 학생, 학부모는 없다. 그런데 발달장애 학생의 경우 온전한 의미의 평가가 이루어지려면 평가의 방법적 측면만이 아니라 내용적 측면에서도 수정이 필요하다. 그런데 이는 복잡하고 미묘한 문제를 발생시킨다.

입시가 무엇보다 중요하게 여겨지는 우리 사회에서 일반 학교에 재학 중인 발달장애 특수교육대상 학생들이 평가를 정당하게 치를 수 있도록 해 달라는 요구는 일반 학생이나 학부모의 입장에서 보면 특혜로 보일 수 있다. 그들이 볼 때 같은 교실에서 같은 교과서로 같은 내용을 배웠는데 발달장애 학생들은 쉬운 내용, 다른 기준으로 평가를 받는 것이 쉽게 좋은 점수를 받는 것처럼 보일 수 있기 때문이다. 그로 인해 일반 학생보다 높은 점수를 받는다는 것을 받아들일 수 없는 것이다.

나조차도 우리 학생들은 성적에 상관없이 고등학교에 진학하기 때문에 학교에서 하는 정기(지필) 평가와 수행평가를 일반 학생들과 동일한 방법과 기준으로 평가받는 것에 대해 문제 제기할 필요성을 느끼지 못했다. 굳이 불편한 상황을 만들고 싶지 않은 마음이 컸다. 일반 학생들과 동일하게 평가 받는다고 해서 발달장애 특수교육대상 학생들이 보는 불이익은 없다고 생각했는데, 그건 나의 착각이었다. 평가에는 성적을 매기고 누가 잘하나 못하나를 구분하는 변별의 기능이 있다. 하지만 배운 것을 확인하고 부족한 부분에 대한 피드백을 주고, 학생의 전인적인 성장을 확인하는 것 또한 평가가 가지는 중요한 역할이다. 이런 평가가 발달장애 학생이라고 예외는 아니다. 나는 특수교육대상 학생의 개별화교육 평가서에는 학생이 무엇을 배우고 이를 통해 어떤 성장을 이루었는지를 자세히 기록하면서도 학교의 정기 및 수행평가에서는 변별의 기능에만 집중하고 있었다. 특수학급 이외의 교육 장면에서의 성장은 놓치고 있었던 것이다.

평가라는 시스템 안에서 발달장애 학생들이 일반 학생과 동일한 기준으로 평가받는 것은 공정함에서 문제가 있다. 시각·청각·지체 장애 학생은 장애 영역별로 장애 특성을 고려한 평가 방안으로 조정해 평가에 공정을 기한다. 이는 발달장애 학생에게도 마찬가지로 필요하다. 발달장애에 맞게 평가 방안을 조정해 정당한 평가를 받아야 한다. 평가라는 것은 배운 것을 평가받아야 하는데 발달장애 특수교육대상 학생들은 배우지 못한 것으로 평가받기도 하고, 평가 방법 측면에서도 발달장애의 특성이 고려되지 못하고 있다는 점에서 공정함에 문제가 있다. 발달장애 학생의 배움과 성장을 확인하기 위해서는 무엇보다 정당한 평가 방법과 기준이 필요하다.

특수교육대상 학생들은 일반 학교에 다니든, 특수학교에 다니든 개별화교육계획에 따라 학생별로 교육계획이 수립되고, 그 교육계획에 따라 교육이 진행되고 평가까지 이어진다. 그러나 일반 학교에 다니는 발달장애 학생들은 개별화교육계획과 별도로 정규 및 수행평가를 학교 내 평가계획에 따라 일반 학생들과 동일하게 받고 있다. 그러다 보니 개별화교육과 학교생활기록부에 기록되는 평가가 연계되지 않고 두 개의 평가서가 별도로 존재하게 된다. 예를 들어, 개별화교육계획에 따라 국어, 영어, 수학 과목을 특수학급에서 수업 받고 개별화교육 평가를 받지만 학교생활기록부에는 국어, 영어, 수학 과목의 정기 평가와 수행평가에 따른 성적이 기록된다. 배우지도 않은 내용을 평가받고 그 결과까지 국가의 공식적인 시스템(나이스)에 영원히 기록된다. 이것은 단순히 성적의 높고 낮음을 떠나 평가의 원칙에 위배된다는 문제가 있다.

10여 년 전 동료 특수교사와 함께 발달장애 특수교육대상 학생의 평가의 부당함을 인식하고 이를 바꾸기 위해 노력했었다. 배우지 못한 것을 평가받는 것 또한 차별이기 때문에 정기 평가는 어쩔 수 없다 하더라도 최소한 수행평가는 교수적 수정을 통해 특수교사와 교과 교사가 함께 실시해 점수를 부여하자는 의견을 학교에 제시했다. 시각·청각·지체 장애 학생의 평가 조정처럼 발달장애 학생에 대한 평가 또한 의미 있게 다루어 보자는 생각이었다. 학교에서는 여러 차례 회의를 거쳐 학교학업성적관리규정의 수행평가 부분을 수정하였다. 회의에 참여하면서, 「장애인 등에 대한 특수교육법」 제4조(차별의 금지) 2항*과 제

---

* 국가, 지방자치단체, 각급학교의 장 또는 대학의 장은 다음 각 호의 사항에 관하여 장애인의 특성을 고려한 교육시행을 목적으로 함이 명백한 경우 외에는 특수교육대상자 및 보호자를 차별하여서는 아니 된다.
  1. 제28조에 따른 특수교육 관련서비스 제공에서의 차별
  2. 수업, 학생자치활동, 그 밖의 교내외 활동에 대한 참여 배제
  3. 개별화교육지원팀에의 참여 등 보호자 참여에서의 차별
  …
  6. 학생 생활지도에서의 「장애인차별금지 및 권리구제 등에 관한 법률」 제4조의 차별

20조(교육과정의 운영 등)[*] 2항, 「장애인차별금지 및 권리구제에 관한 법률」 제4조(차별행위) 2항^{**}과 제13조(차별금지) 4항^{***}을 근거로 제시하며 학교 선생님들을 설득했다.

그래서 전 단위를 특수학급에서 수업을 듣는 교과목에 한해 특수교사가 통합학급 평가 영역과 평가 기준을 참고하여 수행평가를 실시한 후 해당 교과 교사와 협의하여 최종 점수를 부여할 수 있다는 규정이 만들어졌다. 예를 들면, 수학의 모든 단위를 특수학급에서 공부하는 학생이라면 통합학급의 수학과 수행평가 영역에 맞춰 학생의 수학과 개별화교육계획 내용으로 특수교사가 수행평가를 실시하고 통합학급의 평가기준을 참고하여 점수를 부여한다. 특수교사가 부여한 점수에 대해서는 수학과 담당 교사와 협의하여 최종적으로 결정하는 것이다.

그렇게 하여 학교 차원에서 발달장애 특수교육대상 학생들의 평가 부분을 제도적으로 접근하여 학교학업성적관리규정이 만들어졌다. 학교 내에 발달장애 학생들이 일부 과목의 수행평가에서만이라도

• 특수교육기관의 장 및 특수교육대상자가 배치된 일반 학교의 장은 제1항에 따른 교육과정의 범위 안에서 특수교육대상자 개인의 장애유형과 정도, 연령, 현재 및 미래의 교육요구 등을 고려하여 교육과정의 내용을 조정하여 운영할 수 있다.

•• 장애인에 대하여 형식상으로는 제한·배제·분리·거부 등에 의하여 불리하게 대하지 아니하지만 정당한 사유 없이 장애를 고려하지 아니하는 기준을 적용함으로써 장애인에게 불리한 결과를 초래하는 경우

••• 교육책임자는 특정 수업이나 실험·실습, 현장견학, 수학여행 등 학습을 포함한 모든 교내외 활동에서 장애를 이유로 장애인의 참여를 제한, 배제, 거부하여서는 아니 된다.

공정한 평가를 받게 하겠다는 의지의 첫걸음이 모든 교사들에게 공식적으로 공표된 것이다. 학교 차원의 공식적인 접근은 특수교사의 교육활동에 근거가 되었고, 학교 내 발달장애 학생들의 교육과 평가에 교사들이 관심을 갖게 되는 계기가 되었다.

학교학업성적관리위원회에서 승인을 받고 해당 규정이 들어갔지만 이 분위기가 학교 안에 자리 잡기까지는 꽤나 진통이 있었다. 이 규정이 생기기 전에는 당연히 모든 교과에서, 심지어 특수학급에서 전 단위를 참여하는 교과까지도 수행평가 점수에서 발달장애 특수교육대상 학생들은 최하점 또는 최하점의 차하점을 받았고, 이른바 깔아주는 게 당연한 분위기였다. 특수교육대상 학생들은 고등학교에 진학할 때 성적이 상관없으니, 고등학교 진학이 아슬아슬한 일반 학생들을 위해서라도 수행평가에서 바닥을 차지해 주어야 한다고 생각하는 교사들이 많았다. 일부 과목에서는 발달장애 학생들이 일반 학생과 동일한 기준으로 수행평가에 참여해 좋은 점수를 받는 경우도 있었지만, 그것은 매우 드문 일이었다. 또 발달장애 특수교육대상 학생이 수행평가에 충분히 참여할 수 있었음에도 불구하고, 당연히 일반적인 수행평가에는 참여하지 못하는 것으로 생각하여 평가의 기회조차 주지 않고 최하점을 주는 경우도 있었다.

학교의 이런 분위기 속에서 도입 초반에는 특수학급에서 실시한 수행평가 점수를 교과 교사가 인정하지 못해 부딪치곤 했다. 특수학급에서 참여한 수행평가 점수를 무작정 인정해 달라는 것도 아니고, 통합학급의 수행평가 영역에 맞춰 개별화교육계획과 특수학급 수업을 연결하고, 개별 학생의 특성과 역량을 고려하여 수행평가를 실시한 후 그 결과와 내용까지도 근거로 보여주어도 막무가내로 최하점을 주어야 한다고, 한술 더 떠 최하점에 차하점을 주겠다고 말하는 교과 교사들도 있었다.

• 수학과 수행평가 평가 수정 사례 •

대상학생	박○○		학년-반	3-10
평가항목	개념 활용		배점	25점
학년/학기/시기	3학년/2학기/학기 중		관련 단원	4. 이차함수와 그래프
교과역량	■문제 해결 □추론 □창의 융합 ■의사소통 □정보 처리 □태도 및 실천			
평가방법	■서술·논술 □실험·실습 □프로젝트 □구술·발표 □포트폴리오 □기타(형성평가)			
평가 대상	일반 학생		특수교육대상 학생(*평가 수정 적용)	
성취기준	[9수03-09~10] 이차함수와 그래프		[9수학05-01,02] '자료와 가능성'영역	
평가기준	상	이차함수와 그래프를 활용하여 문제를 해결하고, 해결 과정을 수학적으로 정확하게 나타낼 수 있다.	자료를 보고 사진, 그림, 기호를 이용하여 그래프로 나타내고, 그래프를 해석하여 수학적으로 설명할 수 있다.	
	중	이차함수와 그래프를 이해하고 관련 문제를 해결할 수 있다.	자료를 보고 사진, 그림, 기호를 이용하여 그래프로 나타내고, 그래프에서 발견한 사실을 한 가지 이상 말할 수 있다.	
	하	이차함수와 그래프를 이해하고 간단한 문제를 해결할 수 있다.	자료를 보고 사진, 그림, 기호 중 한 가지를 이용하여 그래프로 나타낼 수 있다.	
채점기준 및 평가 점수	내용	점수	내용	점수
	상	25	상	25
	중	20	중	20
	하	15	하	15
산출 근거			3-10 학생들이 좋아하는 간식을 조사한 자료를 보고 인터넷에서 해당 간식 사진, 그림을 찾아 그래프로 표현하였고, 가장 좋아하는 간식(치킨)을 찾았다. * 수행평가지 별첨	

"선생님, 여기 수행평가 산출 근거를 보시면 ○○이의 이번 수학 수행평가는 개별화교육계획에 따라 기본교육과정 중학교군 수학과 '자료와 가능성' 단원에서 실시했어요. 통합학급 수학과 수행평가 영역, 방법은 동일하게 했고, 평가 기준은 통합학급의 기준을 참고하여 기본교육과정에 맞췄습니다. ○○이가 수행평가에 참여하기 위해 먼저 ○○이네반 학생들의 간식 선호 조사를 진행했고, 그 자료를 보고 그래프로 표현하고, 발견한 사실을 찾는지 확인해 보았어요. 여기 수행평가지를 보시면 아시겠지만 ○○는 그림, 사진, 기호를 이용해 그래프로 스스로 표현하였고요. 수학적인 표현은 못했지만, ○○이네 반에서 가장 좋아하는 간식이 무엇인지 찾았답니다. 그래서 20점을 부여했습니다."

교과 선생님들에게 수행평가 산출 근거를 드리고, 자료에 자세하게 설명이 되어 있었지만 한 명 한 명 따라다니며 상황을 설명해야 했다. 문서로만 받았을 땐 이해하지 못했던 선생님들도 직접 얼굴을 보면서 수행평가와 관련된 학생 자료들을 제시하여 왜 이런 점수가 나왔는지 설명을 드리면 수긍하였다. 하지만 나의 설명과 근거자료에도 불구하고 절대로 특수학급의 수행평가는 인정할 수 없다고 큰소리치는 선생님들 또한 여전했다. 이건 형평성의 문제이고, 일반 학생들과 학부모가 받아들일 수 없을 것이라며 말이다.

"아니, 김민진 선생님, 이건 아니지 않아?"

"한성이가 이렇게 높은 점수를 받으면, 다른 학생들이 뭐라고 생각하겠어?"

"이건 일반 학생들이 봤을 때 역차별이지, 안 그래?"

"나는 이 점수 나이스에 입력 못해"

20년 경력의 국어 교사가 내가 부여한 수행평가 점수에 대해 쏟아 부은 말이었다. 평소 장애 학생의 통합교육에 대해 부정적인 언사를 한두 번 한 적이 있는 교사였다. 그 교사가 문제 삼은 한성이는 지적장애 학생 중에서도 매우 똑똑할 뿐만 아니라 매우 성실한 학생이었다. 특히 언어 표현에 강점을 가지고 있고, 자신의 생각을 논리적으로 표현하는 것이 가능했다. 가끔 한성이가 하는 말을 들을 때면 이 학생이 지적장애 학생인지 헷갈릴 때도 있었다. 한성이는 특수학급에서 국어 교과의 전 단위를 개별화교육계획에 따라 참여하였고, 통합학급의 국어 수행평가를 개별화교육계획에 따라 수정하여 참여하였을 때 성취도가 매우 높았다. 그래서 그 결과를 바탕으로 높은 점수를 부여했는데, 국어교사는 나와 생각이 달랐는지 그 점수를 줄 수 없다며 따졌다. 그런데 특수학급에서 부여한 점수를 줄 수 없다고 한 이유가 일반 학생들이 문제제기를 한 것도 아니고 할 것이기 때문이라고 했다. 아직 발생하지도 않은 상황때문에, 그리고 문제제기가 있을 경우 한성이가 높은 점수를 받는 이유에 대해 통합학급 학생들에게 설명해 주어야 하는 것이 자신의 역할임에도 거부하는 모습을 보였다.

"선생님, 이건 학교학업성적관리규정에 있고 그 규정에 따라 저는 한성이 국어 수행평가를 실시했습니다. 그 점수를 부여한 근거를 모두 보여드렸고 설명도 했는데 무조건 이렇게 안 된다고만 하시면 어떻게 합니까? 제가 아무런 근거도 없이 점수를 준 것도 아니고, 무조건 안 된다는 식으로 말씀하시면 저도 공식적으로 문제제기를 하겠습니다!"

나도 모르게 울컥하여 2년차 병아리 교사가 20년차 대선배 교사에게 큰 목소리로 따지게 되었고, 감정을 추스르지 못해 대성통곡을 했다. 울려고 했던 것은 아니었는데 그간 수행평가 점수를 협의하면서 교과 교사들로부터 쌓였던 감정에다, 평소에도 장애 학생들에게 우호적이지 않았던 이 선생님에 대한 서운함이 폭발한 것이다. 억울해 하며 울면서도, 큰소리로 따지면서도 지금 나의 태도와 행동 때문에 내가 지금껏 우리 학생들을 위해 학교 안에서 조심해 오고, 노력해 왔던 것이 물거품이 되는 것이 아닐까 걱정이 앞섰다. 혹시 나 때문에 특수교사의 무능력과 부족함, 특수학급과 특수교육대상 학생들에 대한 부정적인 이미지가 생기는 것은 아닌지 두려웠다. 그러나 이날의 사건은 내 생각과는 전혀 다른 방향으로 전개되었다. 결국 이 날의 사건은 학교 내에 일파만파 퍼지게 되었고, 교내 메신저를 통해 생각지도 못한 응원을 받게 되었다.

"김민진, 파이팅!",
"선생님이 옳아요! 밀고 나가요!"
"선생님, 응원할게요!"

일을 저질러 놓고 주말 내내 안절부절못했었는데 월요일 출근하며 컨 컴퓨터의 메신저에는 내 걱정을 비웃기라도 하듯, 그리고 내가 틀린 것이 아니라는 것을 알려 주는 응원의 메시지들이 쏟아졌다. 울지 않으려고 했는데 또 왈칵 눈물이 쏟아졌다. 이번에는 감동의 눈물이었다. 학교 안에 나와 우리 학생들을 지지하고 응원해 주는 많은 동료들이 있다는 것을 알게 된 경험은 다른 일에 있어서도 특수교사로서 우리 학생들을 위해 목소리를 낼 수 있는 용기가 되었다. 아직 갈 길이 멀지만, 점차 일반 교사들이 평가에서뿐만 아니라 수업에서도 다양한 교육적 요구가 있는 학생들을 그저 그 자리에 "있는" 존재가 아닌 "함께"하는 존재로 받아들이기 시작했음을 느꼈다. 조금씩 학교의 다양한 교육 장면에서 특수교육대상 학생들이 존재하는 방식에 대한 희망을 보게 되었다.

폭풍의 눈물 사건 이후로 특수학급의 수행평가에 대해 문제 삼지 않는 분위기가 조성되었다. 더 나아가 특수학급에서 수행평가를 실시하는 교과(주로 국어, 영어, 수학)뿐만 아니라 다른 교과에서도 조금씩 변화가 시작되었다. 점차 많은 교과 교사들이 수행평가에 있어서 특수교육대상 학생들을 어떻게 포함시킬지에 대해 고민하였고, 수행평가 조정이나 수정에 대해 문의하는 일이 늘어나기 시작했다.

"선생님, ○○이 이번에 줄넘기 수행평가를 하는데 어떻게 하면 좋을까요? 일반 학생들은 3번의 기회를 주고 가장 높은 횟수를 기준으로 점수를 줘요."

"○○이가 줄넘기를 아예 못하는 건 아닌데, 오래하지는 못해요. ○○는 3번의 기회에서 뛴 횟수를 모두 합해서 점수를 주면 어떨까요?"

"선생님, ○○이가 가창 수행평가를 해야 하는데 자기는 계속 친구들 앞에서 노래 못 부르겠다고 안 하고 싶다고 하네요. 아예 안 하면 점수가 없는데 어떻게 하죠?"

"○○이가 부끄러움을 많이 타서요. 특수학급에서 ○○이가 노래 부르는 것을 동영상으로 찍어서 제출하는 것으로 하면 어떨까요?"

체육과 음악 선생님은 개별 특수교육대상 학생의 특성을 고려하여 제안한 방식으로 점수를 주었다. 이처럼 실제로 반영되는 부분은 아주 작은 부분이라 할지라도 시작되었다는 점이 고무적이었다. 지금껏 별다른 고민이나 고려 없이 점수를 주었을 땐 마음이 불편했었는데, 이렇게 학생의 특성과 역량을 고려해 수행평가를 하니 오히려 더 평가에 객관적일 수 있었다는 말씀들을 해 주셨다.

"아, 선생님! ○○이는 줄넘기 횟수 왜 합산해요? 왜 다르게 평가해요? 이거 불공평해요!"

"○○이도 수행평가를 위해서 열심히 연습하고 노력했어요. 이건 너도 인정할 거에요. 그런데, ○○이는 체력적인 이유로 주어진 시간에 열심히 노력했어도 너나 다른 학생들의 줄넘기 수준까지는 올라오지 못했어요. ○○이가 다른 학생들과 가진 차이를 고려하지 않고 무조건 같은 출발선에 세우는 게 공정한 걸까요? ○○이가 가진 차이를 고려해서 출발선을 다르게 하는 게 공정한 걸까요? ○○이를 다른 기준으로 평가해도 수행평가는 절대평가여서 다른 학생들에게 피해를 주는 건 아니에요. 이제 좀 이해가 됐나요?"

"완전히 납득된 것은 아니지만, 선생님의 뜻이 무엇인지는 알겠어요."

간혹 일반 학생들이 특수학급 학생의 수행평가 방법과 부여된 점수에 대해 이의를 제기하곤 했는데 그때마다 교과 교사들이 해당 특수교육대상 학생의 특성과 그렇게 하는 이유를 차이를 고려한 '공정'의 관점에서 학생들에게 설명했고, 교과 교사들이 충분히 설명했을 때 학생들 또한 어느 정도 받아들였다고 하셨다. 애초에 교과별 평가계획을 수립할 때 특수교육대상 학생에 대한 수행평가의 조정 및 수정 방안을 특수교사와 협의하여 별도로 수립할 수 있다는 내용을 추가하고, 수행평가를 실시하기 전에 통합학급의 학생들에게 충분히 설명해 동의를 구하는 과정을 거치면 형평성, 민원 제기 등과 같은 우려했던 문제들은 실제로 발생하지 않았다.

입시체제가 바뀌지 않는 한 평가와 관련해서는 예민할 수밖에 없다. 일반 교사들이 평가조정이나 수정을 선뜻 시도하지 않는 부분도 충분히 이해가 간다. 평가 결과가 점수와 입시로 바로 연결되기 때문에 가장 객관적이어야 하며 평가 결과에 대해 이의 제기가 없도록 해야 하기 때문이다. 이런 상황에서 통합학급에서 일반 학생들과 함께 공부한 교과의 수행평가를 발달장애 학생을 위해서 별도의 평가 방법과 기준을 마련하는 것은 부담스러운 일이다. 시험 문제 하나에도 민감하게 반응하는 상황에서 학생들과 학부모가 이를 문제 삼았을 때 교사 스스로를 보호하며 그들을 이해시키는 과정 자체를 만들고 싶지 않기 때문이다. 또한 모두에게 공정한 평가 방법과 평가 기준을 마련하는 것 자체로 많은 고민과 노력, 전문적인 이해가 필요하기 때문이다.

정기 평가(지필)를 수행평가처럼 별도의 내용이나 기준으로 평가하는 것은 또 다른 문제들이 발생할 수 있다. 학교 평가 시스템에서 발달장애 학생이 일반 학생의 평가와 동일하게 기록되는 방식이 바뀌지 않고, 발달장애 학생을 위한 별도의 정기 평가가 실시되고 그 결과를 보정하여 일반 학생과 함께 기록되는 등의 시스템이 마련되지 않는다면, 발달장애 학생의 성적이 일반 학생에게 영향을 미칠 수 있다. 이는 입시와 직결되는 문제이기 때문에 무척 민감하고 현실에서 많은 어려움을 겪을 수밖에 없다.

이러한 이유들로 대학이라는 입시를 목전에 둔 고등학교에서는 어려울지 몰라도, 대학 입시와는 한걸음 떨어져 있는 중학교에서는 모든 교과의 수행평가에서만이라도 시도해 볼 수 있다고 생각한다. 그리고 무엇보다 교육부나 각 시도교육청에서 발달장애 특수교육대상 학생의 평가와 관련해서 평가조정, 평가수정에 대한 공식적인 지침이 마련된다면 각 학교에서 이에 대한 협의가 원활하게 이루어질 수 있을 것이다. 공식적인 지침을 근거로 하여 발달장애 특수교육대상 학생의 평가에서 일반 교사들이 책무성을 가지고 특수교사와 지속적으로 대화하고 협의하는 과정도 필요하다. 이를 통해 다양한 평가 방법과 평가 기준을 세운다면 모두에게 공정한 평가를 할 수 있을 것이다. 이는 비단 특수교육대상 학생뿐만 아니라 학교 안에 있는 다양한 학습 양식을 가진 학생들에게까지 확장할 수 있어 학생들 모두가 자신이 배운 것을 개별 특성에 맞게 제대로 된 평가를 받을 수 있을 것이다. 그렇게 된다면 학교의 평가 시스템 안에서도 특수교육대상 학생 외에도 다른 많은 학생들의 성장에 초점을 맞추어 피드백을 해줄 수 있지 않을까.

5

통합동아리는
어떨까?

"특수교사는 뭐 가르치는데요?"

장애이해 교육, 다양성존중 교육을 위해 통합학급 수업에 들어가서 나를 소개할 때마다 한 번도 빠지지 않고 들은 질문이다. 요즘은 많은 학생들이 초등학교에서 통합교육을 경험하고 오지만 특수교사의 존재와 역할에 대해서는 잘 알지 못한다. 통합학급에서 나에 대해 설명을 하는 건 상당히 조심스럽다. 통합학급에 있는 특수교육대상 학생에 따라 나를 정확하게 드러내는 것이 도움이 될 때도 있지만, 오히려 정확한 설명이 그 반의 특수교육대상 학생에게 안 좋은 영향을 미칠 때도 있기 때문이다. 장애 정도가 심하거나 일반 학생들이 봤을 때 자신들과 많이 달라 보이는 학생일 경우 확실하게 특수교육대상 학생과 나를 드러낸다. 또 수업 내용도 장애에 대한 이해에 초점을 맞추고 특수교육 대상 학생의 특성이나 강점 등을 함께 나누는 방향으로 진행한다.

"선생님은 특수교사인데, ○○이처럼 학습이나 학교생활에 도움이 필요한 학생들을 가르치는 사람이에요. ○○이는 학습이나 생활하는 방식에서 여러분과 조금 차이가 있어요. 그 차이를 고려해서 국어, 수학, 영어 시간에는 개별학습실(특수학급)에서 선생님과 함께 ○○이에게 맞는 방식으로 공부하고, 학교생활 하는 방법, 친구 사귀는 방법 등을 배워요. 이 시간에는 ○○이에 대해 알아보고, ○○이와 여러분이 1년 동안 잘 지낼 수 있는 방법들을 함께 생각해 보기로 해요."

반대로 장애 정도가 약하거나 일반 학생들과 큰 차이가 없어 반 학생들조차 별다른 차이를 느끼지 못하는 특수교육대상 학생이 있는 통합학급에서는 그 반의 특수교육대상 학생과 나의 정체를 숨긴다. 특수교사라는 말도 하지 않고, 이 시간 수업을 위해 온 선생님이라고만 간단히 설명한다. 신기하게도 학생들은 더 궁금해 하지도 않기 때문에 나에 대한 자세한 설명은 간단히 생략한다.

"이 시간 다양성존중 교육을 하러 온 김민진 선생님입니다. 오늘 수업은 여러분 반이 다함께 즐겁게 지내기 위해 우리가 가져야 할 마음가짐, 행동들에 대해 함께 이야기해 보려고 해요."

이런 학급에서는 수업 내용도 장애에 대한 이해보다는 다양성을 존중하는 것에 초점을 맞추어 진행한다. 이럴 때면 아버지를 아버지라 부르지 못하는 홍길동이 된 기분인데, 특수교사를 특수교사라고 말하지 못하는 상황이 이해가 되면서도 다소 쓸쓸하다. 내 자신이 숨겨져야 하거나 드러나면 안 되는 존재처럼 여겨지는데, 일반 학교 내에서 많은 특수교사들이 이런 감정을 한두 번 쯤은 느꼈을 것이다. 장애 정도가 약할수록 특수교육대상 학생들도 통합학급에서 자신의 장애를 드러내고 싶어 하지 않는다. 특수학급에 오는 것을 싫어하거나 부끄러워하는 학생도 있고, 특수교사가 다른 일로 통합학급에 찾아가면 피해 숨는 학생도 있다.

학생들의 이런 심리와 상황을 고려하면 특수교사라고 밝히지 않아도 되고, 특수교육대상 학생이라고 티 나지 않고도 할 수 있는 통합교육 활동에 대해 고민하게 된다. 장애 정도가 심하던 심하지 않던, 특수교육대상 학생임이 드러나던 드러나지 않던, 어떤 특수교육대상 학생이라도 의미 있는 통합을 경험하기를 원했다. 사실 장애 여부와 상관없고, 생김이나 취향, 출신 등 그 어떤 것과도 상관없이 함께 살며 배우는 환경이 곧 통합 환경이다.

법·제도가 마련되면서 물리적 통합은 상당 부분 진행되고 정착되었다. 이제는 실질적이고 내용적으로도 의미 있는 통합이 되어야 한다. 그리 되기 위해서는 의무적으로 해 왔던 학기별 전교생 대상 장애 이해 교육이나 장애인의 날과 같은 행사성 교육으로는 부족하다는 것을 느꼈다. 통합학급만을 대상으로 하는 통합교육 활동도 의미가 있겠지만, 특정 학급보다 학교 전체의 불특정 다수를 대상으로 일상 속에서 자주 노출되는 만남을 통한 통합교육 활동이 필요하다고 생각했다. 특수교육대상 학생을 포함하여 학교의 다양한 학생들이 자주 만나 서로의 차이를 각 사람의 개별적인 특성으로 자연스럽게 받아들일 수 있게 하기 위한 방법을 고민하다 동아리 활동에서 실마리를 찾았다. 그동안은 특수학급만의 자체 동아리를 운영해 왔었다. 그런데 동아리 시간 동안 특수학급 학생들끼리만 즐겁고 재미나는 것보다는 다른 학생들과도 함께 즐겁고 재미나게 보낸다면, 동아리에 할당된 30여 시간 동안 가까이서 서로를 알아갈 수 있으니 이보다 더 좋은 통합교육 활동은 없을 거라는 생각이 들었다.

의례 하는 것처럼 '장애'나 '인권'에 초점을 맞추기보다는 모두에게 재미있고 의미 있을 만한 동아리 활동을 고민했다. 내가 잘 운영할 수 있는 활동, 학생들이 서로 협력할 수 있는 활동, 특수교육대상 학생들도 공헌의 경험을 할 수 있는 활동이 뭐가 있을까? 한참 고민하던 차에 이전 학교 선생님들과 참여했던 NGO단체 세이브 더 칠드런의

'아프리카 신생아 살리기 캠페인'의 모자 뜨기가 떠올랐다. 그렇게 이름은 다소 촌스럽지만 '사랑의 모자 뜨기'반으로 나의 첫 번째 통합동아리가 시작되었다.

이 동아리 활동을 준비하면서 나는 일반 학생들이 특수교육대상 학생들에게 모자 뜨는 활동을 가르쳐 줄 것이라고 생각했다. 모자의 완성도도 일반 학생들의 것이 훨씬 높을 것이라고 생각했다. 그런데 이것 또한 내가 가지고 있었던 편견이었다. 주승이는 자폐성 장애로 조립이나 만들기에 관심도 많았다. 매우 꼼꼼한 성격이어서 한 번 모자 뜨기 방법을 배우면 잊지 않고 매우 꼼꼼하게 완성해 내었다. 한 달에 한 번 정도 진행되는 동아리 시간이라서 매번 뜨는 방법을 잊어버리고 오는 일반 학생들에게 주승이에게 가서 배우라고 했더니 주승이는 자신을 찾아오는 학생들에게 모자 뜨는 방법을 곧잘 시범 보여 주었다. 그러자 다음부터 학생들은 내가 말하기도 전에 매 시간 주승이의 주변에 앉아 도움을 받아가며 모자를 완성했다. 동아리가 진행되는 2시간 반 동안 1개를 겨우 완성하는 일반 학생들은 완벽한 모양으로 3개씩 뚝딱 완성해내는 주승이를 보고 입을 다물지 못했다. 일반 학생들이 특수교육대상 학생에게 무언가를 배운 경험은 그들이 가지고 있던 발달장애 학생들은 무엇이든 자신들보다 '부족할 것이다' '못할 것이다' '도움만 받을 것이다'라는 편견을 깨는데 매우 강력하게 작용했다. 사람마다 각자 가진 재능과 성향이 다르고, 이는 장애가 있어도 마찬가지라는 것을 배우는 과정이었다.

2시간 반이라는 동아리 활동 시간은 짧지만 또 긴 시간이다. 내가 모자 뜨기 방법을 알려 주고 난 뒤에는 아이들이 삼삼오오 둘러앉아 모자를 떠가며 자연스러운 대화가 이어졌다. 서로 무엇을 좋아하는지, 주말에는 주로 무엇을 하는지 같은 일상적인 대화를 주고받으며 그 나이대의 또래 문화를 공유하고 있었다.

"호석(일반 학생)아, 주말에 뭐 했어?"

"나 게임 했지. 마인크래프트"

"어, 나도 그거 좋아해!"

"그럼, 주승아 같이 하자!"

"근데, 나는 저녁밥 먹고 7시부터 8시까지 딱 한 시간만 할 수 있어!"

"내가 그 시간 맞추면 되지!"

그동안 자폐성 장애가 있는 주승이는 질문에 답을 곧잘 하긴 했지만 자신이 요구사항이 있지 않으면 타인에 대해 관심을 드러내며 먼저 대화를 시작하거나 질문을 하는 일이 거의 없었다. 그해 동아리 활동이 거의 끝나갈 즈음 주승이가 늘 자기 옆에 앉아 모자 뜨기를 배우는 호석이에게 먼저 말을 건네고 아주 평범한 대화를 나누는 모습은 나에게도 경이로운 경험이었다.

통합동아리 활동은 일반 학생들이 발달장애 학생들에 대해 가지고 있던 편견을 깨뜨려 주는 것과 함께 자폐성 장애가 있는 주승이에게도 함께 어울려 지내는 것의 즐거움을 느끼게 해 주었다. 동아리 활동의 인연은 동아리에서만 그치지 않고 이후에도 복도에서 만나면 인사를 주고받는 사이로 발전하였다. 다음 해에 우연찮게 호석이와 주승이가 같은 반이 되었는데, 그때 호석이는 자연스레 주승이의 든든한 지원군이 되었다.

"우와, 이게 진짜 아프리카로 가요?"

"여기 주소에 쓰여진 세이브 더 칠드런이라는 단체로 보내면, 거기서 아프리카로 보내줘요. 우리가 정성을 담아 뜬 이 작은 모자로 아프리카의 갓 태어난 아기들을 많이 살릴 수 있데요. 여러분이 생명을 살린 거예요."

"헐, 대박! 저 이런 적 처음이에요. 제가 만든 것은 조금 삐뚤삐뚤한데 그래도 괜찮아요?"

"그럼요. 반듯한 모자도 조금은 삐뚤삐뚤한 모자도 모두 아기를 살릴 수 있어요."

"오! 소름"

1년의 동아리 활동에서 일반 학생과 특수교육대상 학생이 완성한 모자는 200개가 넘었다. 정성스럽게 하나하나 박스에 담고 보낼 주소를 함께 쓰면서 학생들은 신기해 하고 뿌듯해 했다. 그런 활동을 한 자신을 자랑스럽게 생각하는 마음이 얼굴에서 숨겨지지 않았다. '모자 뜨기' 동아리 활동은 특히 받는 것에 익숙해진 특수교육대상 학생들이 자신보다 더 취약한 환경에서 살아가는 사람들의 어려움에 대해 생각하고, 자신들도 다양한 방식으로 타인을 도울 수 있으며, 사회와 세계에 도움을 주는 존재가 될 수 있음을 깨닫는 의미 있는 시간이었다. 자발적인 봉사 경험이 적은 특수교육대상 학생들에게 자신의 수고를 더하여 모자를 만들고 그 결과로 저 멀리 낯선 아프리카 땅의 아이들을 돕는 경험은 봉사 활동과 나눔의 참된 의미, 더불어 살아가는 삶의 가치를 깨닫게 했다. 도움만 받아왔던 존재에서 도움을 줄 수 있는 존재로의 전환은 누군가에겐 대수롭지 않은 것일 수도 있지만 특수교육대상 학생에게는 삶의 태도를 바꾸어 주는 전환점이 되었다.

　　모자 뜨기 활동으로 1년 동안 동아리를 잘 운영했지만, 수업 때마다 매번 모자 뜨기를 다시 가르쳐야 하는 게 보통 일이 아니었다. 모자 뜨기 동아리를 구성할 때 모두에게 재미와 의미가 있고, 내가 잘 운영할 수 있으며 학생들이 서로 협력하고, 특수교육대상 학생들도 공헌의 경험을 할 수 있을 것에 더해 조금 더 쉽게 할 수 있을 것이 추가되었어야 했다. 모자 뜨기반은 동아리 이름부터 매력적이지 않아 15명 중

3~4명을 빼고는 다른 동아리에서 떨어진 학생들이 주로 모였었다. 처음에는 시큰둥한 반응이 내심 서운했었다.

이번에는 인기 있는, 적어도 다른 곳에서 떨어진 학생들이 오는 것은 아닌 동아리를 생각했다. 그래서 탄생한 동아리가 직소퍼즐반이었다. 보통 직소퍼즐반은 각자가 퍼즐을 완성하는데, 새로 만든 직소퍼즐반은 품앗이처럼 돌아가며 한 사람의 작품을 함께 완성해 주는 방법으로 운영했다. 다행히 이 동아리는 직소퍼즐을 좋아하는 학생들이 왔고, 특수교육대상 학생을 포함해 5명씩(특수교육대상 학생 1명, 일반 학생 4명으로 구성) 3개의 모둠이 만들어졌다. 5명이 각자 완성하고 싶은 직소퍼즐을 준비해 오고 완성할 순서를 정해 조각의 개수에 따라 1~2회기에 걸쳐 한 작품씩 완성해 갔다.

혼자 자신만의 작품을 만들어가는 것이 아니라 한 사람의 작품을 5명이 함께 협력하며 완성해 가는 경험, 내 작품이 끝나면 끝이 아니라 다른 친구의 작품 완성을 위해 끝까지 함께하는 경험, 나의 보탬으로 퍼즐이 완성되는 경험은 조금은 개인주의적인 요즘 학생들에게 '나눔'과 '함께'의 경험을 줄 수 있었다. 직소퍼즐을 맞출 때 5명이 똑같은 분량으로 나누는 게 아니라 각자의 역량대로 누구는 많이 맞추고, 누구는 조금 맞추어도 그것을 탓하거나 비난하지 않았다. 자연스럽게 각자가 가진 역량을 있는 그대로 받아들이고, 다른 사람에 비해 자신이 조금 더 많이 하는 것을 손해 본다고 여기지 않았다.

그리고 자신의 모둠에 있는 학생 중 누가 특수교육대상 학생인지 아닌지 중요하지 않았다. 직소퍼즐을 함께 맞춰가는데 그건 중요한 문제가 아니었기 때문이다. 그저 우리 모둠의 작품을 같이 완성해가는 친구이자 동료만 있을 뿐이었다. 학교의 교육 활동에서 특수교육대상 학생이라는 구분이 중요하지 않는 순간이 더 많다. 그런데 그동안 나조차도 장애, 특수교육대상 학생이라는 명칭과 구분에 가려 학교에서 일반 학생들과 함께 할 수 있는 많은 부분들은 제한하고 있진 않았나 반성하게 되었다. 나의 그런 행동들이 많은 일반 교사들에게 어떤 교육 활동이든지 특수교육대상 학생은 당연히 따로 진행되어야 하는 것으로 생각하게 만든 이유 중 하나였지 않을까라는 생각이 들었다.

"김민진 선생님, 이거 누가 한 거예요?"

"동아리 시간에 특수학급 학생이랑 일반 학생이 모둠으로 완성한 작품이에요. 완전 잘했죠?"

"이것도 방법이네, 혼자 하려고 하면 학생들이 중간에 많이 포기하던데, 이렇게 하니까 완성이 되네요."

"네, 그리고 저는 진짜 별 거 안 했어요. 모둠만 짜 주고 시간 안에 완성 안 된 작품은 다음 시간까지 보관만 해 줬어요. 모둠별로 학생들이 다 알아서 했어요."

"그래요? 그럼 내년에 내가 해 볼까?"

선생님들과 이야기를 나누면서 이제 동아리 활동도 통합이 가능하고, 통합동아리를 일반 교사도 충분히 해 볼 수 있지 않을까 생각했다. 특수교사가 할 수 있으면 일반 교사도 할 수 있다. 통합동아리는 특수교사만 운영할 수 있는 것이 아니고, 어떤 특별한 활동으로 구성해야만 하는 것도 아니다. 그저 특수교육대상 학생과 일반 학생들이 정기적으로 같은 공간과 시간에 같은 활동을 하며 경험을 공유할 수 있는 것으로도 충분하다. 그동안은 특수교육대상 학생이기 때문에 선택의 여지없이 통합동아리든 아니든 특수교사가 운영하는 동아리에 참여해 왔다. 이 학생들에게도 취향이 있고, 선택권이 있는데 무시된 것이다. 일반 학생들은 자신의 선호에 따라 동아리를 선택하는데 특수교육대상 학생이라는 이유만으로 그 선택권이 박탈될 수는 없다. 이런 이유들로 나는 모든 학생들을 대상으로 하는 동아리를 개설하고, 특수교육대상 학생들에게도 동아리를 선택할 권리를 돌려주었다. 특수교육대상 학생들 중 나의 동아리를 선택한 학생도 있고, 자신이 좋아하는 활동을 선택한 학생도 있었다. 내가 운영하지 않아도 특수교육대상 학생이 선택한 동아리는 자동적으로 통합동아리가 된 셈이다. 통합교육이 한 발 전진한 것이다.

지난 2년간 코로나19 상황으로 동아리 활동도 온라인으로 많이 진행되었다. 그 바람에 실제로 만나 소통하는 시간은 부족했지만, 동아리 담당교사도 통합동아리를 맡는다는 것이 어렵지 않다는 경험을 하게 되었다. 일반 교사들이 교과 수업 속에서는 시간적 제약이나 진도의 압박, 평가의 엄중함 등으로 특수교육대상 학생들을 자신의 수업에 온전히 참여시키는 것이 현실적으로 어렵기도 했다. 그러나 동아리 활동은 진도나 평가의 압박이 없고 다소 자유로워 특수교육대상 학생들을 일반 학생들과 함께 온전히 참여하게 할 여지들이 많았다. 동아리 활동을 통해 교과 수업에서는 볼 수 없었던 특수교육대상 학생들의 밝고 적극적인 모습을 발견하기도 하고, 일반 학생들과 소통하는 모습을 보며 일반 교사들도 자신이 가지고 있었던 특수교육대상 학생에 대한 편견, 통합교육에 대한 부정적인 인식들을 깨뜨리는 기회가 되었다. 일반 교사들에게도 멍석만 깔아주면 되었다. 이렇듯 일반 교사가 운영하는 통합동아리에서 시작되는 '함께'의 경험이 다른 많은 교육 활동 장면으로 확대되는 시발점이 될 것이라 기대하고 있다.

창의적 체험활동의 통합동아리는 학사 일정에 따라 정해진 동아리 시간에 만나 활동하기 때문에 일상적인 만남을 늘리는 데는 다소 아쉬움이 있었다. 때마침 나는 텃밭과 관련된 교내 사업을 맡아 하게 되었는데 그 사업의 일환으로 텃밭 가꾸기 자율동아리를 통합동아리로 운영하게 되었다. 자율동아리 활동 또한 정해진 시간이 있었지만, 그 외의 시간에도 수시로 텃밭을 가꾸기 위해 만났다. 자율동아리는 일주일에 한 번 전체 모임, 그리고 매일 모둠별로 학생들이 돌아가며 점심시간에 텃밭 가꾸기 활동을 하게 되면서 더 자주 만날 수 있었다.

함께 텃밭을 가꾸면서 생명에 대한 책임감도 기르고, 텃밭에서 자라는 작물들의 다양한 모습을 보며 자연스럽게 다양성의 가치를 배울 수 있었다. 이 자율동아리에는 특수교육대상 학생뿐만 아니라 교내 복지대상 학생, 다문화 학생, 배움이 느린 학생, 정서적으로 도움이 필요한 학생, 그리고 텃밭에 관심이 있는 일반 학생 등 학교 내 다양한 학생들을 포함하였다. 흙이 주는 포근함에 같은 작물이라도 각기 다른 모습으로 자라는 모습을 보며 자연스레 다양함이 틀린 것이 아니라 다른 것임을 받아들이게 됐다.

자신들이 키우는 작물의 성장을 보며 자연과 교감하고, 함께 땀을 흘리며 텃밭을 일구는 과정에서 같은 경험을 한 이들 사이에 공동체 의식이 자리 잡았다. 대부분 도시에서 나서 자라고, 학교로 학원으로 바쁜 일상을 보내는 학생들에게 흙이 주는 따뜻함, 삭막한 일상 속에서 작은 여유로움을 느끼는 시간이었다. 이 시간들을 통해 장애, 문화, 배경, 성향 등과 같은 개인의 차이를 뛰어넘어 교감하고, 협력하는 경험은 일반 학생과 특수교육대상 학생 모두에게 서로에 대한 인식을 변화시키는 과정이었다.

다음 해에는 '텃밭 가꾸기'를 가족까지 함께하는 활동으로 확장하였다. 교내 복지사업과 연계하여 가족지원 프로그램으로 진행하였다. 가족과 함께하는 활동이라서 학교 일과 중보다는 방과 후나 주말에 별도의 시간을 만들어야 했다. 많은 가족은 아니었지만 특수교육대상 학생 가족을 포함하여 8가족 정도가 참여하였다. 가족과 함께하는 활동은 학생들만 했던 활동과는 또 다른 감동이 있었다. 텃밭 가꾸기 활동은 1년 동안 자연의 변화에 맞춰 지속적이며 각기 다른 활동으로 진행된다. 밭 다지기부터 모종이나 씨앗 심기, 지지대 세우기, 잡초 제거하기, 수확하기, 수확물 나누기로 진행되는데 자연의 변화를 가족이 함께 보고, 함께 땀을 흘렸다.

특수교육대상 학생의 부모들은 일반 학부모들이 장애가 있는 자신의 자녀를 부정적으로 보는 시선을 마주하게 될까봐, 서로 공감하는 부분이 다를까봐, 또 자신의 자녀와 비교하게 될까봐 일반 학생의 부모들과 교류를 일부러 피하기도 한다. 그러나 텃밭 가꾸기 활동을 통해 만난 부모님들은 청소년기 자녀를 키우며 느끼는 어려움들을 공유하며 서로 공감하는 경험들을 나눌 수 있었다. 1년간의 장기 프로젝트로 구획별로 각 가족의 이름을 붙인 텃밭을 가꾸는 시간 동안 그간 서로에게 하지 못했던 이야기들을 나누며 대화를 나누는 모습은 일반 학생의 가족이나 특수교육대상 학생의 가족이나 별반 다르지 않음을 알아가는 순간들이었다.

"애들은 다 똑같아요."

바쁜 일상으로 인해 함께 마주보며 대화 나눌 시간이 부족했던 가족들, 또는 경제적인 어려움으로 가족과 함께하는 여가를 즐기지 못했던 가족들, 자녀의 장애로 주변의 시선이 부담스러웠던 가족들이 눈 마주치며 대화를 나누고, 가족 모두가 함께 여가시간을 보내고, 같은 학교 학생들의 가족들과 아무렇지도 않게 섞여 지내는 시간들이었다. 각자의 이유로 부족했던 부분들이 채워져 갔다. 다양한 가족들이 모였기에 더욱 다양한 모습을 볼 수 있었는데, 이게 바로 통합교육이 아닌가 싶어 흐뭇했다. 가족활동으로서의 '텃밭 가꾸기'는 비록 적은 수의 가족이었지만 일반 학부모를 포함하면서 학교 공동체 모두에게 통합교육의 가치가 자연스럽게 스며드는 계기가 되었다.

통합은 어떤 특별한 활동이 아니어도 괜찮다. 자주 만나 소통할 수 있는 자리만 만들면 된다. 자리만 만들어지면 그 시간들을 채워 가는 것은 그 자리에 모인 이들이다. 그들이 만들어내는 자연스럽고 아름다운 통합의 풍경을 분명히 보게 될 것이다. 누구든 할 수 있으니 시작해 보시기 바란다.

6

친절하며
단호한 교사

(상황1) 교칙에 어긋나는 행동을 지도할 때

"다른 애들도 다 하는데요?"

"선생님만 그래요, 선생님만"

(상황2) 예의 없는 행동을 지적했을 때

"그래서 어쩌라고요?"

"아씨 ××(심한 말) ××(심한 말)"

(상황3) 해야 하는 것을 시켰을 때

"선생님 뭔데요? 왜 선생님이 결정해요?"

"선생님은 독재자예요!"

철승이와 슬아로부터 거의 매일 같이 들었던 말이다. 철승이의 특기는 교실 탈출, 학교 곳곳에 자신의 흔적 남기기(매직으로 낙서하기), 친구들 교복에 침 뱉기와 코딱지 붙이기, 개별학습실에서 드러눕기, 싫은 소리 들었을 때 욕하기, 그리고 내가 찾으면 도망가다. 슬아는 째려보기, 거짓말 하기, 선생님 탓으로 돌리기, 말꼬리 잡고 늘어지기, 다른 학생과 비교하기, 욕하기, 대성통곡하기, 다른 선생님한테로 도망가기, 아픈 척 연기하기가 특기다. 어렵다는(어렵지 않은 특수교육대상 학생이 어디 있겠느냐마는), 정서·행동 측면에서 특히 어렵다는 슈퍼스타급의 특수교육대상 학생을 연달아 만났다. 철승이를 졸업시키면서 내 마음에 조금은 평안이 찾아오지 않을까 내심 기대했는데, 더 막강한 슬아가 나에게로 왔다. 슬아를 만나고 얼마 가지 않아 '철승이가 나았지'라는 생각이 들 정도였다.

역대급의 두 학생을 연달아 만나다 보니 학교는 전쟁터 같았고, 내 마음은 살얼음판 같았다. 오늘은 또 어떤 일로 끝도 없는 잔소리를 하게 될까, 오늘은 또 어떤 말로 내 속을 뒤집어 놓을까 싶어 학교 가는 출근길이 지옥문을 열러 가는 것 같았다. 어떤 날은 이대로 차 사고가 나서 입원이라도 했으면 좋겠다는 생각이 들 정도였다. 한동안 이런 참혹한 마음으로 학교생활을 겨우 이어갔다. 철승이와 슬아의 생활지도에 체력적으로, 또 감정적으로 많은 에너지를 쓰다 보니 특수학급 수업, 통합학급 지원, 다른 특수교육대상 학생 관리 등은 뒤로 밀리고 최소한으로만 할 수밖에 없었다. 그런 상황 속에서도 대외적으로는 잘하는 특수교사처럼 보이고 싶었다. 철승이나 슬아의 행동문제를 잘 대처하고 있는 전문가처럼, 특수학급 수업도 잘하고, 다른 특수교육대상 학생들도 두루두루 잘 살피는 능력 있는 특수교사처럼 나를 포장했다. 철승이와 슬아와의 갈등이나 실패한 생활지도들은 숨겼다. 어떻게든 해 보려고 발버둥을 쳤는데 어느 날 이런 나의 모습이 가짜처럼 느껴졌다. 주객이 전도되어 진짜보다는 겉으로 보이는 것에 힘을 쏟고 있는 모습이 특수교사로서 나를 떳떳하지 못하게 했다.

어느 날 거울에 비친 내 표정을 봤는데 너무 괴로워 보였다. 다른 선생님들 앞에서는 웃으며 잘 지내고 있는 것처럼 대화를 하다가도 고개를 돌리기가 무섭게 가라앉는 내 표정을 직접 마주했다. 내 안의 힘겨움이 그대로 드러난 얼굴을 확인하니 와르르 무너지는 느낌이었다. 그렇게 시작된 멘붕은 나를 끝없는 나락으로 이끌었고 급기야는 특수교사를 그만두는 것까지 생각하게 했다. 당시에 한동안은 가슴 속에 늘 사직서를 품고 다녔다.

그만두기 전에 뭐라도 해보자는, 지푸라기라도 잡는 심정으로 만난 것이 학급긍정훈육법(PDC; Positive Discipline in the Classroom)이었다. '친절하며 단호한 교사'라는 부제에 이끌려 원격연수를 들었다.

교사로서 나의 태도와 그간 모습을 되돌아보게 되었다. 원격연수 이후 PDC와 관련된 것은 연수든 공부모임이든, 원격이든 집합이든 가리지 않고 참여했다. 닥치는 대로 PDC를 배우면서 이게 무너진 나를 도와 줄 수 있을 것이라는 확신이 생겼다. 그 확신으로 배우고 실천하며 4년이 넘었다. '친절하며 단호한 교사'라는 부제 속에서 발견한 희망은 실제가 되어 특수교사를 그만두지 않고 이제는 책을 통해 새로운 희망을 만드는 일에 참여하게 만들었다. 어쩌면 나는 PDC를 만나기 이전과는 완전히 다른 특수교사로 살아가고 있다. 이젠 더 이상 특수교사를 그만두는 것을 생각하지 않는다. 나에게는 이제 도전적인 학생들과도 함께할 강력한 전략이 있기 때문이다.

PDC를 공부하게 된 계기는 특수교사로서 빠졌던 자괴감에서 벗어나기 위함이었다. 나를 자괴감에 빠뜨렸던 것은 내가 나의 기준을 벗어나는 학생들을 용납하지 못하고, 그 학생들을 몰아세우다 보면 학생들은 격분하고 그러다 서로 상처를 주며 결국엔 파국으로 치닫는 과정이 반복되었기 때문이었다. 나의 기준과 엄격함만을 내세우지 않고, 학생과 싸우지 않고 잔소리가 아닌 말로 가르치고 싶었고, 대화다운 대화를 하고 학생들이 해야 할 것을 할 수 있게 하고 싶었으나 그리 되지 않았다. 무엇보다 생활지도를 하다가 학생들과 싸우고 나면 나의 교사답지 않은 행동이 나오고 그러면 후회와 자괴감이 밀려왔다. 학생들에게 받은 상처가 오래갔고 이런 일들이 생기면 생길수록 학생들을 만나는 것이 힘들어졌다. 친절하며 단호한 교사의 태도는 나를 위해서 익히기 시작한 것이었다. 자괴감에 빠져 허우적대고 싶지 않았고, 학생들에게 더 이상 상처 받지 않고 교사로서 나를 지키고 싶었다. 그래서 친절하며 단호한 교사의 태도를 끊임없이 연습하고 연습했다.

　나는 단호함을 넘어 엄격한 교사에 가까웠다. 그리고 나는 특수교사에게 가장 필요한 미덕은 인내심이라고 생각하는데, 나에게는 '인내심'이 부족해 친절한 교사가 되려면 새로 태어나는 수준이 되어야 했다. 처음 '친절하며 단호한 교사'라는 PDC의 부제를 봤을 때 친절함이 다정하고 너그러운 태도라면 어쩌면 나는 죽었다 깨어나도 안 될 수 있겠다는 생각이 들었다. 그런데 PDC에서는 '친절함'은 다정함이 아니라 끝까지 설명을 하는 것이라고 한다. 학생이 이해하고 받아들일 때까지, 해야 할 것을 할 수 있게 설명하고 또 설명하는 것이었다. 그러나 잘못된 행동을 지적하는 말을 듣기만 해도 학생이 짜증을 내고 화를 내는 등 부정적인 감정을 쏟아내는 상황에서 함께 화내지 않고 끝까지 학생에게 반복적으로 설명하고 이해시키는 과정은 쉽지 않았다. 자기주장이 강한 슬아에게 친절하며 단호한 교사가 되는 것은 자주 실패했다. 쌍심지를 켜고 째려보고 큰소리로 누르고 따박따박 맞는 말만 해서 학생의 속을 뒤집어 놓는 예전의 행동들이 불쑥불쑥 튀어 나왔다. 친절하며 단호한 교사의 모습을 미리 생각하고 연습하고 대화를 시작해도 끝은 파국인 경우가 생겼다. 그럼에도 친절하며 단호한 교사의 태도를 놓을 수 없었다. 슬아와 함께한 3년 동안 20번에 한 번, 15번에 한 번, 10번에 한 번, 5번에 한 번, 졸업 즈음엔 3번에 한 번씩 점차 친절하며 단호한 나의 태도가 받아들여졌다.

"오늘 센터 놀이 수업(놀이치료) 안 가면 안 돼요?"

"무슨 일인데요?"

"그냥 좀 몸도 피곤하고요, 재미없어요."

"오늘은 놀이 수업이 가기 싫구나. 몸이 많이 안 좋아요? 어디가 아파요? 보건실에 가서 약 좀 먹을까요?"

"아···. 그 정도는 아니고요. 아니 오늘 학교 끝나자마자 밖에서 친구랑 놀기로 했단 말이에요. 나는 그거 안 받고 싶은데, 선생님이 혼자 결정한 거잖아요. 암튼 싫어요. 이제 안 다닐래요."

"앞으로 안 다니더라도 오늘은 약속된 수업 시간이 있고, 갑자기 안 가겠다고 하면 놀이 선생님이 곤란할 수 있어요."

"그게 나랑 무슨 상관이에요? 내가 안 가면 그만이지."

"슬아도 친구가 슬아와 한 약속을 당일에 그것도 1시간도 안 남은 시간에 못 간다고 말하면 어떨 것 같아요?"

"뭐 어쩔 수 없죠."

"어쩔 수 없지만, 기분은 좋지 않겠죠? 놀이 선생님도 갑자기 수업이 취소되면 당황하실 수 있어요. 그리고 정해진 스케줄이 어긋나서 힘드실 거예요. 놀이 수업을 안 다니는 문제도 아무 말 없이 안 가는 것보다 먼저 슬아가 놀이 선생님과 이야기를 나누면 어떨까요?"

"아 진짜! 그럼 일찍 끝내 달라고 할 거예요."

"놀이 선생님께 슬아 사정을 말하고 상의해 보세요."

"놀이 수업 다녀올 거죠?"

"아… 진짜… 알겠어요."

슬아는 당장 원하는 게 있으면 그것을 얻기 위해 그동안 자신이 보여 왔던 행동들도 부정하고 그건 단지 다른 사람 때문에 한 것이고, 앞으로는 절대 하지 않을 것이라는 극단적인 표현을 자주 사용했다. 대표적인 일화가 앞의 대화에 나온 치료 지원를 받는 것이었다. 놀이 치료 선생님을 매우 좋아하고, 시시콜콜 사소한 이야기를 모두 나누며 그동안은 놀이치료를 빠지지 않았다. 또 놀이치료는 슬아가 시범 수업 을 받고 난 후 스스로 하겠다고 선택한 것이었다. 그런데 최근에 친해 진 친구가 놀이치료 가는 날에 같이 놀자고 할 때마다 놀이치료는 세 상에서 가장 재미없고 싫은 수업이 되었고, 그 수업은 자신의 의지가 아니라 선생님이 시킨 것이기에 하지 않겠다는 논리로 연결되었다. 막 상 다녀오면 너무 즐거워했고 그만두지 않을 거라고 그건 그냥 해 본 소리라고 한 적이 여러 번이었다. 하지만 또 놀이 수업보다 더 하고 싶 은 게 생기면 다시 자기만의 논리와 우기기가 반복되곤 했다.

예전 같으면 너는 왜 약속을 지키지 않느냐, 놀이 수업 핑계대지 마라, 네가 친구랑 놀고 싶어서 그런 거 아니냐, 어디서 땡땡이를 치려고 하느냐, 그리고 너는 매번 기분이 상하면 선생님 탓을 하는데 이건 내가 결정한 게 아니라 네가 선택한 거다, 무조건 가야 한다와 같은 옳은 소리, 가르치는 말만 잔소리로 늘어놓다가 결국 둘 다 감정이 상해 원수처럼 싸우고 나의 승리(울며 치료수업 받으러 가기)로 끝났을 거다. 그런데 슬아의 마음을 먼저 읽어 주고, 이미 알고 있지만 왜 안 가고 싶은지 그것을 탓하는 대신 슬아가 놀이치료를 가지 않음으로 인해서 발생할 수 있는 곤란한 상황들을 차근히 설명했다. 슬아가 놀이치료사와 직접 대화하고 결정하도록 선택권을 주었던 것이 슬아의 마음을 움직였다.

저 놀이치료 사건만 해도 30분이 넘게 대화가 돌림노래처럼 반복된 것이다. 어떤 때는 같은 문제로 1시간이 넘도록 반복하여 설명하기도 했다. 그렇게 시간을 보내고 나면 기운이 모두 빠지고 맥이 탁 풀렸다. 그럼에도 화내지 않고, 교사의 권위로 누르지 않고, 서로 마음 상하지 않게 대화를 해서 결국엔 해야 할 일을 학생이 스스로 선택해서 하게 하는 결과는 놀라운 경험이었다. 슬아에게도 긍정적인 경험으로 남게 되었다.

"슬아야, 선생님이랑 싸우지 않고 대화하니까 어때요?"

"처음엔 이상했잖아요. 내가 분명 잘못했는데 선생님이 화를 안 내서요. 근데 선생님이 화 안 내니까 이상했는데, 화내는 거 보다는 괜찮아요."

"그렇구나, 선생님은 앞으로도 슬아랑 이렇게 대화하고 싶은데 그러려면 슬아도 선생님 도와줘야 해요. 해 줄 수 있겠어요?

"그건 그때 가서요."

슬아에게도 그간 선생님과의 대화가 싸움으로만 끝내왔던 데 비해 처음엔 이상하고 어색해했지만, 서로 화내고 상처 주는 말을 주고받는 것보다는 나았던 것이다. 이런 대화 분위기가 정착되기까지 가끔 슬아가 끝까지 고집을 부려 나의 설명이 잘 먹히지 않아 슬아가 뒤엎고 뛰쳐 나간적도 있었지만, 그러고 나면 바로 자신의 행동을 일단 사과하고 다시 대화하려는 모습을 보여주었다.

나의 마음의 평안과 교사로서의 자존감, 효능감을 지키기 위해 시작한 교사의 '친절하며 단호한' 태도를 통해 특수교육대상 학생들도 화내고 짜증내는 것보다 대화하는 것이 더 좋은 방법임을 배우게 되었다. 그 시도들을 통해 조금씩 나아지는 나와 학생의 변화가 친절하며 단호한 교사의 태도를 계속해서 연습하고 실천하게 하는 힘이 되었다. 지금도 여전히 친절하며 단호한 모습을 실패하는 순간들이 있지만, 이제는 성공의 순간이 훨씬 많기 때문에 좌절하거나 포기하지 않는다. 나는 친절하며 단호한 교사로 새로 태어났다. 나를 위해, 나의 학생들을 위해….

7

누구에게나 필요한
안전지대

나는 편입으로 사범대 일반 교과에 진학했다. 특수교육은 복수 전공으로 했다 보니 현장에서 일하는 특수교사 동기나 선후배와의 연결이 거의 없다시피 했다. 교사가 되었는데 특수교육을 속성으로 배워서인지 실상 무엇 하나 제대로 할 수 없는 상황을 맞닥뜨리게 되는 현장은 하루하루가 공포였고 두려움이었다. 내가 제대로 하고는 있는 건지, 학생들이 보이는 행동들에 내가 어떻게 반응해야 하는 건지, 옆 반 선생님과 갈등에는 어떻게 접근해야 하는 건지, 학부모의 요구는 어디까지 들어주어야 하는지 등 특수교사로서 해야 하는 판단과 행동 하나하나가 막막하고 어려웠다. 이때 내게 가장 절실했던 것이 같은 경험을 나누어줄 특수교사 동료, 선배들이었다. 나의 고민을 함께 해 줄 동기, 선배 특수교사가 있었다면 그때 그 시절 조금 덜 방황하지 않았을까, 조금 덜 힘들지 않았을까, 조금 덜 아프지 않았을까, 학생들에게 조금 덜 미안하지 않았을까 하는 생각이 든다.

신규 발령을 받고 첫 1년은 정말이지 아찔했다. 10여 년이 지난 지금 생각해도 마음이 아프다. 제대로 된 준비 없이, 이렇다 할 끈도 없이 현장에 내던져진 아무것도 모르는 신규 특수교사가 할 수 있는 것은 고작 하루살이처럼 하루를 견디어 내는 것뿐이었다. 견디어 내는 시간 동안 학생들과의 수업이나 만남은 종종 방향을 잃었고, 학부모들의 요구에 이리저리 흔들리며 중심을 잡을 수가 없었다. 이런 날들이 계속되면서 교사로서, 특수교사로서 없던 자신감마저 더 바닥으로 떨어졌다. 도움을 받고 경험과 노하우를 배워야했던 옆 반 선배 특수교사와는 갈등이 깊었다. 지금도 그 시절은 나에게 트라우마로 남아 영향을 주고 있다.

나에게 1년 차 때의 기억과 경험은 분명 피와 살이 되어 지금의 나를 특수교사로 더 단단하게 해 주었을 터지만, 추억이라 부를 수 없는 고통의 기억임에는 분명하다. 신규교사라면 누구나 겪을 수 있는 일이라고 누군가는 대수롭지 않게 말하겠지만, 함께 웃고 울어 줄 그리고 지혜를 나눠 줄 동기, 선배 특수교사가 있었다면 나도 지금은 그때의 일들을 추억이라 부를 수 있을 것이다. 안타깝게도 나에게는 그렇지 않았다.

어려웠던 1년 차를 지내고 처음 맞는 겨울방학 때 특수교사를 대상으로 한 목공 직무연수를 가게 되었다. 10명 남짓 특수교사가 모여 일주일 동안 목공 연수를 받았는데, 나 빼고 모두 초등 특수교사였고 모두 10년은 훌쩍 넘는 경력의 대선배님들이셨다. 경력으로 치나 학교급으로 치나 잘 섞이지 못했었는데, 얼마간 어색하고 서먹했던 시간들이 지나고 나니 한결 편안하게 학교 이야기, 학생 이야기, 학부모 이야기들을 나눌 수 있었다. 그 안에서 1년 동안 지친 마음에 작은 위로를 받았다. 연수 마지막 날이 너무 아쉬웠는데 나의 아쉬운 마음을 아셨는지 한 분의 선생님께서 특수교사 책모임인 '베틀'로 초대해 주셨다. '베틀'과의 만남은 지금의 나를 있게 한, 아직도 특수교사로 살아가게 하는 운명적인 만남이었다.

나는 보기와 다르게 낯을 많이 가리고 친해지는데 시간이 많이 걸리는 성격 탓에 정작 초대를 받고도 한 달에 한 번인 모임에 잘 나가지 못했다. 나 빼고 이미 다들 끈끈해 보이는 관계에 끼어 드는 것이 어색하고 부끄러웠기 때문이다. 한 2년은 책 모임 날만 되면 이런저런 핑계로 들쑥날쑥 나갔다. 그러는 가운데 가랑비에 옷 젖듯 조금씩 '베틀'이 나의 삶에 들어오게 되었다. '베틀'은 책을 읽고 함께 책에 대한 이야기를 하는 모임이지만 무엇보다 특수교사로서의 고민을 나누고 또 인간으로서의 삶을 나눌 수 있었다. 한 달에 한 권의 책을 통해서 교육을, 학생을, 우리네 삶을 나누고 한 달 동안 있었던 기쁨, 즐거움,

속상함을 나누며 서로를 위로하고 격려한다. 나는 그곳에서 특수교사로서 겪는 다양한 일들을 온전히 공감 받는 경험을 하게 되었다. 제아무리 나를 잘 아는 가족이라고 하더라도, 친한 친구라고 하더라도 같은 특수교사가 아니면 해 줄 수 없는 온전한 공감이었다. 이 공감의 경험은 나의 어려움이 당장 해결되지 않더라도 포기하지 않고 나아가게 하는 힘이 되어 주었다. 우리에겐 모두 이런 만남이 필요하다. 특수교사뿐 아니라 어려움을 겪는 교사라면 특히나 절실히 필요하다. 특수교사의 자리는 한편으론 참으로 외로운 자리라고 생각한다. 특수교사로서의 삶 자체가 늘 외롭거나 하지는 않지만, 유독 외로운 순간들과 비어진 마음의 시간들이 많다는 것을 부인할 수 없다. 학생에게, 학부모에게, 동료 교사들에게 정성과 마음을 쏟지만 돌려받는 경험은 드물다. 내가 준 마음을 다시 돌려받아야 하는 건 아니지만, 우리가 이 일을 계속해서 해나가려면 비워진 마음을 채우는 만남이 있어야 한다. 나에게 그런 만남은 '베틀'이었다.

보통 학교에 특수교사는 많아야 2~3명이다. 그런데 그 2~3명이 잘 맞지 않을 수도 있다. 같은 학교에서 같은 학생들과 학부모를 만나며 같은 경험을 공유하는 특수교사끼리 마음이 잘 맞으면 정말로 좋겠지만 그렇지 않을 수 있다. 이때 나의 가지가 주변 환경들로 인해 이리저리 흔들리더라도 뿌리가 뽑히지 않게 지지해주는 단단한 밭이 필요한데, 그 밭은 나에게 온전히 공감해주는 사람들이다. 나는 이를 '안전지대'라고 부른다. 내가 어떤 말을 하든, 어떤 생각을 하던 나의 편이 되어 지지해 주는 곳. 내가 미처 생각하지 못했던 것을 보고 지혜를 전달해 주는 나의 사람들.

　몇 해 전 어려운 학생과 학부모를 만나서 심신이 매우 지쳤던 적이 있었다. 또 개인사로 인해 걷잡을 수 없이 마음이 바닥을 치고 있었다. 장기간 요양이 필요하다는 의사의 권고가 있었지만 대체 교사를 구하지 못해 어쩔 수 없이 병가 3주 만에 복귀했다. 3주는 무너진 마음과 몸이 회복되기엔 부족한 시간이었다. 어려운 시간을 보낼 때 가족이 묵묵히 곁을 지켜 주었지만, 쉽게 일어날 수 없었다. 어디에서도 나를 온전히 드러낼 수가 없었기에 상황은 나아지지 않았다. 특수교사로서의 상처, 인간으로서의 상처를 있는 그대로 내어놓을 곳이 없었다. 당시 '베틀' 모임이 휴식기에 들어간 상태였고 나 또한 먼저 손을 내밀지 않았기에 나의 안전지대는 사라진 셈이었다. 그때 나는 안전지대의 소중함을 느꼈다. 안전지대는 내가 건강할 때, 편안할 때는 그 소중함을 모른다. 그러나 내가 막다른 골목을 만났을 때, 캄캄한 밤을 헤맬 때 안전지대는 새로운 길을 보여주고, 한 줄기 빛이 되어 준다. 특수교사로 춥고 아팠던 시간이 다시 시작하는 '베틀' 모임에 열심히 참여하는 계기가 되었다.

　'베틀' 모임을 다시 하자고 연락이 왔을 때 두 손 들고 환영했다. 다시 시작한 지 이제 4년째다. 4년 동안에도 특수교사로서의 어려움은 있었고, 한 사람의 인간으로서 고민과 갈등은 여전했다. 특히 몇 해 전보다 훨씬 어려운 학생을 만나 특수교사를 그만두어야 하나 고민을 했을 정도로 큰 위기도 있었다. 그렇지만 예전처럼 몸과 마음이 무너지지 않았다. 그 이유는 딱 하나다. 바로 나와 함께 고민하고 문제해결을 도와주는 동료와 모임이 있었기 때문이다. 나에게는 '베틀'이 그런 곳이지만, 이런 안전지대는 누구에게나 필요하다. 학부모에게도, 일반 교사에게도, 학생들에게도 말이다. 그리고 안전지대는 많을수록, 다양할수록 좋다.

그래서 시작하게 되었다. 안전지대 만들기. 나 외에도 많은 사람들이 자신의 안전지대를 만들고 가지도록 돕고 싶었다. 동료 교사와 내 학생들, 그들을 둘러싼 사람들에게도 기대고 힘을 얻는 사람과 공간을 만들어주고 싶었다.

우선 내가 이미 기존에 하던 만남을 더욱 탄탄하게 하는 것과 더불어 새로운 사람들에게 안전지대를 만들어 주는 것으로 방향을 잡았다. 첫 학교에서부터 함께한 선생님들과 '1번가'라는 이름의 모임이 있는데 생각해보니 이 모임 속에서도 '베틀'과는 다른 차원의 위로와 격려를 받고 있었다. 나 혼자 특수교사이고 모두 일반 교사이기에 특수교사로서의 시선과 관점을 넘어 일반 교사, 통합학급 교사의 시선과 관점으로 학생과 학교를 볼 수 있었다. 또 나로 인해 선생님들은 통합교육을 기꺼이 함께하게 되셨다. 특히 이 모임은 교사로서보다 한 인간으로서의 마음 나눔이 더 커서 학교 밖의 내 삶에 대한 지경을 확장해 주었다. 작게는 7살부터 많게는 20살 넘게 차이가 나는 선배 선생님들과의 만남은 시간을 뛰어넘는 지혜를 만나고 깊은 위로를 얻는 장이었다.

새로운 안전지대 만들기는 지금 학교에서 '더불어통합 공동체'를 하면서 시작했다. 더불어통합 공동체는 통합학급 교사들에게 안전지대를 만들어 주고자 시작한 모임이다. 이전에 친한 동료 교사들과 가졌던 사적 모임을 통합학급 담임교사와 희망하는 교과 교사 모두가 참여하는 공적 모임으로 확대한 것이다. 통합학급 교사로서 마주하는 어려움과 좋은 경험들을 함께 나누고, 교사라는 직책을 넘어서 인생 선배와 후배로서 만나 다양한 삶의 이야기를 나눈다. 특히 우리 학교의 통합학급 교사들은 나보다 어리고, 경력이 짧은 선생님들이 많은데 내가 나의 안전지대를 통해 받았던 공감과 위로, 격려를 전하고 싶었다. 어리다고, 경력이 짧다고 학교 내에서 힘든 시간을 보내고 있을지도 모르는 선생님들의 마음과 이야기를 묵묵히 들어주고 함께 나누며 한 걸음 앞에서 경험한 나의 이야기들을 통해 선생님들이 방향을 잡을 수 있도록 작은 가이드가 되길 바랐다. 아직은 시작 단계라 완전하지는 않지만 시간이 흐를수록 선생님들에게 완전한 안전지대가 될 거라고 생각한다. 그리고 이 모임으로 인해 우리 학교 통합교육이 더욱 빛을 낼 거라고 확신한다.

특수교육대상 학생의 학부모에게도 가족 이외의 안전지대가 필요하다. 비슷한 자녀를 키우는 부모와의 만남, 장애아동을 먼저 키워온 선배 부모와의 만남은 생각보다 큰 힘이 되어 준다. 홀로 분투하며 누구보다 정성으로 서준이를 키우고 계셨던 어머니께 서준이와 같은 자녀를 키우는 부모님과의 만남을 추천해 드렸다. 첫 시작은 《선물》의 저자이신 김석주 선생님의 북토크였다. 먼저 장애가 있는 자녀를 키운 선배 부모와의 이야기를 통해 위로와 격려를 경험한 어머니는 스스로 아스퍼거장애 학생들의 부모모임을 찾으셨다. 그리고 지금은 그 안에서 조금씩 안전지대를 만들어 가고 계신다.

내가 만들어 줄 수 있는 특수교육대상 학생의 안전지대는 바로 특수학급이다. 학교 안에서 편히 숨 쉴 수 있는 공간을 만들어 주고 싶었다. 그리고 특수학급의 학생들끼리 찐한 우정을 나누게 하고 싶었다. 시시콜콜한 자신의 일상을 드러내고, 자신이 어떤 생각을 해도 받아들여지는 경험, 자신의 생각과 감정을 나누며 우정을 쌓는 경험으로 안전지대는 만들어진다. 특수학급에서 안전지대를 경험한 학생들은 통합학급에서도 자신만의 안전지대를 만들어 간다. 은주는 2학년 들어 유난히 통합학급에 마음 두는 것을 어려워했다. 관계를 좁고 깊게 맺는 성향인데 1학년 때부터 친하게 지냈던 친구와 다른 반이 되었고, 2학년의 새 반에서는 아는 친구가 거의 없었다. 또 가정에서 지원이 어려워 등교 시간을 잘 맞추지 못해 지각을 자주 하다 보니 통합학급 친구들의 눈치가 보여 통합학급에 들어가는 것을 주저하고 어려워했다. 그래서 조금만 늦으면 아예 학교를 나오지 않으려고 했는데, 이런 은주에게 지각하면 통합학급보다 특수학급으로 등교하게 했다. 통합학급 담임교사, 교과 교사와 협의하여 은주가 특수학급에서 1시간 정도는 마음을 추스를 수 있도록 했다. 이렇게 지내다 보니 특수학급에서 은주와 단둘이 있는 시간이 늘었다.

"저도 가족들과 함께 지내고 싶어요. 저만 따로 지내는 거 싫어요. 학교 왔다 갔다 하는 게 힘들더라도 가족들이랑 있고 싶어요."

그 시간을 통해 은주의 진짜 마음을 알 수 있었다. 학교와 가까운 외할머니 집보다 등하교가 힘들어도 가족들이 있는 집에서 지내고 싶어 하는, 홀로 떨어져 지내는 외로움과 가족을 사랑하는 마음을 들여다볼 수 있었다. 외할머니 집이 학교와 가깝기도 하고 어린 동생들의 양육으로 은주 어머니가 많이 힘들어 해서 은주는 가족과 떨어져 외할머니 댁에서 지내고 있었다. 매일 오후 외할머니 집에서 엄마와 동생들을 잠깐씩 만나지만 자신도 가족들과 함께 한 공간에서 지내고 싶은 마음을 그동안 표현하지 못해 왔던 것이다. 은주의 진짜 마음을 어머니와 함께 이야기하고 가정에서 지원을 이끌어 낼 수 있었다. 또 은주에게 같은 학년의 엄청나게 밝은 에너지를 가지고 있는 특수학급 학생 미소와 만나는 시간을 늘렸다. 조금 더 찐하게 친해지길 바라는 마음에서 2학기부터 겨울방학까지 '키다리샘과 사제동행 프로그램'을 은주와 미소를 데리고 활동했더니 함께 다양하고 재미난 경험을 하면서 같은 추억을 만들었다. 그 시간 동안 엄청난 대화를 나누면서 이제는 제법 서로를 의지하는 친구가 되었다. 중학교 3학년이 되어서는 은주는 지각을 자주 하지 않았다. 그리고 통합학급에서 새로운 친구를 만들고 가끔 특수학급으로 데려오기도 했다. 또 마음이 힘든 날은 나에게 와 종알종알 이야기를 털어놓았다. 우리 반은 은주의 안전지대였다.

혼자 사는 삶이 아니기에, 우리에게는 희로애락을 나누며 언제나 내 편이 되어주는 사람들과 연결이 필요하다. 그래야 우리네 삶이 건강하고 더욱 풍요로울 수 있다. 이렇게 연결되어 무너진 나를 일으켜 세워주는 사람들, 힘 나는 일상에 더욱 에너지를 북돋아 주는 사람들, 어둠 가운데서 빛으로 이끌어주는 사람들, 이들이 바로 안전지대이다. 이런 안전지대는 어른에게도, 아이에게도, 특수교사에게도, 일반교사에게도… 우리 모두에게 필요하다.

8

장애를 더 도드라지게 하는
장애이해 교육

"선생님, 그러니까 승재가 지적장애인이라는 거죠?"
"승재는 지적장애인이니까 봐줘."

통합학급에서 장애이해 교육을 하며 받았던 질문과 학생들이 승재의 행동을 보고 한 말이다. 특수교사 첫해, 첫 출근을 한 지 일주일도 안 된 시점에서 1학기 통합학급 장애이해 교육을 하게 되었다. 통합학급 학생들에게 함께 지내게 되는 특수교육대상 학생에 대한 이해를 돕는 내용과 지적장애에 관한 객관적인 정보로 구성한다고 나름 머리를 싸매고 준비했다. 통합학급 학생들에게 승재의 장애를 설명하고 통합학급에서 잘 지냈으면 하는 마음에서 한 교육 활동이 승재의

'장애'만을 부각시킨 셈이었다. 오히려 내가 한 장애이해 교육이 승재를 지적장애인으로 낙인찍고, '장애'라는 틀에 가둬 승재의 진짜 모습을 가리게 한 것이다. 지적장애에 대한 편견과 승재에 대한 고정관념을 만들어 버렸다. 나는 승재를 위한 교육을 했는데, '장애'에 초점을 맞추다 보니 승재가 가진 강점이나 성격, 취향 등의 개인적인 부분은 통합학급 학생들이 보지 않게 된 것이다. 승재는 통합학급에서 1년 내내 '지적장애인'으로 무조건적 이해만을 받으며 마치 별종인 마냥 전혀 다른 인간으로 지내게 되었다.

교직원 및 전교생을 대상으로 1년에 1시간 이상 실시하도록 법으로 정해진 장애이해 교육이 있다. 학기마다 창의적 체험활동 시간에 하기도 하고 장애이해 교육 주간을 운영해서 하기도 한다. 1회성 혹은 행사성 교육으로 진행될 수밖에 없는 구조이다. 중·고등학교에서 장애이해 교육은 특수교사가 많이 담당한다. 부지런하고 열정이 넘치는 특수교사는 모든 학급에 1시간씩 혹은 그 이상 수업을 들어가기도 한다. 그러나 전체 학급 수가 많은 학교에서 시도하기엔 많은 제약이 따른다. 특수교사가 거의 전 학급에 들어간다 하더라도 일반 학생의 입장에서 보면 1회성 수업에 지나지 않는다. 특수교사는 일반 학생들을 학교의 일상 속에서 의미 있게 만나는 것이 어렵다. 그렇다 보니 특수교사가 양질의 콘텐츠로 100만큼 노력해 열심히 장애이해 교육을 한다고 해도 그 효과가 50도 나오지 않는다. 의무적으로 해야 하는 1회성 교육으로는 큰 효과를 기대할 수 없다는 것은 분명하다. 장애이해 교육은 열심히 하고 있지만 진정으로 장애를 이해하는 교육은 되고 있지 않다. 그러나 늘 일반 학생을 만나는 일반 교사들이 각자의 수업에서, 각자의 학급에서 10만큼의 정성을 보탠다면, 선생님들 각각의 10들이 모여 100이상의 효과를 낼 수 있을 것이다. 일반 학교에서 '장애이해 교육'을 특수교사가 아닌 일반 교사가 함께 해야 하는 이유이다.

어떻게 일반 교사의 10의 정성이 모아질 수 있을까?

일반 학교에서, 그것도 중·고등학교에서 장애이해 교육, 통합교육과 관련된 장기적인 프로그램을 운영하기에는 어려움이 있다. 그렇지만 장애이해 교육이 특정 '장애 학생', '특수교육대상 학생'을 콕 집어 하는 교육일 필요는 없다. '장애'로 국한하게 되면 오히려 내가 교사 첫해에 실수한 것처럼 특정 학생들을 더욱 도드라지게 하거나, 일부 학생만을 위한 특별한 교육으로 인식하게 된다. 교사도, 학생들도 일상에서 자연스럽게 장애를 존중할 수 있도록 행하고 배워야 한다. 그러려면 특별히 시간을 할애하지 않아도 쉽게 할 수 있어야 하고, 일부 학생만을 위한 것이 아니라 모든 학생을 위한 것이어야 한다.

장애가 아니라 '다양성'으로 접근하고 존중하도록 하는 것이 모두를 위한 교육으로 향하는 출발점이다. 나는 '다양성존중 교육'이라는 표현을 좋아하는데 학급 내 모든 학생의 다양성을 존중하는 교육이 바로 장애이해를 포함하기 때문이다. '장애'를 가졌기에 이해하는 것이 아니라, 우리는 모두가 각기 다양한 모습을 가지고 있는 한 인간이기 때문에 '존중'하자는 것이다. 이해되지 않으면 존중하지 않을 것인가? '장애'는 이해가 아니라 한 사람이 가질 수 있는 특성, 삶의 양식으로 '존중'되어야 하지 않을까? 장애는 인간의 다양한 차이의 연장선에 있는 것으로 그저 다를 뿐이다. 당신과 내가 다르듯이 말이다. 사실 우리가 생활하는 교실에는 특수교육대상 학생이 아니라도 다양한 특성이나 어려움을 가진 학생들이 많다. 모범생이나 우등생이라 하더라도 심리적 어려움을 겪거나 캐릭터가 독특한 경우도 많다.

"존중해 주세요! 그저 다를 뿐입니다"

장애 학생뿐만 아니라 학급의 모든 학생에게 해당되는 말이다. 우리는 그저 다를 뿐이니 각자의 차이와 개성을 서로 존중하고 자연스럽게 배울 수 있도록 교육해야 한다. 그렇다면 교사가 일상에서 '다양성존중 교육'을 어떻게 할 수 있을까?

나는 항상 학년 초에 우리 학교 선생님들에게 가장 중요한 것은 교사의 태도라고 말씀드린다. 간혹 장애 학생이나 특수교육대상 학생을 너무 배려한 나머지 배제하게 되는 교사들이 있다.

"선생님, 제가 다음 주에 연구수업 발표를 하는데 평소에도 승재가 거의 수업에 참여하는 부분이 없어서요. 연구수업이라 승재가 참여하는데 어려움이 있을 것 같아요. 참관하는 선생님들께 수업에 제대로 참여하지 못하는 모습을 보이면 승재가 부끄러울 것 같아서요. 그 시간에 승재는 특수학급에 있어도 될까요?"

"승재는 1인 1역이 어려울 수 있어요. 그래서 승재는 1인 1역 하지 않아도 다른 친구들이 이해해 주세요."

"승재야, 지석(일반 학생)이가 도와 줄 거에요. 뭐든 지석이한테 도와달라고 하세요."

위의 표현처럼 특수교육대상 학생에게 선의로 행했던 행동들이 교육장면에서 배제를 만들 수 있다는 것을 생각해 볼 수 있도록 말씀드린다. 담임교사가 특수교육대상 학생을 자기 반의 학생으로 받아들이고 반의 여타 다른 학생들처럼 대한다면 통합학급의 다른 학생들도 '장애 학생'을 먼저 보지 않고 '우리 반 학생'으로 먼저 본다. 교과 수업에서도 마찬가지이다. 교과 교사가 조금이라도 수업에 참여시키려고 한다면 같이 수업을 듣는 통합학급 학생들도 당연히 장애 학생도 함께 수업에 참여해야 한다고 생각하게 되며 모둠활동이나 수업 활동에서 배제하지 않는다. 당연한 이야기지만 교사는 아이들이 자신을 비추어 보는 거울이다.

장애를 '장애'로만 보지 않고, 인간의 다양한 특성 중의 하나라는 것을 일상에서 자연스럽게 느낄 수 있도록 하려면 어떻게 해야 할까?

먼저 통합학급 담임교사에게 장애 학생, 특수교육대상 학생을 설명할 때 장애 특성보다는 한 학생의 있는 그대로의 모습을 가지고 이야기를 나눈다. 특히 '지적장애 때문에', '자폐성 장애 때문에'라는 표현을 지양하고 '○○이는 만들기를 좋아하고, 조심성이 많아요' 혹은 '○○이는 속도는 느리지만 완성도가 높아요'처럼 일반 학생들을 설명할 때 하는 방식을 그대로 사용하려고 한다. 어떤 장애명으로 인해 학생 개인이 가지고 있는 고유성이 사라지지 않도록 말이다. 장애명이 강조되다 보면 학생이 보이는 모든 행동이 다 장애 때문인 것으로 오해되기도 한다. 특히 장애 학생도 사춘기를 겪는데, 이때 보이는 행동들도 모두 장애로 인한 행동들로 오해해서, 일반 학생이었다면 사춘기 행동쯤으로 여기고 넘어갈 것들이 장애 학생에게는 행동의 문제로 확대되는 경우도 많다.

"미소가 왜 특수학급 학생인가요? 왜죠? 미소보다 더 어려운 학생이 많은데, 미소가 특수학급에 있으면 안 되는 거 아니에요?"

"특수학급은 심각한 어려움이 있는 학생부터 미소처럼 약간의 어려움이 있는 학생들까지 모두 있는 공간이고, 여기에서는 각자에게 필요한 교육을 받아요. 미소도 특수학급에서 많은 성장을 이루어가고 있답니다."

매년 미소의 통합학급 담임선생님이나 교과 선생님들로부터 듣는 질문과 나의 답변이다. 저 질문 속에서 일반 교사들이 가지고 있는 특수학급에 대한 편견, 고정관념을 엿볼 수 있다. 특수학급은 공부를 아주 많이 못하고, 일반 학급에서 수업을 따라오지 못하며, 시끄럽고 사고를 자주 치는 학생들이 있어야 하는 곳이라고 생각한다. 일반 교사가 만나는 어려움을 많이 가진 일부 특수교육대상 학생 이미지가 특수학급의 전체 이미지가 되기도 한다. 그래서 일반 교사들에게 특수학급도 일반 학급처럼 성격도, 성향도, 능력도 다양한 (특수교육대상) 학생들이 모여 자신의 능력과 강점에 따라 현재와 미래를 준비하며 성장하는 교실이라는 긍정적인 이미지로 바꾸는 것도 중요하다.

이렇게 일반 교사의 태도와 생각에 전환점이 생겼다면, 일반 학생을 대상으로 일상에서 '다양성존중 교육'을 하는 방법을 제시한다. 통합학급 담임교사에게는 조·종례 시간을 적극 활용할 수 있도록 안내한다. 통합학급 학생들이 자연스럽게 서로의 다양성을 인정할 수 있는 영상이나 이야기들을 담임교사가 꺼내는 것이다. 전달하고 회수해야 할 것들이 많은 조·종례 시간이지만 일주일에 한 번, 한 달에 한두 번씩이라도 시간을 내어 5분, 10분씩 한다면 그것이 모여 한두 시간이 되고 그 횟수가 쌓여 통합학급 학생들의 생각 속에 서로에 대한 존중이 자연스럽게 자리 잡게 될 것이다. 이 존중은 어떤 특정한 대상에 대한 이해와 존중에 국한되는 것이 아니라 반 학생들 모두를 향한 존중이 된다. 그 존중의 마음은 학생들의 행동에 고스란히 드러날 것이다. '장애이해' 교육이 아닌 '다양성존중' 교육이기에 가능한 것이다.

나는 통합학급 담임선생님들께 유튜브 채널 '알TV'의 '썰준' 콘텐츠를 자주 소개해 드린다. 이 채널은 장애인 당사자 두 분이, 때로는 게스트와 함께 장애를 다루는데 너무 진지하지도 그렇다고 너무 가볍지도 않다. 일상의 다양한 에피소드 속에서 소소한 웃음과 함께 메시지를 던져준다. 장애인 당사자로서 이야기를 하지만 그 메시지는 '장애'에만 국한하지 않는다. '장애'는 삶의 하나의 양식일 뿐이고, 그것이 자신을 규정짓지 않는다는 것을 유쾌한 입담으로 풀어간다.

학생들과 함께 보았던 콘텐츠 가운데 가장 반응이 컸던 것은 요즘 청소년들이 좋아하는 MBTI를 소재로 한 에피소드 'MBTI 유형별 헤어짐을 대처하는 자세, 3년 사귄 여자친구가 헤어지자고 한다면?'(EP. 38)이었다. 학생들의 반응에서 가장 좋았던 것은 영상에 나온 장애인들의 '장애'는 보지 않고, 그 사람들의 MBTI 유형에 따른 행동, 생각에 호응했다는 점이다. 이 영상을 통해 학생들은 자연스럽게 '장애'보다 자신들의 성격 유형, 연애 스타일을 비교하였다.

"나도 ENFJ인데, 야 너두?"
"대박, 나랑 똑같아!"

내가 개인적으로 좋았고 추천하고 싶은 에피소드는 '어느 날 장애인이 됐어요'(EP. 12)와 '장애를 얻고 나서 갑자기 생긴 초능력?'(EP. 9)이다. 썰준을 진행하는 두 분은 모두 중도 장애인(후천적으로 장애를 가지게 된 경우)인데, 자신들의 장애를 이야기하며 타인에게 가볍게 격려를 툭 던지고, 장애로 인해 못하게 된 것보다 할 수 있게 된 부분을 이야기하며 우리가 보지 못했던 부분을 건드려준다. 장애를 슬프고 힘든 것에 초점을 맞추지 않는다. 재미난 일상들을 보내며 살아가는 두 분의 모습에서 어느 새 '장애인'이라는 사실은 사라지고 다양한 삶의 스타일을 가진 두 사람만이 보이게 된다.

또 한 가지 통합학급 담임교사에게 제안하는 것은 '학급회의'이다. 학급회의를 통해 학급 내에서 일어나는 모든 문제와 학생들이 중요하게 생각하는 안건을 다룰 수 있다. 여기에 장애 학생으로 인한 학급 내 어려움도 포함하시라고 추천드린다. 장애 학생을 포함한 학급 내 규칙을 세울 때나 장애 학생으로 인한 갈등이나 어려움에 대한 해결책을 찾을 때도 학급회의를 통해 통합학급 학생들이 스스로 규칙을 세우고 해결책을 찾도록 하는 것이다. 담임교사가 미리 생각해서 장애 학생을 배려하는 규칙을 세우고, 어떤 갈등이 있었을 때 먼저 해결책을 제시하여 따르게 하면 학생들은 오히려 장애 학생을 특별하게 생각하게 되고, 자신들이 그 규칙이나 해결책에 동의하지 않을 때 반발심이 생길 수도 있기 때문이다. 그러나 통합학급 학생들이 함께 고민하여 규칙을 세우고, 갈등의 해결책을 마련한다면 서로가 동의한 것이기에 잘 지키게 된다. 더불어 장애 학생을 우리 반 학생으로 자연스럽게 받아들이는 분위기가 조성된다. 더 나아가 장애 학생에게도 통합학급 학생들과 함께 자신과 관련된 안건뿐만 아니라 학급의 여러 안건들을 해결해 가는 경험을 통해 소속감을 가지게 된다. 일반 학생이나 장애 학생이나 학급회의를 통해 민주적인 의사결정 방법과 자신과 생각이 다른 사람과 의사소통하는 방법을 배울 수 있다. 이때 유의해야 할 것은 장애 학생과 관련된 안건은 학급회의에서 다루는 여러 안건들 중의 하나여야 하지, 장애 학생과 관련된 것만을 학급회의로 다루는 것은 좋지 않다.

"통합학급을 맡게 되어서 전체 학생들에게 어떻게 해야 하나 걱정이 많이 되었어요. 그런데 큰 부담 갖지 말고 일상 속에서 저의 태도가 가장 중요하다는 말씀에 특별히 무언가를 더 해야 한다는 생각을 내려놓을 수 있었어요. 제가 미소를 남다르지 않게 대하려고 노력했는데 오히려 미소뿐만 아니라 우리 반의 다른 어려움을 가진 학생들에게도 자연스럽게 그 태도를 유지하게 되었어요. 특수교육대상 학생뿐만 아니라 다른 어려움이 있는 학생들도 결국 남다르게 대하는 것보다 같은 시선으로 봐주길 원했다는 걸 통합학급을 하지 않았다면 몰랐을 거예요. 통합학급 담임교사를 처음 하면서 교사로서 한 걸음 성장할 수 있었어요."

다양성을 존중하는 일반 교사들의 태도, 조·종례 시간에 소소하게 하는 다양성존중 이야기, 학급회의를 통해 문제를 해결하는 통합학급 문화를 통해 일상에서 자연스럽게 장애이해를 넘는 다양성존중 교육을 해 볼 만하지 않은가요?

장애가 너를 모두
설명해주지 않아!

"나는 절대 남들에게 장애인이라고 말하지 않을 거예요.

숨길 수 있을 때까지 숨길 거예요.

어떻게 하면 장애인을 취소할 수 있어요?

저는 장애인인 게 싫어요!"

어느 날 슬아가 씩씩거리며 내뱉은 말이다. 슬아는 외모뿐 아니라 겉으로 보이는 행동이나 말 등 일상생활에서 장애가 있다는 티가 전혀 나지 않는다. 지적장애 등록이나 특수교육대상자 선정도 초등학교 6학년을 올라가는 시점에 했기에 지금껏 '장애인'으로서 산 것은 4년 남짓이다. 그 4년 동안 슬아는 장애인으로서 어떤 삶을 살고, 다른 사람들이 어떻게 대했기에 저런 말을 하는 걸까? 아니면 슬아가 보고 듣는 장애인에 대한 생각이 어떻길래 저렇게 생각하는 걸까.

그러다 우리 반의 다른 특수교육대상 학생들은 장애에 대해 어떤 생각을 가지고 있을지 궁금해졌다. 다함께 모이는 수업 시간에 '장애'에 대한 이야기를 나누어 보았다. 어느 정도 예상을 하고 있었지만 생각보다 충격적이었다.

"나는 제가 장애인인 것을 숨기고 싶어요"
"나는 제가 왜 장애인인지 모르겠어요"
"장애는 나쁜 거잖아요"
"장애는 불쌍한 거예요"
"장애에 대해 말하고 싶지 않아요"

학생들은 자신이 가지고 있는 '장애'에 대해서뿐 아니라 '장애' 전반에 대해 부정적인 생각을 가지고 있었다. '장애'라는 단어 자체를 꺼내는 것조차 거부하는 모습도 보였다. 왜 그런 생각을 가지게 되었는지 궁금했다.

"초등학교 때 아이들이 장애인은 바보라고 놀렸어요"
"특수반이라고 하면 불쌍하게 쳐다봐요"

"텔레비전에 나오는 장애인들 다 불쌍해 보여요"

"장애는 힘든 거랬어요"

"아이들이 이상한 행동을 하면 애자라고 했어요. 그거 장애인을 부르는 말이잖아요"

장애로 겪는 어려움과 별개로 한 인간으로서 '장애'라는 부정적인 인식으로 인해 사회로 나가기도 전에 학교에서부터 삶이 고단하게 느껴져 안타까웠다. 장애에 대한 인식개선 교육은 일반 학생들만이 아니라 장애 학생에게도 매우 필요하다는 생각을 갖게 된 계기였다.

장애 청소년도 사춘기를 지나면서 자아 정체성에 대해 고민을 한다. 그때 자신의 장애가 부정적인 것으로 자리 잡지 않도록 도와야겠다는 마음이 들었다. '장애'는 좋은 것도 아니지만 나쁜 것도 아니며 '장애'가 그 자신을 대표하지 않는다는 것을, 그리고 다른 장애인을 볼 때도 마찬가지라는 것을 일깨워 주고 싶었다. 그래서 먼저 시작한 것이 '장애'라는 단어에 대한 접근이었다.

"장애라는 말 자체에는 좋은 뜻도 나쁜 뜻도 담겨 있지 않아요. 우리 사회가 '장애가 있는 사람'을 구분 짓고 차별하기 위해 '장애'라는 말을 사용하는 것이 아니에요. '장애가 있는 사람'이 가진 불편함을 해소해 주고 필요한 지원을 해 주기 위해 사용하지요. '장애가 있는 사람'은 각자가 가진 불편함이 있어요. 그 불편함은 장애인이 잘못해서 가지게 된 것이 아니에요. 그러니 그 불편을 줄이기 위해 지원하려는 것이에요. 그 불편함은 우리 사회가 줄여가야 하는 거예요.

　조금 더 쉽게 생각해 볼까요? 지난번에 놀이공원 갔을 때 다른 사람들은 후룸라이드, 후렌치 레볼루션 등 재미있는 놀이기구들을 1시간 이상 줄을 서서 탔는데, 우리는 어땠나요? 장애인 복지카드로 기다리지 않고 탔지요? 바로 이런 소소한 지원부터 개별학습실에서 필요한 공부를 할 수 있게 하는 지원, 이동이 불편한 사람들에게는 활동보조인이나 휠체어 보조금을 주는 지원, 더 나아가 여러분이 성인이 되어 일을 가지게 될 때 집중적인 직업 교육과 일자리를 연결해 주는 지원까지 '장애가 있는 사람들'이 겪는 다양한 불편을 줄여주기 위해 '장애'라는 말을 사용하는 거예요. 그런데 많은 사람들이 '장애'를 비하의 의미로, 불행의 의미로 사용해요. 그건 '장애'라는 말을 좋지 않은 뜻으로 사용하는 사람들의 잘못된 생각, 행동이에요. 그리고 텔레비전이나 드라마 등에서 장애와 관련된 내용을 보여 줄 때 힘들고 어려운 점만 강조되어서 다른 사람들이 그런 생각을 가지게 된 거예요. 그런데 여러분은 어떤가요? 힘들고 어렵기만 한가요?"

　'장애'라는 단어에는 어떤 부정적인 의미도 담겨있지 않다는 것을, 그것을 부정적으로 사용하는 사람들의 태도가 잘못된 것임을 함께 이야기 나누었다. 그리고 자신의 장애, 주로 지적장애나 자폐성 장애에 대해 함께 공부했다. 어느 정도 인지 능력이 되고 자신의 생각을 서슴없이 표현하는 학생들이었기에 자신의 장애에 대해 제대로 직면하는 계기가 필요하다는 생각이 들었다. 함께 인터넷이나 책을 통해 지적장애와 자폐성 장애에 대해 찾아 보고 자신의 모습과 어느 정도 비슷한지 비교하게 했다.

"공부 못하는 거랑 과격한 거랑 비슷해요"

"근데 저는 제 물건 잘 챙기는데요? 이건 좀 다른 것 같아요"

"아! 그리고 저는 혼자 잘 돌아다녀요"

"약속이나 규칙 지키는 건 비슷하지만, 전 사람들 눈 잘 보는데 이건 달라요"

비교를 통해 학생들이 깨닫기를 바랐다. '이렇게 우리는 사람마다 다 다르다고. 무슨 무슨 장애라는 말로 우리를 다 설명할 수 없다고. 물론 비슷한 점도 있겠지만, 각자가 찾아 봤듯이 다른 점이 훨씬 많지 않냐'고 말이다.

자신의 장애뿐만 아니라 시각·청각·지체 장애에 대한 학생들의 이해도 중요했다. 시각·청각·지체 장애인으로 살아가는 장애 당사자들의 이야기를 통해 그들이 장애와 상관없이 얼마나 자신의 삶을 행복하게 가꾸며 살아가고 있는지, 우리가 함부로 그들을 불쌍하다 판단하면 안 되는지를 들려주고 싶었다. 그래서 지체장애인과의 만남도 주선했다. 휠체어를 끌고 교실로 들어 온 강사 선생님을 보고 학생들이 당황하는 모습을 보였다. 눈을 어디에 두어야 할지 몰라 하는 모습을 보고, 강사 선생님이 괜찮다고 눈을 봐 달라고 해서야 3쌍의 눈동자가 강사 선생님의 눈을 쳐다보았다. 강사 선생님이 휠체어를 타게 된 사연도 듣고, 휠체어를 타는 사람을 보았을 때 지켜야 하는 매너들에 대해서도 당사자에게 직접 이야기를 들으며 학생들은 더 와닿아 했다. 장애인으로서의 삶에 대해 이야기를 주고받으면서 학생들이 장애인이라고 다 불행하고 힘든 것이 아니라는 것을 이해하는 시간이었다. 강사 선생님의 너무나 당당한 삶의 태도를 보고 행복과 즐거움은 장애와는 무관하게 가질 수 있는 자신의 선택이라는 것도 깨닫는 시간이었다.

자신의 장애에 대해, 장애 전반에 대한 바른 생각을 가지게 된 이후 학생들과 함께 자신에 대해 설명해 보기로 했다. 자신을 표현하는 데 사용할 수 있는 많은 단어들을 예시로 먼저 제시해 주었다.

잘 노는, 재미있는, 정리를 잘하는, 인사를 잘하는, 노래를 좋아하는, 떡볶이를 좋아하는, 매운 음식을 좋아하는, 매운 것을 못 먹는, 과일이 좋은, 요리를 할 수 있는, 차분한, 잘 웃는, 친절한, 친구가 많은, 혼자 있는 것이 좋은, 게임을 잘하는, 운동을 좋아하는, 시끌시끌한 것이 좋은, 시끄러운 것이 싫은, 간섭이 싫은, 여행이 좋은, BTS 덕후, 애니 덕후, 군대 덕후, 촉감각이 예민한, 산책이 좋은, 라이브 방송을 하는, 인싸가 되고 싶은, 바리스타가 되고 싶은, 만화가가 되고 싶은, 군인이 되고 싶은, 학교가 좋은, 잠이 많은, 아침이 힘든 등등

단어들 속에서 자신을 설명하는 단어들을 뽑아 보라고 했더니 각양각색의 단어들로, 그리고 누가 보아도 인정할 수밖에 없을 만큼 자신에게 딱 맞춤인 단어들을 골라 자신을 설명했다.

"나는 잘 놀고, 노래를 좋아하고, 매운 음식이 좋고, 잘 웃어요. 그리고 시끌시끌한 곳에서 편안하고 라이브 방송도 해요. 바리스타가 되고 싶어요. 아 또 있는데, 여기에는 없지만, 뭐든 잘 만들고 잘 꾸며요. 화장도 잘해요. 패션에 관심이 많아요. 저 집에 옷 진짜 많아요!"

"나는요, 매운 건 못 먹어요. 시끄러운 건 싫어요. 혼자 게임하는 게 좋아요. 군대 덕후예요. 군인이 꼭 되고 싶어요. 그리고 누가 저를 만지면 불편해요."

이 수업들을 통해 학생들이 '나는 그저 나일 뿐'이라는 것을, 자신을 인식함에 있어 '장애'라는 말 속에 매몰되지 않기를 바랐던 나의

바람이 잘 전달된 것 같았다. 나는 많은 교실에서 학생들이 특정한 한두 꼬리표가 아니라 다양한 특성과 장점을 드러내고 표현하는 활동이 많았으면 좋겠다. 자신을 장애와 동일시하지도 않고, 또 자신과 자신의 일부인 장애 그 자체를 스스로 부정하지도 않고, 자기 나름의 의미를 찾아갔으면 좋겠다. 그러려면 살아가면서 우리 학생들이 계속해서 긍정적인 경험을 다져가야 한다. 이것이 학교의 역할이 아닐까?

장애에 대한 바른 인식, 자신에 대한 긍정적인 생각을 지속시킬 수 있는 원동력이 필요한데, 나는 그 원동력이 '자존감'이라고 생각한다. 자존감이 높은 학생은 자신의 장애 또한 긍정적으로 바라보고, 통합도 매우 잘 되었기 때문이다.

미소는 장애 등록이 잘못된 건 아닌가 싶을 정도로 지적장애로서의 어려움이 전혀 없어 보였다(초등학교 시기에는 지금과는 다른 어려움이 있었다고 한다). 매년 미소의 통합학급 담임선생님이나 교과 선생님들로부터 "미소가 장애 학생이 맞아요?"라는 질문을 많이 받을 정도였다. 미소는 장애 정도가 약할 뿐만 아니라 기본적으로 자존감이 매우 높아 어려움을 만나더라도 세상 쿨하게 건너기 때문에 행동의 문제나 감정의 문제가 잘 나타나지 않았다. 자신의 부족함도, 자신이 뭘 몰라 하는 실수도 쿨하게 인정하는 모습은 특수학급 학생에게뿐만 아니라 통합학급 학생에게도 긍정적인 영향을 주었다. 통합학급에서 분위기를 이끌어 학급 학생들과 교사들에게 사랑받는 존재로 지내고 있고,

이런 선순환이 미소의 자존감을 더욱 강하게 만들어 주었다.

장애 학생뿐만 아니라 일반 학생들도 자존감이 낮은 학생들은 행동의 문제를 보이고 학급 내에서 어려움을 겪는다. 미소처럼 단단한 자존감을 가진 학생들도 있지만, 대부분의 특수교육대상 학생들은 자존감이 낮다. 어렸을 때부터 칭찬이나 격려보다는 지적이나 꾸지람을 더 많이 듣고 자라 오면서 자신은 늘 실수하는 사람이라는 인식을 하게 되기 때문이다. 그리고 부모님이든 교사든 자신의 부족함을 먼저 보고 가르쳐주려고 하다 보니 그런 사람들의 행동을 통해 자신은 부족한 사람이라는 생각을 하게 된다.

자존감은 모든 학생, 모든 사람에게 중요하다. 한 번 낮아진 자존감은 쉽게 세우기 어렵기 때문에 오랜 시간을 들여 조금씩 조금씩 쌓아가는 것이 필요하다. 학생들의 자존감을 세우는 길은 부족한 점보다 강점을 찾아 주고 그 강점에 대해 끊임없이 격려하는 것이다.

자존감이 낮은 사람일수록 자신의 강점을 찾는 것을 어려워한다. 강점은 대단히 훌륭하고 남들보다 뛰어난 것이 아니다. 강점은 남과 비교해 좋고 훌륭한 것이 아니라 자신 안에 있는 것 가운데 좋은 것, 긍정적이고 건설적인 것이다. 그래서 나는 버츄(virtue) 프로젝트를 진행했다. 52가지의 미덕을 가지고 미덕의 의미와 그 미덕은 어떤 행동에서 나오는 건지를 배우고, 매일같이 자신의 미덕을 발견하는 과정을 함께 했다. 누군가에게 자랑하기 위해 발견하는 것이 아니고 남과 비교하지 않고 자신이 느끼는 것이 중요하기 때문에 자신의 행동을 생각해 보게 했다. 처음에는 부끄러워하고 한 가지도 찾을 수 없다고 말했던 학생들이 이제는 수시로 자신의 미덕을 발견하고 말했다. 우리 안의 미덕은 발견할수록 많아지고 강해졌다. 그러자 더불어 친구의 미덕도 발견하며 격려의 말을 전했다.

"나는 오늘 하루 내내 까맣게 불태웠어. 이건 열정의 미덕이야!"
"내가 아까 2교시에 말을 함부로 해서 네가 마음이 상했잖아, 근데 네가 내 사과를 받아주었어. 그건 아마도 너그러움의 미덕을 보여준거지."

또 미덕과 연결되어 격려의 말을 자주했는데, "오늘 용훈이가 슬아 누나를 도와주는 것을 보니, 용훈이의 친절 미덕이 빛이 났어"라고 행동을 미덕과 연결하여 격려의 말로 전달했다. 구체적일수록 격려의 진심이 전달된다. 가정에서도 미덕과 격려의 말로 자존감을 세울 수 있도록 매주 학생별 주간교육계획서에 격려의 문장을 적어두었다.

너에게 큰 감동을 받았어!

(활용법) 피곤할 텐데도 학교에 늦지 않고 가는 것을 아빠가 잘 알고 있어! ○○이의 성실함에 아빠가 감동했어!

넌 소중해

(활용법) ○○이는 누구보다 우리 가족에게 소중한 존재야! 엄마는 ○○이가 엄마 딸이라 너무 행복해!

괜찮아, 할 수 있는 만큼만 하면 돼

(활용법) ○○아, 네가 할 수 있는 만큼만 하면 된단다. 결과가 좋지 않아도 괜찮아. 결과보다 중요한 것은 ○○이가 할 수 있는 만큼 했던 그 과정이란다.

나랑 같이 갈래?

(활용법) 이번 주말엔 할아버지, 할머니랑 산책 갈래?

가정에서 하는 부모도 있고 아직은 부끄럽거나 용기가 부족해 하지 않고 그냥 지나치는 부모도 있지만 이렇게 격려에 노출되는 시간이 쌓여 언젠가는 분명히 나타날 거라는 믿음이 있다.

나는 부모나 교사가 해주는 격려도 꼭 필요하고 중요하지만 이와 함께 자신에게 하는 격려 또한 중요하다고 생각한다. 그래서 우리 반은 통합학급 종례를 마치고 특수학급에서 한 번 더 종례의 시간을 가진다. 특별한 일이 없으면 오늘 하루 수고한 자신에게 격려의 말을 하고 하교를 한다. 또 한 주에 한 번은 친구들로부터 격려의 소나기를 맞는 격려샤워 시간을 가진다.

격려샤워는 여러 문장 가운데 자신이 받고 싶은 격려의 문장 하나를 먼저 마음속에 두고 자신의 이야기를 나눈다. 친구의 이야기를 들은 다른 학생들은 그 친구에게 필요한, 자신이 해 주고 싶은 격려의 말을 격려샤워 목록에서 찾아 돌아가며 한다. 자신이 받고 싶은 격려의 말이 아니면 '고마워'라 답하고, 자신이 받고 싶은 격려의 말이면 '격려 받았어'라고 말하며 한 사람의 격려샤워가 마무리된다. 자신이 듣고 싶은 격려의 말이든 아니든 자신의 이야기를 들은 친구들이 자신을 위해 마음을 담아 전해 주는 격려의 말이 소나기처럼 쏟아진다. 이런 격려의 소나기를 맞으면 몸을 꼬며 부끄러워하다가도 아이들 얼굴에 홍조가 오르고 처졌던 어깨가 세워지고 어느새 얼굴 가득 미소가 채워진다.

"나는 어제 엄마랑 싸웠어. 엄마가 동생들 안 챙긴다고 나한테만 뭐라 그래서 속상했어"

"이제 돌아가며 은주에게 들려주고 싶은 격려의 말을 해 주자!"

"네가 참 좋아"

"고마워"

"너의 마음을 이해해"

"고마워"

"널 걱정하고 있어"

"고마워"

"너의 이야기가 궁금해"

"격려 받았어!"

속상한 마음에도 즐거운 마음에도 격려가 모두 필요하다. 채 5분도 걸리지 않는 시간을 통해 학생들은 오늘 하루의 학교생활을 좋은 기억으로 마무리할 수 있고, 이것은 또 다시 자신에게 힘을 주는 선순환으로 이어진다. 이런 격려들이 차곡차곡 쌓여 앞으로 살아가면서 만나게 될 비난과 혐오에도 자존감을 지키며 살아갈 수 있는 힘이 될 것이다. 그리고 자신이 받은 격려를 격려가 필요한 다른 누군가에게 자연스럽게 건넬 수 있는 좋은 어른으로 자라게 될 것이다. 장애에 대한 바른 인식, 자신에 대한 긍정적인 생각, 끊임없는 격려를 통해 자존감이 단단해진 우리 학생들이 좋은 어른이 되어 살아가는 삶의 모습이 기대되는 이유이다.

10

지금 당장
눈에 보이지 않아도

'아직 몰라 지금이 나쁜 순간인지 좋은 순간인지, 시간이 지나봐야만 알 수 있는 거잖아.'

웹툰 '유미의 세포들' 속의 한 장면에 나오는 문장이다. 오래도록 내 SNS 프로필 사진에 담겨 있는 문장이며, 나를 앞으로 나아가게 하는 격려의 말이다.

특수교육대상 학생을 가르치다 보면 지금 내가 하고 있는 것이 밑 빠진 독에 물을 붓고 있는 것은 아닐까 하고 의심이 들 때가 많다. 나는 지금 최선을 다하고 있는데 내 앞의 학생은 그대로인 것만 같을 때가 있다. 오히려 뒤로 가고 있는 것 같을 때도 있다. 이럴 때면 나의 노력이, 지금 나의 최선이 진짜 최선일까 하는 의심과 함께 조급증이 인다. 고등학교로 올라가기 전에 뭐라도 하나 더 제대로 가르쳐야 할 텐데, 이것 하나만은 바뀌어야 할 텐데 하는 조급증은 종종 나와 학생을 몰아세우게 한다. 그러다 보면 서로가 마음을 다치기도 한다. 조급해지지 말아야지, 나의 최선을 의심하지 말아야지 하면서도 매번 조급해지고, 나와 학생을 몰아세웠다. 꽤나 오랫동안 이런 시간을 보냈다.

서준이는 타 학구에서 중학교를 우리 학교로 진학한 케이스다. 일찍이 아스퍼거증후군 진단을 받았지만 아스퍼거증후군의 자녀를 둔 다른 많은 가정과 비슷한 시행착오를 겪었다. 치료와 지원이 중요한 시기를 학습에만 집중하며 놓치는 바람에 초등학교에서 따돌림을 받았다. 제때 적절한 지원이 부족했던 탓에 두 다리로 걷지 못하고 바닥을 기어 다니는 심각한 퇴행에까지 이르렀다. 그제야 부모님은 서준이의 다름에 관심을 가지고 특수교육을 시작했다. 새로운 시작을 하고 싶은 바람으로 중학교는 같은 초등학교 졸업생이 없는 우리 학교에 진학하게 되었다. 입학할 즈음에는 심각한 퇴행에서 조금 나아져 두 발로 걸어 다닐 수 있는 정도가 되었지만 늘 고개를 푹 숙이고 다녔다. 서준이는 기본적으로 자존감이 매우 낮았고, 우울함이 있어 늘 외롭고 슬퍼 보였다. 가지고 있는 역량이 많음에도 불구하고 스스로에 대한 믿음은 바닥이었고, 또래와 어울리고 싶으면서도 어울리고 싶지 않은 양가감정으로 혼란해 했다. 자신을 둘러싼 모든 상황에 들어가고 싶어 하면서도 피해 도망치고 싶어 했다. 일주일에 한 번씩은 나나 통합학급 담임선생님을 붙잡고 자신의 무가치함을 토로하며 눈물을 쏟았다. '체육시간에 체육복 입고 있는 모습이 창피하다' '체육복 입는 내 모습이 우습다' '내 이름이 불리는 게 싫다' 등 자신에 대한 부정적 감정과 인식을 드러내며 괴로워했다. 이런 서준이에게 당장 필요한 것은 중학교 과정에서 배워야 하는 지식이 아니었다. 스스로에 대한 믿음, 자신은 좋은 사람이라는 생각, 자신이 가진 선한 것에 대한 자각이 우선이었다. 중학교 3년 동안 서준이의 자존감 향상을 위해 특수학급에서, 통합학급에서 부단히 노력했다. 특수학급에서는 사회정서학습 프로그램(Strong Kids), 격려 활동(버츄 프로젝트), 감정수업 등을 통해 자신과 타인, 주변 환경에 대해 긍정적으로 인식할 수 있도록 했다. 통합학급에서는 담임교사와 학급 학생들과 함께 서준이의 강점을 발견하고 격려할 수 있도록 했다. 하지만 중학교 3년 동안 서준이의 상황은 크게 나아지지 않았다. 여전히 슬픈 눈을 하고, 땅만 보고 걷고, 자신을 믿지 못하고, 우울해 하며, 부정적인 생각으로 스스로를 괴롭혔다. 이런 상태로 서준이를 졸업시키는 것에 대해 죄책감을 느꼈다. 서준이가 졸업하는 날 서준이의 어머니와 서로 붙들고 많이도 울었다. 나는 미안함 투성인데도 어머니는 내게 감사를 표현하셨다. 내가 어머니께 감사의 말을 들을 자격이 있나? 특수교사로서 서준이를 어느 하나 성장시키지 못한 것 같아 그해 겨울방학은 깊은 우울감과 죄책감에 빠져 허우적댔다.

어떤 면에서 특수교사들에게는 졸업한 학생들에 대한 무소식이 희소식이다. 특수교육대상 학생을 졸업시키면 보통은 안 좋은 일이 있을 때에 주로 연락이 오기 때문이다. 그래서 졸업 후 찾아오는 제자들이 있는 일반 교사들을 보면 부럽기도 하지만 한편으론 다행이지 싶다. 찾아오지 않는 제자들, 연락 한 통 없는 제자들이 무탈하게 지내기에 소식이 없을 거라는 생각이 들어 덜 서운하다.

서준이를 고등학교로 진학시키고 한 달이 지났을 무렵 서준이 어머니로부터 다급한 전화를 받았다. 서준이가 학교에서 특수교사와 갈등이 있어 학교로 호출을 받아 가는 길인데, 너무 무섭다고 도대체 무슨 일인지 모르겠다고 매우 떨리는 목소리로 말씀하셨다. 일단 학교에 가서 상황을 살펴보시고 다시 전화를 달라고 말씀드렸는데 그때부터 나도 가슴이 방망이질 치면서 떨리기 시작했다.

저녁이 다 되어 내가 참지 못하고 어머니께 전화를 해 자초지종을 듣게 되었다. 고등학교 입학을 앞두고 서준이도 어머니도 너무나 걱정이 많았는데, 중학교 때와는 달리 입학해서도 즐겁고 행복하게 학교를 다녔다고 했다. 그런 서준이를 보며 어머니도 매우 행복하게 3월 한 달을 보냈다고 한다. 그런데 서준이가 고등학교 특수교사 한 분과 갈등이 폭발했고, 학생으로서는 하지 않아야 할 행동을 했다고 한다. 서준이의 이야기를 들어보면 서준이는 한 달 동안 나름 참고 참아 왔는데, 그날 그 선생님의 어떤 한 마디가 방아쇠(trigger)가 되어 서준이가 돌이킬 수 없는 잘못을 하게 되었다고 했다. 서준이의 행동을 전해 들은 어머니는 서준이에 대한 실망감과 학교의 대처에 대한 속상함으로 급격히 무너지셨다. 어머니에게 전해 들은 바로는 내가 중학교 3년 동안 보아왔던 서준이의 모습과는 너무도 달랐다. 나는 서준이의 행동에는 그럴만한 이유가 있을 거라는 생각이 들었다. 물론 어떤 이유라도 해서는 안 되는 행동이 있다. 그렇지만 행동의 잘잘못을 따지기 전에 서준이가 왜 그런 행동을 했는지, 그동안 얼마나 속상하고 힘들었는지, 그 마음을 누군가는 들어주고 살펴주는 것이 우선이라는 생각이 들었다. 어머니께 어머니만은, 가족만은 서준이를 탓하기 전에 서준이의 마음을 들여다봐 주시라고 부탁을 드렸다. 그리고 학교에서 발생한 일에 대해서는 정확하고 자세하게 확인해 보는 과정이 필요하다고 말씀드렸다.

이후 한동안 일주일에 한두 번씩 서준이, 서준이 어머니와 통화를 했다. 이미 졸업시킨 중학교 교사로서 내가 어느 선까지 개입해야 하는 것인지에 대해 고민도 되었지만, 지금 서준이와 서준이 어머니에게 믿고 의지할 곳이 나뿐임을 알기에 그 고민은 미뤄 두었다.

서준이는 학교에서 적절한 교육이나 지도보다는 처벌을 먼저 받았다. 강제전학이라는 징계를 받은 것이다. 그 과정에서 서준이와 서준이 어머니는 크나큰 상처를 받았다. 특수교육대상 학생은 무조건 이해하고 용서하고 기회를 주라는 것이 아니다. 가차 없이 강제전학이라는 징계를 내리기 전에 해당 교사와 서준이의 다친 마음을 들여다보는 것이 우선되어야 하지 않았을까? 중학교 3년 동안, 그리고 고등학교 진학 후 그 일이 있기 전까지 단 한 번도 보여주지 않았던 행동을 딱 한번 했다면 이유와 상황을 충분히 살펴야 하지 않을까? 징계는 그 뒤에 해도 늦지 않았을 것이라는 생각이 들었다. 어떠한 보호막도 없이 너무 쉽게 강제전학이라는 징계를 내리고 '나쁜 학생'으로 낙인찍혀 학교에서 내쫓기면서 서준이와 서준이의 가족은 어둠 속으로 깊이 빠질 수밖에 없었다.

서준이는 고등학교 진학 두 달 만에 집 앞의 학교에서 집에서 45분 거리의 고등학교로 강제전학을 가게 되었다. 새로 간 고등학교에 이상한 꼬리표를 달고 가지는 않을까 걱정이 되어 내가 먼저 전학 갈 고등학교에서 연락을 넣어 볼까, 이건 지나친 관여인가? 고민하는 사이 너무나 감사하게도 새로운 고등학교의 1학년 특수학급 담당 선생님이 전화를 주셨다. 이전 학교의 피해 교사, 1학년 특수학급 담당 교사와도 통화를 했지만 무엇보다 중학교 3년을 함께 지낸 나의 이야기를 듣고 싶어서 전화를 했다는 선생님께 정말 감사했다. 서준이의 중학교 3년 생활에 대해, 서준이의 성격과 마음에 대해 내가 경험하고 알고 있는 그대로 전했다. 다행히 새 학교 선생님께서 편견 없이 서준이를 이해해 주셨다.

새 학교로 전학을 가서 서준이가 잘 적응할 수 있을까, 초등학교 때처럼 자신이 만든 어둠 속으로 들어가 세상과 단절되는 것은 아닐까 걱정이 되었다. 서준이에게도 지난 고등학교에서의 일은 엄청나게 큰일이었다. 나와 통화를 할 때마다 자신의 잘못에 대해 스스로 용서하지 못해 괴로워했고, 자신이 같은 잘못을 저지를까봐 두려워했다. 그런 서준이에게 내가 아는 서준이를 계속해서 이야기해 주었고, 두 번 다시 똑같은 행동을 반복하지 않을 것임을 안다고 반복해서 말해 주었다.

그렇게 새 학교로 전학을 간 서준이는 모두의 우려와는 달리 건강하고 즐겁게 학교생활을 하고 있다. 아직은 똑같은 잘못을 반복할까 두려워하는 모습, 불안해하는 모습을 보이기도 하지만 두려움과 불안을 넘어서 자신을 조금씩 더 믿고 나아가고 있다. 서준이 스스로도 자신이 이렇게 잘 적응할 수 있을 거라 생각하지 못했다고 한다. 자신이 어려움을 겪고 다시 일어 설 수 있었던 것은 중학교 3년 동안 나와의 만남이라고 말해 주었다. 서준이의 목소리로 그 말을 전해 들었을 때 울컥 눈물이 쏟아졌다. 내가 서준이에게 어떠한 것도 남기지 못했다고 좌절하고 있을 때, 서준이가 나아가지 못한다고 생각했을 때, 서준이가 이제는 일어서지 못할 것이라고 낙담했을 때조차 서준이는 한 걸음 내딛고 있었던 것이다. 나와 지낸 시간이 무의미하지 않았으며, 그 시간들로 서준이는 상상하지도 못할 어려움을 의연하고 담담하게 건

너왔다고 말하는 것 같았다.

어떤 학생은 대나무가 자라는 것처럼 하루가 다르게 성장하는 것이 바로바로 눈에 보이기도 하지만 그렇지 않은 학생이 더 많은 것이 사실이다. 특수교육대상 학생의 성장은 특히 눈에 잘 보이지 않는다. 그렇지만 분명히 나아가고 있음을 믿어야 한다. 1차 방정식의 그래프처럼 쭉 나아가진 않지만, 계단처럼 평평했다 어느 순간 한 계단 훅 올라가 있기도 한다. 우리의 만남은 어떤 형태로든 학생의 성장에 기여하고 있음을 의심하지 않았으면 좋겠다. 시간이 지나봐야 알 수 있으니까. 지금 당장 눈에 보이지 않아도 우리도 성장하고 있고, 학생들도 잘 자라고 있을 것이다.

11

함께 맞는
비

내가 사랑하고 항상 가슴에 담아 두고 사는 시가 있다. '사람이 온다는 것은 실은 어마어마한 일이다'로 시작하는 정현종 시인의 〈방문객〉이라는 시다. 워낙 유명하고 아름다운 시라 알고 계실 것이다. 시에 이런 구절들이 있다.

부서지기 쉬운

그래서 부서지기도 했을

마음이 오는 것이다 — 그 갈피를

… 중략 …

내 마음이 그런 바람을 흉내낸다면

필경 환대가 될 것이다

이 시는 학급긍정훈육법(PDC)을 제대로 배우기 시작하면서 나에게 큰 울림을 주었다. 이 시는 내가 특수교사를 그만두지 않게, 또 학생들을 포기하지 않게 해 주었다. 슬아를 만나기 전에 이 시를 접했다면 이렇게 큰 울림으로 남지 않았을 것이다. 슬아는 특수교육대상자로 선정되기 전부터 학교의 유명 인사였다고 했다. 초등학교 때 슬아의 담임을 맡게 되면 휴직, 명퇴, 병가 등을 하게 만드는 학생이었고 이런 슬아를 위해 구청 전담팀이 꾸려질 정도였다. 구청 전담팀과 슬아 고모의 설득으로 초등학교 5학년 말에 지적장애로 장애인 등록을 하고 정서·행동장애 영역으로 특수교육대상 학생으로 선정이 되었다. 지적장애임에도 정서·행동장애로 특수교육 대상이 된 것은 슬아가 보이는 어려움이 지적장애보다는 정서·행동장애의 문제가 더 크기 때문이었다. 특수교육대상자로 선정되면서 다니던 초등학교에는 특수학급이 없어 특수학급이 있는 인근의 초등학교로 전학을 가게 되었다. 이 전학이 강제전학으로 소문이 날만큼 슬아의 어려움은 유명했다. 초등학교를 졸업하고 슬아는 나름 새로운 마음으로 중학교에 진학했을 것이다. 그런데 슬아가 다녔던 두 곳의 초등학교 학생들이 대부분 우리 중학교로 배치를 받았고 당연히 대부분 슬아를 아는 학생들이었다. 특히 전학 가기 전의 초등학교 출신 학생들에게 슬아는 '선생님을 괴롭히는 나쁜 학생' '말이 거친 학생' '울고 떼쓰는 학생' '수업을 방해하는 학생'으로 이미지가 고정된 상태여서 특수교육 1년을 통해 조금은 나아진 슬아를 보지 못했다.

슬아는 조부모와 함께 살고 있었다. 생후 100일 남짓부터 조부모님께서 키우셨다고 했다. 조부모는 슬아의 장애를 지금도 이해하지 못하셨다. 또 세대 차가 있다 보니 요즘 아이들의 행동 자체를 받아들이지 못하셨다. 그래서 슬아가 보이는 사춘기 행동, 고집부리는 행동, 거친 말, 텐트럼 등에 적절한 대처를 못하시고 일방적으로 다그치는 방법을 택해 오셨다.

"이 머저리가 왜 이렇게 고집을 부리는지 모르겠어요."

"지 부모 닮아 그런가, 지 부모가 딱 저랬어요."

"어디 천둥벌거숭이처럼 돌아다니고, 칠렐레팔렐레 집에 붙어있지를 않아요."

"말도 지지리도 안 듣고 병신같이"

"저러다 딱 제 엄마 꼴이 나지요."

다그치는 말속에 '장애'에 대한 편견과 비하, 슬아 자체에 대한 조롱이 뒤섞여 있었다. 특수교육대상자나 장애인으로 등록이 되지 않았던 초등학교 5년을 포함해 그간 학교에서도 슬아는 교실에서 자신을 향한 불편한 시선들을 매일같이 받아왔다. 슬아에게는 '장애'에 대한 인식뿐만 아니라 '자신'에 대한 생각마저 부정적일 수밖에 없는 환경이었다. 자신에 대해 부모에게조차 버림받은 소중하지 않은 존재, 사랑받지 못하는 존재라는 부정적인 생각이 가득한 상태에서 지적장애까지 있다고 하니 날카로워지고 정서와 행동에 문제가 커진 것이었다.

중학교에 입학했을 때 슬아는 첫인상이 매우 귀여웠다. '어마어마한 학생'이라고 달고 온 꼬리표와 도대체 연결이 되지 않을 정도로 작고 귀여운 모습이었다. 그러나 그 첫인상은 일주일 만에 사라졌다. 달고 온 꼬리표가 무색하지 않을 정도로 존재감을 뽐냈는데 그 모습이 내 눈에는 무척 아파 보였다. 주변으로부터 상처받지 않기 위해 잔뜩 날을 세우고 자신이 상처받기 전에 주변 사람들에게 먼저 상처를 주고 또 그런 행동을 한 자신에게서 상처를 받는 모습이었다. 통합학급, 특수학급을 가리지 않았다. 통합학급에서는 주로 초등학교 때부터 관계가 좋지 않았던 학생들과 수시로 부딪혔고, 특수학급에서는 나를 향해 가시를 세우고 달려들었다.

"선생님이 뭔데 그래요? 선생님이 부모예요? 뭐예요? 나는 엄마 아빠 없어요. 그러니까 나한테 이래라저래라 하지 마세요!"

"아 꺼져요. 저리 가세요. 귀찮게 하지 말라고요."

"아 시팔 존나 짜증나네."

"내 몸이에요. 내가 맘대로 할 거라고요."

"악!!!!!!!!!!!!!!!!!! 싫어!!! 싫어!!!"

교사에게 이렇게 날을 세우고 달려드는 학생은 처음이라 많이 당황했다. 슬아가 찌르는 말과 행동에 나 또한 깊이 상처를 받았다. 나는 그런 행동을 참을 수가 없었다. 우리가 기본적으로 지켜야 하는 예의, 매너를 강조해 왔는데 슬아에게 그런 것들은 아무 의미가 없었다. 한 학기는 슬아의 알 수 없는 정서·행동의 변화에 나조차 어떻게 대응해야 할지 몰랐다. 그래서 슬아와 많이도 싸웠다. 조목조목 잘못된 행동과 태도를 따지고 들었다. 지금 생각해 보면 그게 과연 슬아의 귀에 하나라도 들어갔을까 싶다. 내가 조목조목 따지고 들어도 막무가내였다. 서로 감정적으로 치닫는 순간이 나는 너무 두려웠다. 슬아가 나에게 일방적으로 쏟아내는 부정적인 감정과 말과 행동을 보고 내가 어떻게 반응할지 나도 모르는 순간들이 두려워 상황이 심각해지려고 하면 잠시 떨어져 있고 싶었다. 그런데 슬아가 나를 떠나지 않았다. 처음에는 그런 슬아가 이해되지 않았는데, 슬아는 연결되고 싶었던 거였다. 선생님만은 그래도 엄마처럼 자신을 일방적으로 받아들여 주었으면 하는 듯했다. 슬아는 그런 일방적인 사랑을 받아보지 못했으니… 이런 일들을 수차례 겪고 나서야 슬아에게 가장 필요한 것은 당장 보이는 행동의 문제를 교정하는 것이 아니라 마음을 읽어 주는 것이라는 생각이 들었다. 슬아가 바라는 것은 함께 비를 맞아 주는 것이었다.

그런데 막막했다. 긍정적인 감정이 아닌 부정적인 감정을 내 감정과 상관없이 어떻게 읽어 줄 수 있을까. 내가 어떻게 엄마처럼 할 수 있는 것인지 많은 고민이 되었지만 그저 내가 할 수 있는 것을 하자고 생각을 정리했다. 내가 엄마는 될 수 없으니 학교에서 교사로서 할 수 있는 것에 최선을 다하는 수밖에 없었다. 가장 먼저 한 것은 내가 가진 슬아에 대한 부정적 마음과 평가들을 정리하는 것이었다. 그간 슬아가 보인 감정과 행동에 나 또한 상처가 깊은 터라 당연히 슬아를 보는 것이 편하지 않았다. 그래서 우선 슬아와 슬아의 행동을 분리해서 보려고 노력했다. 물론 쉬운 일은 아니었지만, 그랬더니 진짜 슬아가 보이기 시작했다. 슬아가 나에게 부정적인 감정과 행동을 보이면 속이 상하고 마음이 아프지만 슬아가 밉거나 불편하지는 않았다.

진짜 슬아가 보이기 시작하자 시도한 것은 슬아가 보이는 감정을 있는 그대로 읽어 주는 것이었다. 공감하는 것과 읽어 주는 것은 다르다. 공감은 상대가 보이는 감정이 이해가 되어야 가능한데 슬아의 감정은 이해되지 않을 때가 많았다. 그래서 선택한 것이 감정 읽기였다.

'지금 슬아가 많이 속상하구나.'

'슬아는 지금 괴롭구나.'

'슬아가 화가 많이 났네.'

'슬아 지금 힘들겠다.'

감정을 읽어 주는 것은 그 감정의 소용돌이 속에 함께 있어 주는 것과 같다. 슬아는 지금 자신의 행동이 이성적으로는 잘못된 것임을 알고 있다. 그런데도 감정이 앞서서 행동을 전환하지 못하는 것이다. 이전에는 이런 슬아가 이해되지도 용납되지도 않아 잘못된 행동을 지적해 당장 내 앞에서 행동을 교정하기를 바랐다. 그러나 결국 그런 방식은 상황을 더욱 악화시키는 것에 불과했다. 마음읽기는 슬아가 행동을 악화시키기 전에 자신의 감정 상태를 인식하고 시간을 벌어주는 역할을 했다. 내가 마음을 읽어 주면 슬아 또한 한 걸음 물러서 숨을 골랐다. 상대방이 부정적인 감정을 보이지 않으니 자신도 감정에서 한 발 물러서게 된 것이다. 잠시 감정의 소용돌이 속에서 한 걸음 물러서면 자신의 감정과 상황이 심각하지 않다는 것을 스스로 알게 되고 극단적인 행동으로까지는 발전하지 않았다.

하루아침에 나아진 것은 아니었다. 1학년 때부터 3학년 때까지 나도 어쩌지 못하는 상황들은 꾸준히 있었고, 그 상황들에서 종종 슬아와 끝 간 데까지 부딪치기도 했다. 그러나 슬아가 나와의 갈등이나 부딧힘에도 자신이 어려울 때, 자신에게 도움이 필요한 순간에 나를 떠올리고 찾은 것은 슬아 주변에 함께 비를 맞아주는 사람이 없기 때문이었다. 두 해 전 겨울 슬아에게는 있어서는 안 될 엄청난 일이 생겼다. 그 일이 1년 남짓 진행되면서 슬아는 한 해 내내 세찬 비바람 속에 있어야 했다. 그 비를 함께 맞으면서, 그리고 다시는 같은 일로 비에 젖지 않도록 우산을 씌워 주면서 나조차 심리적으로 많이 지치고 힘들었다. 전문 상담을 연계하고, 병원에 동행하고, 경찰과 교육청에서 조사를 받으며 보호자의 역할과 교사의 역할을 번갈아 하면서 함께 폭풍 속을 지났다. 공적으로 주어진 나의 역할을 넘어서는 일을 뒷감당하면서 그만두고 싶은 순간도 있었다. 그렇지만 중간에 그만두지 못하고, 또 진짜 보호자에게 보호자의 역할을 넘기지 않았던 이유가 내가 하지 않았을 경우 눈에 보이는 결과 때문만은 아니었다. 슬아가 감당하기 힘든 일에 맞닥뜨려 내가 함께 비를 맞아주는 순간에 보여 주었던 슬아의 눈빛 때문이었다. 불안에 떨면서도 나를 향한 믿음과 신뢰의 눈빛, 온전히 나에게 의지한다는 눈빛은 마지막까지 슬아의 손을 붙잡게 했다.

우리가 만나는 학생들에게 문제가 있을 때 교사로서 어른으로서 문제를 해결해 주는 것도 매우 중요하다. 그런데 문제를 해결하는 데 집중하다 보면 사람을 놓치기 쉽다. 사람을, 아이를 놓치게 되면 진짜 문제를 제대로 해결할 수 없다. 겉으로 보이는 문제는 해결되었을지라도 아이의 마음은 돌이킬 수 없을 정도로 망가질 수 있기 때문이다. 우리 아이들이 살다가 소나기, 폭풍우를 만났을 때 우산을 씌어 주는 것도 중요하고 필요한 일이지만 아이들이 바라는 것은 먼저 함께 비를 맞아 주는 어른일 것이다. 비에 흠뻑 젖었더라도 기꺼이 환대해주는 사람일 것이다.

12

너에게도 나에게도
격려가 필요하구나

"이번 주도 지각하지 않고 열심히 등교했어요. 다음 주도 지각하지 않을 나를 믿어요"

"수행평가를 기간에 맞춰 제출했어요. 열심히 준비한 내가 좋아요"

"화가 났을 때 하늘을 봤어요. 이번 주는 조금 덜 화가 난 것 같아요."

앞에서 이미 언급한 것처럼 우리는 종종 특수학급 종례시간에 특수교육대상 학생들이 스스로에게 전하는 격려의 시간을 갖는다. 학급 긍정훈육법(PDC)을 배우고 실천하면서 나에게 일어난 가장 큰 변화는 바로 격려하는 것이다. 나부터 학생들을 수시로 격려하고, 학생들 스스로가 자신을 격려하도록, 또 가정과 연계하여 학교 밖에서도 늘 격려하고 받는 경험을 하도록 노력하고 있다.

PDC를 만나기 이전에는 늘 조급증이 있었다. 대학 진학이나 사회 진출 시기를 고려하면 특수교육대상 학생들에게 주어진 시간은 일반 학생들과 다르다고 생각했다. 그래서 주어진 중·고등학교 시간에 조금 더 많이, 조금 더 제대로 배우기를 원했다. 학생들을 만날 때 반드시 해야 하는 것과 지금 부족한 면에 집중하다 보니, 학생들에게 하는 말 중 "안 돼" "그렇게 말고, 이렇게" "아니야, 다시 해봐"가 많은 부분을 차지했다. 그러나 이제는 무엇이 먼저인지 안다. 학생들이 자존감이 없으면 당장 필요한 지식과 기술도 내면에 자리 잡지 못한다는 것을, 학생들에게 건강한 자존감이 세워지면 어떠한 것도 쉽게 내면화할 수 있다는 것을 알았다. 건강한 자존감은 바로 격려에서 시작한다는 것을 깨닫고 일상 속에서 수시로 격려하려고 노력한다.

"오늘 은주가 8시 30분 이전에 등교한 것을 선생님이 알고 있어요"
"수업 시간에 열심히 참여해줘서 고마워요"
"용훈이가 만든 작품에는 용훈이만의 멋이 보여요"

이전에는 격려거리도 되지 않았을 법한 아주 당연한 행동도 내 입을 통해 다시 칭찬과 격려로 되돌려주며 학생의 작은 행동에도 의미를 부여해 그 의미가 자존감의 씨앗으로 심어질 수 있도록 한다.

PDC에서는 무엇보다 격려를 강조하는데, 격려의 말은 거창한 것이 아니다. 그리고 특별하거나 대단한 행동을 했을 때만 하는 것도 아니다. 격려는 일상 속 사소한 것에서 시작한다. 토마토를 먹지 않는 학생이 어느 날 토마토 하나를 먹은 것을 기억하고, "선생님이 용훈이 토마토 먹은 거 봤어요"라고 있는 그대로 말해주는 것(묘사형 격려), 수시로 지각을 하는 학생이 지각하지 않은 날 "선생님이 은주가 8시 30분 전에 도착한 것 알고 있어요. 내일도 은주가 8시 30분 이전에 학교 올 것을 믿어요!"라고 지금의 행동에 다음에 대한 기대를 살며시 넣어 주는 것(파워형 격려), 1인 1역으로 분리배출을 한 학생에게 "오늘도 분리배출을 깔끔하게 해주어 고마워요"라고 감사를 전하는 것(감사형 격려)도 학생의 입장에서는 모두 격려가 된다. 격려를 사소하고 작은 것부터 하려면 가장 필요한 것이 세심한 관찰이다. 관찰하지 않으면 격려의 말은 속 빈 강정이 되기 십상이다. 그리고 학생들은 교사가 하는 격려의 말이 진정성이 있는지 없는지 귀신같이 알아차린다. 그래서 격려의 말은 항상 구체적인 행동에 대해 말하면서 의미를 전달해야 한다.

특수교육대상 학생은 격려를 받아 본 경험이 적다. 가정에서든 학교에서든 잘하는 것보다는 부족하고 잘 못하는 것들에 대해서만 주로 들어 와서 처음 서로 격려하기를 했을 때 부끄러워하며 듣기 싫다고 했다. 하지만 격려를 들으며 자기도 모르게 입꼬리를 올리며 웃는 모습은 내 마음 한구석에 감미로운 전율을 일으켰다. 유치원과 초등학교를 지나오며 가정에서도, 통합학급에서도 늘 기죽는 이야기만 들어왔을 텐데 특수학급에서조차 '잘못했다, 부족하다, 틀렸다, 아니다'라는 말을 많이 들었을 터였다. 이 학생들의 자존감이 바닥일 수밖에 없는 이유가 따로 있는 것이 아님을 깨달았다.

격려를 받아 본 사람만이 타인에게 진심을 담아 격려를 할 수 있다. 미소는 특수학급에서 에이스다. 어느 활동에서도 가장 열심히 하고 가장 잘한다. 특수학급에서의 많은 성공 경험으로 미소는 통합학급에서 숨을 쉴 수 있었다. 이런 미소에게 조금 더 의미 있는 성공의 경험을 만들어 주고 싶었다. 평소 나는 외부 대회나 경기에 참여하는 것보다는 학교 안에서의 교육 활동에 집중하는 편이지만, 미소에게 좋은 경험이 될 것 같아 '2021 전국 장애학생 정보 경진대회'에 참여하였다. 역량이 충분히 뒷받침되는 학생이었기에, 내심 좋은 결과를 기대하고 있었다. 솔직히 말하면, 당연히 좋은 결과가 있을 것으로 예상해 대회에 참여하기로 한 것이었다. 먼저 서울시 예선을 준비하면서 기출 문제를 같이 풀어보고, 예상 문제도 풀어 보면서 단단히 준비를 했다. 그러나 결과는 서울시 예선 탈락. 정말 예상치 못했던 결과였다. 실전에서도 거의 틀리지 않고 차분히 문제를 풀고 제출했는데 예선 탈락이라니. 이럴 수가. 결과를 물어 오는 미소에게 어떻게 전해야 할까 많은 고민이 되었다. 혹시나 실패로 인해 낙담하지 않을까 걱정이 되었다. 조마조마한 마음으로 "미소보다 더 빨리 더 정확하게 답안을 제출한 학생이 있었나 봐요. 다른 학교 학생이 뽑혔데요"라고 조심스럽게 전했다. 나의 걱정스러운 마음과 다르게 미소는 "아 그래요? 내년에도 있죠? 그럼 내년엔 다시 해 봐요. 선생님!"이라며 무척 쿨하게 실패를 받아들였다. 미소의 반응에 당황한 것은 오히려 나였다. 미소에게 서운하지 않냐, 속상하지 않냐 물으니 미소는 "아쉽긴 한데 어쩔 수 없고요. 대신 응원상 받았으니까 괜찮아요."라고 정말 아무렇지도 않은 표정을, 아니 오히려 행복한 표정을 지었다.

서울시 예선 대회에서 이벤트로 참가 학생별 응원 페이지를 운영했는데, 미소가 어느 학교의 학생보다도 많은 격려의 메시지를 받아 응원상을 받게 되었다. 그 응원 페이지의 격려의 말 하나하나를 읽고 마음속에 꼭꼭 저장해 두었던 것이다. 미소에게는 성공의 경험도 중요하지만, 무엇보다 그 과정에서 자신이 최선을 다했고 자신의 노력을 주변의 많은 사람들이 알아주었다는 것이 더 중요했던 것이다. 결국 이것은 미소에게 실패가 아닌 또 다른 의미의 성공 경험이 되었다. 그리고 자신이 학교와 통합학급에 온전히 소속되어 있음을 느끼게 되었다.

마음과 마음이 연결된 격려를 받은 경험을 통해 미소는 다른 학생들에게 그리고 나에게 수시로 격려의 말을 전했다. 자신이 격려의 바다에 빠져 본 경험이 있기 때문일까…. 미소가 전하는 격려에는 마음이 울컥할 때가 많았다.

"선생님, 이번 주도 말 안 듣는 슬아 언니랑 지각쟁이 은주랑 답답한 용훈이랑 시끄러운 저랑 있어 주셔서 감사합니다. 다음 주도 잘 부탁해요!"

"선생님 괜찮아요! 선생님도 사람인데 실수할 수 있죠."

슬아에게 필요한 격려는 자신의 좋은 점을 일깨워 주는 말이었다. 슬아는 초등학교 때부터 문제의 중심에 있었고, 가정에서든 학교에서든 나무라는 말을 주로 들어왔다. 슬아도 분명 좋은 점, 강점을 가지고 있는데 슬아가 가진 어려움에 가려져 빛을 보지 못했다. 나조차 PDC를 제대로 실천하고자 마음먹기 이전에는 슬아를 볼 때 부족하고 고쳐야 할 점만 눈에 들어 왔다. 그러나 슬아는 손끝이 매우 야무져서 만들기나 요리, 그리기, 꾸미기 등을 매우 잘했다. 또 남들에게 관심이 많아 주변을 챙기는 것을 좋아했다. 슬아가 이런 행동을 할 때마다 끊임없이 말해 주었다. 슬아가 가진 좋은 점을 강조했다. 좋은 점을 발견하고 지속적으로 말해 주기 위해 끊임없이 슬아를 관찰했다. 그래야 슬아가 보이는 많은 부적절한 행동보다 적절한 행동을 하나라도 더 발견해 격려해 줄 수 있기 때문이었다. 아무리 사소한 것이라도 슬아의 행동을 보고 격려의 말을 전달했다. 자신의 좋은 점을 강조한 격려의 말을 처음 들었을 땐 아니라며 격렬하게 부정하고 격려를 거부하는 모습을 보였던 슬아도 격려가 반복되니 자신의 좋은 점, 강점을 받아들이고 그것을 더욱 잘하기 위해 노력하는 모습을 보였다. 그리고 나에게 받았던 격려의 말을 나와 특수학급의 동생들에게 자신의 말로 격려를 전하는 모습 또한 종종 보였다.

"미소야, 너는 진짜 친구가 많네, 친구들과 잘 지내는 모습이 반짝반짝 빛이 나!"

"용훈아, 너는 군대 그림 정말 잘 그린다. 멋있어!"

"은주는 말을 참 다정하게 해. 나도 닮고 싶다."

이렇듯 마음이 담긴 격려가 얼마나 중요한지 알기에, 내가 만나는 학생들 하나하나에게 그저 지나가는 가벼운 격려가 아닌 진심이 가득히 담긴 격려를 하기 위해 노력한다. 진짜 격려를 받아 본 사람만이 타인에게 진짜 격려를 할 수 있고, 또 스스로에게도 진짜 격려를 할 수 있기 때문이다. 격려는 어려우면서도 쉽고, 쉬우면서도 어렵다. 그리고 어느 한 번의 활동만으로 되는 것도 아니다. 격려에는 진정성과 지속성이 무엇보다 중요하다.

특수교육대상 학생들이 자신과 타인을 격려하도록 하기 위해 격려수업을 꾸준히 하는 것이 필요했다. 1학기에는 '버츄 프로젝트(미덕 발견하기)'를 통해 자신과 친구의 강점을 찾고 그 미덕을 활용하는 격려수업을 하고, 2학기에는 《빛을 찾아 떠나는 별난 이야기》(김성환)를 통해 자신의 빛을 발견하고 스스로를 격려하는 것에 초점을 맞춘 격려수업을 했다. 격려수업을 통해 학생들은 무엇보다 자신의 강점을 발견하고 친구들의 다름을 존중할 수 있게 되었다. 수업을 통해 배운 격려는 학교 일과 중에서도 수시로 서로 격려를 주고받고 표현할 수 있도록 기회를 제공했다. 금요일 특수학급 종례시간에는 친구들을 향한 격려와 함께 자신에게 격려의 말을 하는 시간을 갖는다. 타인으로부터 받는 격려도 매우 중요하지만, 스스로에게 하는 격려 또한 중요하다. 평소에는 특수교사, 통합학급 담임교사, 친구들에게 주로 격려의 말을 들었다면, 이날에는 자신에게 격려의 말을 전한다.

특수학급에서뿐만 아니라 더 많은 시간을 보내는 통합학급에서 받는 격려는 특수교육대상 학생에게 또 다른 가치가 있다. 자신이 통합학급에 소속되어 있다는 느낌, 담임선생님이 자신에게 관심을 가지고 있다는 느낌은 결코 특수학급에서는 줄 수 없는 것들이다. 통합학급의 격려 활동은 특수교육대상 학생만을 위한 것이 아니라 학급의 모든 학생에게 격려의 힘을 경험하게 하는 것이다. 서로에 대한 관심을 바탕으로 학급의 분위기를 따뜻하게 해 주는 격려 활동을 통합학급에서도 간단하고 쉽게 시작할 수 있다.

격려카드를 활용할 수도 있다. 격려의 문장이 적힌 카드를 학생들이 한 장씩 뽑아 그날 자신에게 주는 격려의 말로 사용한다. 이와 반대로 뽑은 카드의 격려의 말을 오늘 안에 반드시 다른 학생에게 전해주는 미션으로 활용할 수도 있다. 시중에 많이 나와 있는 격려 스티커를 활용해서 교과 시간에는 정리 노트나 학습지, 교과서 진도 부분에 붙여 줄 수도 있고, 학급에서는 개인별로 스티커 판을 만들어 받은 격려 스티커를 모아 학기 말에 모은 격려 스티커 뽑내기 대회 같은 것을 개최해 볼 수도 있다. 학급회의나 수업 시작 전, 종례시간에 한두 사람씩 돌아가며 학급의 고마운 사람에게 감사 나누기를 통해 가볍게 격려 활동을 시작할 수도 있다. 선생님들이 자신의 자리에서 시작할 수 있는 것부터 시도해 보셨으면 좋겠다. 분명 학생들의 변화도 있겠지만 선생님의 변화도 눈으로 보고 마음으로 느낄 수 있을 것이다.

이렇게 차곡차곡 쌓인 격려의 말은 특수교육대상 학생들의 자존감과 소속감에 강력한 힘을 발휘한다. 격려는 통합학급과 특수학급에서, 가정에서, 학교 밖의 여러 곳에서 자신을 믿고 한 발자국 내딛게 하는 힘이 된다. 살아가며 만나게 될 비난과 혐오, 고난을 이길 수 있는 강한 에너지가 될 것이다. 스스로에 대한 믿음을 세우게 하는 것, 서로 격려할 수 있는 어른으로 자랄 수 있는 바탕을 만들어 주는 것, 그것이 교실에서 지식 하나를 배우는 것보다 더 중요한 것일 수 있다. 이렇게 세워진 자존감은 특수교육대상 학생이 자신의 삶을 살아가는

데 단단한 바탕이 될 것이다.

격려는 누구에게나 필요하다. 우리는 지금 옆에 있는 학생을, 자녀를, 가족을 진심으로 격려할 수 있는 준비가 되어 있는가? 진심이 담긴 격려를 하기 위해서는 무엇보다 내가 먼저 격려로 충만해지고 마음의 여유가 있어야 한다. 내 마음이 퍽퍽하고 여유가 없다면 아무리 격려를 하고 싶어도 그럴싸한 말일 뿐 진심이 담기지 않는다. 그리고 그런 격려는 당사자에게 진짜 격려가 되지 않는다. 어른이라고 격려가 필요하지 않은 것은 아니다. 그래서 우리도 격려가 필요하다. 우리도 괜찮다고, 잘하고 있다고, 혼자가 아니라고, 나를 믿는다고 격려받아야 한다.

괜찮아.

잘하고 있어.

넌 혼자가 아니야.

우리가 함께 있잖아.

내가 알아. 너의 마음을.

슬아로 인해 끝을 모르게 무너져 내리던 그때, 특수교사로서 바닥을 치던 때, 어른이지만 어른스럽지 못한 일들로 주저앉고 싶었을 때, 개인적인 일로 내 존재에 대해 부정당했을 때, 나를 다시 일으켜 준 것은 나를 잘 알고, 나를 진심으로 아끼는 사람들의 격려였다. 그 격려가 없었다면 어쩌면 지금의 나는 없었을 것이다. 그런 격려에 힘입어 내 스스로도 격려한다. '나라는 존재 자체로 충분하다'고 말이다. 그 격려를 전신갑주처럼 입고 지금을 살고 있다. 나를 향한 격려가 얼마나 큰 힘이 되는지 경험했기에 학생들에게 진짜 격려를 해 줄 수 있다.

보이지 않는 곳에서 누구보다 성실히, 열심히 살아가고 있는 대한민국 모든 교사에게 격려의 말을 전하고 싶다.

"선생님은 어둠 속에서 별을 빛나게 하는 존재입니다. 선생님 존재 그 자체로 충분합니다."

13

학급회의의
힘

"아, 뭔데요? 왜 선생님 마음대로 정해요?"

"선생님이 정한 거지 내가 정한 게 아니잖아요. 그리고 다른 애들도 다 한다고요. 다른 선생님들은 나한테 아무 말도 안 하는데 선생님만 왜 그래요? 선생님만 그래요. 선생님만!"

특수학급에서 지켜야 할 규칙과 학교생활 규정을 지키지 않았을 때 나의 지도에 그동안 반기를 들었던 학생은 없었다. 그러나 슬아는 특수학급의 규칙과 학교생활 규정을 어긴 후에도 늘 나에게 저런 말을 했다. 방귀 뀐 놈이 성낸다고 너무도 당당한 태도에 가끔은 내가 잘못 알고 있는 건가라는 생각이 들기도 했다. 슬아는 지금까지 내가 가져왔던 특수교사로서의 교육방법이 통하지 않은 단 하나의 학생이었다. 내가 틀린 건지 슬아가 이상한 건지 구분하는 건 의미가 없었다. 슬아가 이상한 게 아님을 잘 알고 있기 때문이었다. 지금까지는 운이 좋게도 나의 교육방법이 잘 들어맞았을 뿐이다. 슬아를 만나고, 슬아와 사사건건 부딪치고 나서야 나의 교육방법을 돌아보았고, 그때 PDC를 만났다.

슬아처럼 자기주장이 강하고 자신의 뜻대로 되지 않으면 온갖 부정적인 감정을 밖으로 표출하는 경우 교사로서의 지시와 지도는 먹히지 않았다. 자기의 선택이 행동의 기준이 되는 슬아에게는 행동의 기준을 교사가 아니라 스스로가 세우도록 하고, 그 기준을 다른 학생들이 동의한다면 실랑이는 현저히 줄어들 것이라는 생각이 들었다. PDC가 내세우는 방식과 가치가 그것이었다. 그래서 특수학급을 학급긍정훈육을 실천하는 교실로 만들기로 했다. 특히 PDC의 꽃이라고 생각하는 학급회의를 우리 특수학급에도 도입하기로 했다.

학급회의를 진행하기 전에 먼저 특수학급의 규칙과 가이드라인을 만드는 것이 필요했다. 특수학급 학생들이 스스로 '신호등 행동' 활동으로 학급 규칙을 만들었다. '신호등 행동' 활동은 신호등의 색깔로 자신들이 생각하는 행동을 초록불(도움이 되는 행동), 노란불(알쏭달쏭 행동), 빨간불(위험한 행동)로 나누며 자유롭게 이야기하고, 이를 바탕으로 자신들이 지킬 수 있는 특수학급 규칙과 학교생활 규칙들을 정하는 것이다. 학생들이 정한 (피해야 할) 빨간불 행동으로는 욕하기, 뛰어다니기, 때리기, 패드립(도리에 어긋난 말을 일컫는 속어)으로 정했고, 노란불 행동으로는 다리 떨기, 화장하기, 사복 겹쳐입기가 있었다. 초록불 행동으로는 인사하기, 미덕으로 격려하기, 시간 지키기로 정해졌다. 노란불 행동에 대해서는 학생들이 서로 이야기를 나누어 나름의 기준을 세웠다. 다리 떨기는 다른 학생에게 피해 주지 않는다면 해도 되는 행동이고, 화장은 학교생활 규정에 따라 학교 안에서는 하지 않아야 하며, 사복은 교복을 입어야 하는 학교생활 규정에 맞춰 추운 날에 교복 위의 외투로만 입기로 정했다.

다음 활동으로 1년 동안 특수학급의 학생들이 어떤 모습으로 지냈으면 좋을지에 대해 '동의와 가이드라인' 이야기를 나누었다. 먼저 우리의 바람을 정하고, 그 바람을 이루어가기 위해 하면 좋을 말과 행동들을 정했다. 학생들이 정한 특수학급의 모습은 '즐거움이 넘치는 개별학습실'이었다. 즐거움이 넘치는 개별학습실을 만들기 위해 하면 좋은 말로는 "잘했어" "멋있어" "괜찮아"였고, 하면 좋은 행동으로는 리액션 크게 해주기, 박수치기, 엄지 척으로 정했다. 이 내용을 모두 종이에 담은 후 학생들이 서명했고, 한 해 동안 교실의 앞면에 게시하여 자주 떠올릴 수 있도록 했다.

PDC를 만나기 전에는 학급규칙을 나의 바람을 담아 내가 정하고, 학교생활 규정을 지키도록 했는데 잘 따라오는 순한 기질의 학생들도 있었지만 자기주장이 강한 슬아와 같은 학생은 틈을 노려 규칙을 무시하는 일들이 자주 있었다. 그러나 특수학급 학생들이 모두 함께 특수학급의 모습과 규칙을 정했더니 규칙을 위반하는 행동들이 현저히 줄었다. 규칙을 위반했을 때도 변명보다는 자신의 잘못을 인정하고 반복하지 않으려고 노력하는 모습을 많이 볼 수 있었다. 또 함께 정한 특수학급의 모습을 이루어가기 위해 수시로 함께 정한 말과 행동을 상기시켰다. 당연히 특수학급의 분위기는 이전보다 밝고 즐거움이 넘칠 수밖에 없었다.

학급 규칙과 만들어갈 학급의 모습을 함께 정한 다음 본격적으로 학급회의를 시도했다. 나는 개인적으로 PDC의 핵심은 학급회의라고 생각한다. 학급회의에 참여한다는 것은 의사소통 기술과 자기결정력, 타인의 의견을 존중하는 태도까지 갖추어야 하기 때문이다. 또 학급회의는 그동안 교사인 내 기준과 틀로 상명하달식으로 운영해 오던 비민주적인 방식에서 학생 중심의 민주적인 방식으로 특수학급의 운영 주체를 특수교육대상 학생들에게 돌려주는 것이다. 학급회의에서 학생들이 특수학급 생활을 위한 안건을 제시하고 해결책을 찾고, 그 해결책을 스스로 실천하는 과정을 통해 특수학급에서의 소속감과 문제해결력을 키울 수 있다. 한 번이 아닌 정기적이며 지속적인 학급회의를 통해 자기 의사를 표현하는 기술이 향상되고, 자신이 원하는 방향으로 결과가 나오지 않더라도 수용하는 법을 익히고, 다음 학급회의에서는 자신의 의견이 수용될 것을 기대하게 된다.

　1년 전부터 특수학급에서 학급회의를 정기적으로 열고 있다. 특수학급 회의를 통해 학생들이 특수학급에서 일어나는 일에 대해 자치적으로 결정하고 해결한다. 이때 나는 학생들이 결정한 사항에 대해 피드백을 줄 뿐 임의로 바꾸거나 개입하지 않는다. 특수교육대상 학생들이 자신이 생활하는 공간인 특수학급에서 개선되었으면 좋겠다고 생각한 부분을 안건으로 제기하고 그 안건을 자신들의 의견을 모아 결정한 것을 교사의 기준에 맞지 않는다고, 다소 부족해 보인다고 개입하게 되면 학급회의는 학생들의 것이 아닌 교사의 것이 된다. 그러면 학생들은 '어차피 우리가 결정해봤자 선생님 뜻대로 될 텐데'라는 생각을 갖게 되어 학급회의의 가치와 필요성을 느끼지 못하게 된다. 학급회의는 자신들과 관련된 문제 상황을 직시하고, 스스로 해결책을 찾아 결정하고 실천하는 과정이다. 이 과정은 청소년기의 자기결정력과 관련이 있고, 이때 다져진 자기결정력은 결국 성인이 되어 사회에서 살아갈 때 자신과 관련된 수많은 선택 앞에서 주체로 설 수 있게 할 것이다. 학급회의를 온전히 학생들에게 내어주지 못하면 학생들이 배워야 하는 자기결정력을 키울 수 없다. 학급회의를 통해 특수교육대상 학생들은 자신들의 결정으로 학급이 변화되는 것을 보게 되었다. 지금까지 자신과 관련된 문제에서조차 참여하고 결정하는 경험이 적었던 특수교육대상 학생들이 학급회의를 통해 자기결정력을 키우며 비로소 특수학급의 주체가 되고 특수학급에의 소속감을 가지게 된 것이다.

의미 있는 역할 바꾸기

개별학습실에서 통합학급 원격수업 참여할 때의 예절

방과 후 수업 시간 활동 짝 정하는 방법

방과 후 메뉴 정하는 방법

개별학습실 자리 바꾸기

개별학습실 청소 당번 정하기

대화를 잘하는 방법

현장체험학습을 위한 교장선생님 설득 작전

지난 1년 간 특수학급 학급회의에서 다루었던 안건들이다. 교사의 눈에는 사소하지만 학생들에게는 중요한 이슈들이었다. 현장체험학습을 위한 교장선생님 설득 작전과 같은 안건들도 있었다. 다소 황당했지만 코로나 시기에 한 번도 현장체험학습을 나가지 못한 2학년 학생들에게는 가장 중요한 안건이었다. 이 안건의 해결책은 가위바위보를 해서 진 사람이 나와 함께 교장실을 찾아가는 것이었다. 나는 동의하지도 않았는데 학생들이 정했기에 따라야 하는 상황이 되었다. 순간 이것은 잘못된 결정이라며 끼어들고 싶었지만 일단 두고 보았다.

다행이라고 해야 할지 모르겠지만 가위바위보에서 진 학생이 코로나에 확진되어 한동안 학교에 등교하지 못하는 바람에 이 안건은 그대로 종결되었다.

학급회의를 시작한 초기에는 안건을 제시하는 과정에서 학생들끼리 갈등을 보이기도 했다. '의미 있는 역할 바꾸기'나 '방과 후 수업 시간 활동 짝 정하는 방법' 등은 한 학생이 기존의 역할이나 방법이 마음에 들지 않아서 안건으로 제시했는데, 다른 학생들은 불만이 없는 상태였다. 그래서 학급회의에서 다루어야 한다, 다루지 않아도 된다로 편이 나뉘어 갈등이 나타나기도 했다. 또, 학급회의를 통해 결정된 해결책이 누군가는 마음에 들지 않아 토라지거나 수용하지 못하는 모습들도 관찰 되었다. 그때 학급회의는 공동의 안건을 함께 고민하고 해결해가는 것이며 함께 동의하고 결정된 것을 따르는 것이 중요한 것이라고 의미에 대해 다시 설명하고, 갈등을 해결하는 방법을 학급회의 안건으로 올려 학생들 스스로 해결책을 찾도록 했다. 갈등의 상황에서 학생들이 결정한 방법은 차분한 말투로 말하기, 대화 순서 지키기, 모두의 생각을 다 들어보기, 결정되면 일단 따르기였다. 그 뒤로도 종종 학급회의에서 갈등의 모습은 나왔지만 해결되지 않거나 싸우거나 하는 모습은 없었다.

특수학급에서의 학급회의는 특수교육대상 학생들이 통합학급에서의 학급회의에 잘 참여하기 위한 연습으로서의 의미도 있다. 특수교육대상 학생들은 낯선 것이나 새로운 것에 익숙해지는데 시간이 걸리고, 여러 번의 반복이 필요하다. 특히 부끄러움이 많거나 실수에 대한 두려움이 큰 학생은 통합학급의 학급회의에서 자신의 생각을 표현하지 않으려고 한다. 그러나 특수학급 학급회의에서 자신의 생각을 적극적으로 말하는 연습을 충분히 한다면, 또 자신과 생각이 다른 사람과 의견을 주고받는 연습을 충분히 한다면 통합학급의 학급회의에서도 주변부에 머물지 않고, 자신의 의견을 말할 수 있고 자신과 생각이 다른 사람으로 인해 상처받지 않고 참여할 수 있다.

"선생님, 학급회의 시간에 용훈이가 손 들고 의견을 냈어요. 저 깜짝 놀랐잖아요. 평소에 말도 없고 무심해서 학급 일에 관심 없는 줄 알았는데 다 알고 있더라고요. 목소리가 작고 느리긴 했지만 또박또박 말 잘하더라고요. 용훈이가 이렇게 자기 생각을 말할 수 있다는 걸 제가 너무 늦게 알았나봐요. 진즉에 많이 시켜볼 걸 그랬어요. 다른 학생들도 용훈이가 손 들고 말해서 다들 놀랐고, 박수쳐 줬어요. 용훈이가 좋아하더라고요."

특수학급에서 학급회의 경험은 통합학급에서 진행되는 학급회의에서도 빛을 발했다. 용훈이와 달리 미소는 기본적으로 매우 밝고 매사에 적극적인 학생이다. 통합학급에서도 체육대회나 예술제 등에서 학급의 분위기를 긍정적으로 주도해 담임교사에게는 물론 교과 교사들에게도 사랑을 듬뿍 받는다. 이렇게 밝고 적극적인 학생임에도 불구하고 통합학급의 학급회의에서는 적극적으로 참여하지 않고 주변부에 머물렀는데 그 이유가 굳이 자신이 통합학급에서 의견을 낼 이유를 찾지 못하고, 자신의 의견이 혹시나 무시되거나 웃음거리가 될까봐 걱정이 있었기 때문이었다. 그런데 특수학급에서 먼저 학급회의를 경험하고 자신의 의견이 무시되지 않고 받아들여지는 경험과 자신의 의견으로 특수학급이 변화되는 것을 보더니 이제는 통합학급의 학급회의에서도 자신의 의견을 표현하게 되었다.

특수교육대상 학생에게 통합학급과 특수학급은 두 공간 모두 의미 있는 교육 활동이 이루어지는 곳으로 양쪽 모두에 소속감을 가져야 한다. 학급회의를 통해 통합학급과 특수학급 모두에서 소속감을 가질 수 있고, 구성이 다른 학생들과의 학급회의 경험은 다양한 사람들에게 자신의 의견을 제시하고 의견을 조율해 보는 기회가 될 것이다.

통합학급에서 특수교육대상 학생으로 인해 발생할 수 있는 문제 혹은 결정사항들을 통합학급 담임교사가 결정하고 해결하기보다 학급회의를 통해 학생들이 스스로 결정하고 해결하게 되면 학생들이 민주적인 의사결정 방식으로 정한 결과를 불만 없이 받아들이게 될 것이다. 이는 특수교육대상 학생이 피해를 주거나 문제를 일으키는 불편한 존재가 아닌 우리 반에서 함께 지내는 20여 명 중의 한 명으로 여기게 할 것이다. 특수교육대상 학생 또한 자신의 입장을 통합학급에서 표현하며 문제해결의 주체로 참여하는 경험을 통해 통합학급의 일원으로서 소속감을 가지며 적절한 방법으로 자신의 생각을 전하는 능력이 향상될 것이다.

앞으로는 특수학급에서의 학급회의 방식과 통합학급에서의 학급회의 방식을 일치시키고 통합학급에서의 학급회의 시간을 정기적으로 확보하도록 노력할 계획이다. 지금까지는 학교의 학사에 따른 자치시간에 학급회의를 진행하고 있어서 통합학급에서의 다양한 문제들이나 결정해야 하는 것들이 교사 주도로 이루어지고 있고, 문제를 해결하는데 적절한 시기를 놓칠 때가 있다.

학급회의를 정기적으로 여는 것에 대해 통합학급 담임교사는 시간적으로 부담감을 가질 수 있다. 중학교에서 학급회의 시간을 별도로 확보하기가 쉽지 않기 때문이다. 그러나 충분히 연습이 된다면 학급 회의는 15분 정도로도 충분할 수 있다. 진도를 조금씩 빨리 빼서한 달에 한 번, 또는 2주에 한 번 담임교사의 교과 시간을 조금 확보하거나 특정 요일의 종례 시간을 활용할 수 있다. 특수학급에서도 처음에 학급회의를 할 때는 45분이 걸렸지만, 이제는 학생들이 알아서 착착 진행하고 길어도 20분을 넘지 않는다. 학생들이 모든 것을 주도적으로 진행하고 나는 뒤에서 참관만 한다. 이렇게 연습이 된다면 통합학급에서도 부담 없이 충분히 진행할 수 있을 것이다.

통합학급에서 학급회의 시간 확보와 함께 특수교육대상 학생에게도 자신의 의견을 낼 수 있는 기회를 만들어 주었으면 좋겠다. 매번 학급회의 시간에 모든 학생이 발언 기회를 가지는 것은 아니지만 특수교육대상 학생에게는 학급회의의 안건을 미리 안내하고 학급회의 전에 자신의 생각을 정리할 수 있는 시간을 주는 것도 팁이 될 수 있다. 안건에 대한 자신의 생각을 정리하고 준비하면 당황하지 않고 자신의 생각을 말할 수 있을 것이다. 또 장애 정도가 심해 학급회의에서 자신의 생각을 잘 전달할 수 없는 경우라면 손을 든 숫자를 세거나 발언할 학생을 지목하게 하거나 해결책 가운데 하나쯤은 선택권을 주거나 하는 식으로 학급회의에서 작은 역할이라도 수행하게 하는 것으로도 참여의 의미를 가질 수 있다.

통합학급 담임교사나 학생들이 특수교육대상 학생과 함께 하는 학급회의를 부담스럽지 않게 여기고 학급회의가 모두에게 유익한 것임을 느낄 수 있었으면 좋겠다. 학급회의를 통해 특수교육대상 학생뿐만 아니라 학급의 모든 학생들이 다름에 대한 존중을 키우고 이를 바탕으로 자기결정력과 소통하고 의사결정 하는 능력을 키운다면 분명히 건강한 민주시민으로 자랄 것이다.

14

우리가
말하는 대로

굿모닝 요정

태수는 아침 8시 20분이 되면 정확하게 교무실 문을 열고 무심하게 들어온다. 교감 선생님 자리부터 확인하고 커다란 교무실을 가로질러 걸으며 복사기, 프린터기를 살핀다. 아는 선생님이 있으면 배꼽 인사와 함께 무심한 말투로 "안녕하세요. 선생님"이라고 인사한다. 그런 태수를 보며 교무실 선생님들은 얼굴에 미소를 지으며 함께 인사를 한다. 나에게 와서도 눈은 복사기와 프린터기에 향하지만, 배꼽 인사는 잊지 않는다. 태수가 교무실을 걸으며 복사기나 프린터기, 주변에 있는 물건들을 살펴봐도 불편한 기색을 보이는 선생님은 없다. 입학하고 두 달 남짓에 태수는 교무실의 선생님들에게 '굿모닝 요정'이 되었다.

"태수의 무심한 인사가 너무 매력적이에요. 완전 굿모닝 요정!"
"아침부터 태수를 보면 눈이 밝아지는 것 같아요."

태수의 부모님은 중학교 입학을 앞두고 특수학교와 일반 학교 특수학급을 놓고 고민이 많으셨다고 했다. 코로나 상황으로 초등학교에서 중학교 생활에 대한 준비가 미흡한 탓에 초등학교와는 많이 다른 중학교 생활이 쉽지 않을 거라 생각하신 거였다. 많은 고민 끝에 특수학급을 선택해 우리 학교에 입학하게 되었다. 입학 전부터 어머니와 수시로 상담을 했다. 교과 중심, 교복 착용, 45분 수업 시간, 자유학기, 스포츠클럽 등 중학교에서 초등학교와 달라지는 점과 수업 시간과 쉬는 시간 구분, 도움이 필요할 때 요청하기, 준비물 챙기기 등 중학교에서 생활하는데 필요한 것들에 대해 자세히 이야기를 나누었다. 겨울방학 중에라도 집에서 준비하실 수 있도록 안내해 드렸다.

나도 학교에서 태수를 맞을 준비를 했다. 또, 교과 선생님이라면 어떤 정보가 필요할지도 생각해 보고 2월 전체 교직원 연수 때 우리 학교 통합교육과 특수교육대상 학생의 특성과 지원 방법에 대해 안내를 했다. 3월 초에는 다시 태수의 반에 들어가는 교과 선생님들께 태수의 특성, 예상되는 행동과 지도 방법, 특수교육실무사 지원 계획 등을 공유했다.

<첫 번째 공유 내용>

1. 태수의 경우 일관된 규칙을 적용하는 것이 매우 중요합니다.

　- 수업 중 전자 칠판을 만지러 나갈 수 있습니다. 그럴 때는 "만지면 고장 나요. 선생님만 만질 수 있어요"라고 친절하며 단호하게 말씀해 주세요. 그 외에도 하면 안 되는 행동에 대해서는 "안 돼요" 같은 부정적 표현보다는 "자리에 앉아요" "글씨를 써요" 등과 같이 지금 해야 하는 것을 명시적으로 말씀해 주세요.

　- 수업 중 간혹 자리에서 일어나는 경우도 있습니다. 이것은 불안해서 나오는 행동인데, 제지하려고 하면 불안이 해소되지 않아 더 좋지 않은 행동 문제(울기, 자신 때리기)로 나올 수 있습니다. 오히려 잠깐 일어나 교실 한 바퀴 돌고 오면 조금 나아지기도 합니다. 자리에서 일어나서 움직이면 그냥 지켜보시고, 조금 돌아다녔는데도 앉지 않으면 "자리에 앉아요"라고 말씀해 주시면 자리에 앉습니다.

　- 초등학교와는 달라진 수업 시간과 쉬는 시간으로 인해 화장실 이용 시간에 아직 적응이 필요합니다. 그래서 지금은 쉬는 시간에 화장실 이용하는 것을 연습하고 있습니다. 혹시 수업 중간에 화장실을 가겠다고 하면 "화장실은 쉬는 시간에 이용해요. 다음부터는 쉬는 시간에 다녀오세요"라고 말씀해 주세요.

　- 태수도 모둠 활동에서 작은 역할이라도 할 수 있습니다. 그러나 태

수가 포함된 모둠 친구들에게는 다른 모둠보다 활동량이 가중될 수 있으니 다른 모둠보다 1명 더 추가해 배치해 주시면 같은 모둠의 다른 학생들이 덜 부담스러울 것입니다.

2. 3월 한 달은 특수교육실무사가 태수와 함께 거의 모든 수업에 들어갑니다. 4월부터는 특수교육실무사의 수업 지원은 점차 줄여갈 예정입니다. 4월 초에 제가 교과 선생님들께 의견을 구하고, 필요하신 교과 위주로 실무사를 지원하도록 하겠습니다. 수업 중 태수의 행동 문제와 관련되어 어려운 점들을 알려 주시면 함께 풀어갈 방법을 찾아보겠습니다.

3. 태수에게 3월 한 달은 무척이나 중요한 시기입니다. 태수와 학급 학생들이 한 해 동안 수업 시간에 어려움 없이 지낼 수 있도록 교과 선생님들의 일관된 지도 부탁드립니다.

<한 달 후 두 번째 공유 내용>

3월 한 달간 교과 선생님들께서 한마음으로 지도해주신 덕분에 김태수 학생이 정말 잘 적응하고 있습니다. 태수는 한번 규칙과 약속이 자리 잡으면 그대로 행동하려는 성향이 강하기 때문에 학년 초에 루틴을 잡는 것이 매우 중요했습니다. 그 어려운 일을 함께해 주셔서 정말 감사합니다!

초반에 보였던,

- 쉬는 시간과 수업 시간을 잘 구분하지 못해 수업 중 화장실을 이
  용하는 행동

- 수시로 일어나 돌아다니거나, 크게 혼잣말하거나 웃는 행동

- 의견을 잘 전달하지 못해 울거나 자신을 때리는 행동

- 전자칠판을 조작하려는 행동 등이 많이 줄었습니다.

태수는 수업 중에 선생님들께서 말씀하시는 것을 훨씬 잘 따릅니다.
지금처럼 친절하며 단호하게 말씀해 주시기를 부탁드립니다. 앞으로는
(4월부터는) 희망하는 교과만 특수교육실무사가 교실 지원을 하도록
하겠습니다. 또, 특별한 활동이나 실험, 실습이 있을 때 미리 말씀해 주
시면 지원할 수 있도록 하겠습니다. 수업 중 선생님께서 해결하기 어려
운 행동을 보이면, 장애학생 도우미를 통해 1층 개별학습실로 연락해
주시기 바랍니다.

지금까지 해 주신 것처럼, 수업 중 태수에게 친절하며 단호하게 말씀
해 주시기를 부탁드립니다. "안 돼" "하지 마세요" "아니야" 같은 부정
적인 표현보다 "자리에 앉아요" "교과서 몇 쪽을 펴세요" "기다리세요"
"쉿, 조용히" 등 지금 해야 할 일을 긍정적인 표현으로 알려 주세요. 다
만, 안전과 직결된 상황일 때는 "안 돼!"로 확실하게 표현해 주세요.

이런 내용을 공유하는 과정에서 요청한 지도 방법을 모든 교과 선

생님들이 마치 한 사람으로 움직이듯 태수에게 일관되게 적용해 주셨다. 개별적으로 태수의 수업 참여와 행동 지원 방법을 물어 오시는 선생님들과도 계속해서 이야기를 나누었다. 이런 선생님들의 노력과 지원을 통해 태수는 한 달이 채 안 되는 시간에 중학교 생활에 잘 적응하는 모습을 보였다.

(교과 선생님) "진짜 감동이에요. 모든 선생님이 어떻게 이렇게 같이 하실 수 있죠? 한 달의 시간에 기적을 본 것 같아요."

(태수 어머니) "선생님, 솔직히 믿기지 않아요. 태수가 이렇게 잘 적응할 수 있을 거라 생각지 못했어요. 우리 가족 모두가 놀라고 기뻐하고 있어요. 태수가 학교에서 잘 지내니까 집이나 치료실에서 보이는 불안한 행동들이 거의 나오지 않아요. 진짜 학교 선생님들께 모두 감사드려요."

통합학급 담임교사뿐만 아니라 모든 교과 교사가 태수의 특성을 있는 그대로 보아주셨다. 수업 중에 태수가 보이는 어려운 행동에 대해서 교과 교사가 책임 있게 지도하는 태도를 보며 태수네 반의 학생들도 '태수는 당연히 우리 반에서 함께하는 존재'로 자연스럽게 받아들였다. 태수도 스스로 일어나 아침 식사를 하고 엄마를 깨운 후 학교 갈 준비를 맞춰 놓을 정도로 학교 가는 것을 좋아한다고 말씀하셨다.

태수의 어머니도 그간의 걱정들을 이제는 많이 내려놓게 되셨다. 태수는 교무실 선생님들뿐만 아니라 학급의 친구들, 교과 선생님, 태수의 가족에게도 '굿모닝 요정'이 되었다.

아름다운 세상

"저 수어 다 외웠어요!"

"갑자기 왜 수어를 외워요?"

"수행평가니까요!"

"무슨 과목인데요?"

"음악이에요. 노래 부르면서 수어해야 해요. 저 다 외웠어요. 선생님 한번 보실래요?"

미소가 음악 수행평가라면서 수어를 보여 주었다. 이게 무슨 일이지? 수어 가창 수행평가라니. 너무나 궁금해 두근거리는 마음으로 3학년 음악 선생님을 찾아갔다.

"4월에 장애인의 날도 있고 해서, 의사소통의 한 방법으로 수어로도 노래를 부를 수 있다는 것을 학생들에게 알려주고 싶었어요. 입으로는 리듬에 맞춰 노래를 부르고 수어로 표현해 보는 경험이 학생들에게 의미 있을 것 같아서요."

음악 선생님의 이야기를 듣고 나니 학생들이 어떻게 하는지 더 궁금해졌다. 수업 참관을 해도 되는지 물어 부탁을 드리고 수행평가 직전 마지막 연습 시간에 함께했다. 학생들이 진지하게 입과 손으로 '아름다운 세상(박학기)'을 부르는 모습은 그 자체로 '아름다운 세상'이었다.

우리 학교 중앙 현관에는 학생들의 수업 활동 결과물들을 자유롭게 전시하는 공간이 있다. 어느 날 갑자기 '차별과 혐오가 없는 학교 만들기'라는 이름으로 벽보가 가득 붙어 있었다. 이건 또 무슨 일인가 하고 알아봤더니 학생회 학생들이 올해 우리 학교 학생들이 나가야 할 방향을 잡고 행동 수칙을 만든 것이라고 했다. 또 어느 날에는 시화 작품이 잔뜩 걸려 있었다. 다양성과 공존을 주제로 함께 사는 세상에 대하여 1학년 국어 시간에 활동한 결과물이었다. 이것 또한 나도 모르게 소리 소문 없이 진행된 수업이었다.

우리 학교는 올해(2022년) 서울시 교육청의 '더공감교실' 시범학교로 선정이 되었다. '더공감교실'은 특수교육대상 학생이 소외되지 않고 모든 학생과의 어울리며 배움이 일어나도록 일반교사와 특수교사가 함께 협력하여 수업, 생활지도 등 학급운영 전반에 걸쳐 통합교육을 구현하는 통합학급을 의미한다. '더공감교실' 시범학교를 위해 신학기 준비 기간에 전체 교직원을 상대로 연수를 진행했다. 우리 학교의 시범학교 주제인 '공존하는 우리'에 대한 의미와 가치를 공유하는 시간이었다. '공존'에는 '공감과 존중으로 함께 산다(공존한다)'는 의미가 있고, 학교 전반에 공감과 존중의 문화가 확산했으면 좋겠다는 바람을 전 교직원에게 전했다.

시범학교가 이제 두 달 남짓 진행되었는데 3학년 음악과 수행평가와 1학년 국어 수업, 학생회 활동처럼 생각지도 못한 부분에서 '공존'의 모습이 보이기 시작했다. '더공감교실'은 통합학급 담임교사와 사전에 협의가 이뤄진 일부 교과 교사 위주로 협력 교수가 진행되고 있었는데, 협력 교수를 함께하지 않는 교과와 영역 여기저기서 '공존'을 주제로 조용히 활동들이 진행되고 있었다.

"1학기 도서관 프로그램으로 야외 도서관 활동을 진행해 보려고요. 점심시간에 짧게 읽고 감상평 남길 수 있는 책들을 전시하고 따뜻한 햇볕 아래서 독서의 즐거움을 맛볼 수 있게요. 더공감교실 시범학교와 연계해서 하면 좋을 것 같아요."

"그럼 주제를 문화 다양성으로 하고 관련 그림책으로 함께하면 어떨까요?"

"오! 좋아요!"

사서 선생님이 중간고사 이후 책 읽기 참 좋은 계절에 학교 도서관 프로그램이 진행된다며 함께하자고 하셨다. 주제도 공존과 어울리는 문화 다양성으로 말이다. 이렇게 학교의 곳곳에서 생각하지도 못했던 변화가 시작되고 있었다. 선생님들마다 생각지도 못한 다양한 아이디어가 넘쳐난다. 선생님들과 함께 앞으로 그려 나가고, 또 나도 모르게 학교 곳곳에서 펼쳐질 '더공감교실'에 대한 기대로 마음이 들썩인다.

통합교육이라는 조약돌이 만드는 파동

모두가 행복한 통합교육이 되기 위해서 통합교육 지침이나 매뉴얼이 중요한 것은 아니다. 대다수 교사는 자신의 학급 학생들 모두, 자신의 수업을 듣는 학생 모두와 함께하고 싶어 한다. 그러나 통합의 동기가 부족하거나 그 방법을 잘 모를 뿐이다. 나는 선생님들께 학생들의 변화에 대한 기대와 교사로서의 보람을 동기로 전달하고 싶었다. 교사 개개인의 의지와 동기가 없다면 통합교육은 지속될 수 없고, 내실도 다져질 수 없기 때문이다. 나는 그 기대 안에 통합교육이라는 작은 조약돌 하나를 던졌다.

"선생님, 축하드려요. 우리 ○○이와 함께하는 1년은 정말 재미있고 즐거운 시간일 거예요. 제가 함께하겠습니다."

작년부터 각 반의 담임이 정해지는 날, 내가 통합학급 담임교사에게 전하는 첫 인사말이다. 이전에는 해당 특수교육대상 학생에 대해

주의해야 할 점들을 먼저 말했다면 이제는 통합학급에 대한 기대감을 먼저 전한다. 이 말을 건네기까지 고민이 많았다. 혹시 통합학급 1년이 내가 전한 첫 인사말과 달리 힘든 경험이 되면 어쩌나 하는 걱정이 들었기 때문이다.

"선생님께서 미소의 담임교사가 된 것을 축하한다는 그 첫 인사말이 엄청 인상적이었어요. 그 말 덕분인지 미소와의 만남이 너무 기대됐고 선생님 말씀대로 첫 통합학급이었는데 정말 재미있고 즐거운 시간이었어요. 통합학급 담임에 대한 막연한 두려움이나 걱정이 있었는데 선생님 말을 믿고 기대하는 마음으로 만나고 지냈더니 정말 즐겁고 행복한 1년이었습니다. 내년에도 미소와 함께하고 싶은 정도로요."

통합학급 담임교사가 되었을 때 부담감이나 두려움보다는 기대감을 가질 수 있었으면 좋겠다는 내 바람이 전달되어 미소의 담임선생님은 올해도 미소의 통합학급 담임이 되었다. 새로이 통합학급 담임교사를 맡게 된 다른 선생님들도 내가 건네는 축하의 인사말에 걱정보다는 기대된다고 해주셨다.

기대감으로 통합학급 담임을 시작하게 되면 자연스레 학생들 하나하나를 기대의 눈으로 보게 되고, 그 기대의 눈은 격려의 말로 표현이 된다. 통합학급에서 굳이 특별한 무언가를 더 하지 않아도 담임교사의 태도만으로도 특수교육대상 학생은 소속감을 느끼고, 격려를 받아 정서적으로 잘 자란다. 교사의 태도는 특수교육대상 학생에게만이 아니라 학급의 모든 학생을 향한다. 특수교육대상 학생이 학교에 오는 발걸음이 가벼울 수 있었으면 좋겠다는 교사의 바람이 자연스럽게 모든 학생에게 스며드는 것이다. 이런 선순환이 통합학급의 분위기를 따뜻하고 안정되게 만들어 통합학급 교사도 학생도 모두 편안한 1년을 보낼 수 있게 만들었다. 통합학급 교사가 지금 할 수 있는 것에 최선을 다하는 모습을 보인다면 그것들이 스며들어 나중에라도 드러날 것이다.

"주승이는 진짜 FM이에요. 단 한 번도 엎드려 잔 적을 본 적이 없어요. 자세도 항상 바르고요. 지각도 한 번 안 하고. 가끔은 주승이가 로봇인가 했잖아요. 꼼꼼하게 맡은 거 확실하게 하고요. 특수학급 학생이라고 해서 처음엔 약간 불편한 마음이 있었는데 주승이 덕분에 다른 반보다 간식이나 선물도 더 받고, 다른 반은 안 받는 수업도 받고, 아무튼 주승이 덕을 크게 봤어요."

같은 반에 특수교육대상 학생이 있다는 것만으로도 부담을 갖는 학생들이 있다. 그러나 통합학급에서 다양한 학생이 희로애락을 공유하며 일상을 살아가는 경험은 특수교육대상 학생을 있는 그대로 바라보게 한다. 함께 지내며 친구의 강점을 발견하고 장애를 다양한 삶의 양식의 하나로 볼 수 있는 일상을 자연스레 경험하면서 학생들은 조금씩 달라졌다. 담임교사가 모든 학생을 향해 기대를 품고 거기에 특수교사의 지원이 더해진다면 학생들은 통합학급에 대한 좋은 기억을 갖게 될 것이다. 함께 더불어 살아가는 존재로 관계를 맺고 일상에서 벌어지는 다양한 일들에서 차별이나 배제가 아니라 다양성을 인정하고 연대하게 할 것이다. 통합학급에 대한 좋은 기억은 고등학교에 가고 성인이 되어 사회에 나왔을 때 빛을 발할 것이다. 교사들이 멍석만 바르게 깔아주면 나머지는 학생들이 알아서 한다. 이것이 바로 진정한 통합교육이 아닐까.

우리나라에서 입시 체제가 바뀌지 않은 이상 중·고등학교에서 물리적 통합을 넘어서는 통합교육은 불가능하다고, 쉽지 않다고 많이들 이야기한다. 어려울 수 있지만 그래도 해야 하는 것이라면 생각을 달리해 보고 싶다. 할 수 있는 것부터 시작하기. 어려운 상황이지만 중·고등학교에서 통합교육을 할 수 있는 틈을 찾아 조금씩 스며들듯이 시도해보기. 특수교육대상 학생만을 위한 통합교육이 아닌 우리 반 모든 학생을 위하고 통합교육에 대한 좋은 경험들이 쌓일 수 있도록, 또 그런 경험을 한 일반 교사들이 늘어갈 수 있도록 작은 것부터 시작했으면 좋겠다. 마음이 맞는 교원들의 사적 모임이나 교원학습공동체를 통한 나눔이 그 틈이 될 수 있을 것이다.

나의 통합교육은 특수교육대상 학생에게 머물던 시선을 우리 학교에 다니는 모든 학생으로 확대하면서 변화가 시작되었다. 우리 학교의 통합교육은 특수교사 혼자 종종거리며 뛰어다니던 것에서 벗어나 통합학급 담임선생님들과 교과 선생님들이 특수교육대상 학생에 관한 관심과 책무성이 생기면서 변화되었다. 통합교육을 실천하는 데 어떤 대단한 역량이 필요한 것이 아니었다. 교사의 일상적인 태도를 통해 학생들의 생각을 자연스럽게 변화시킬 수 있다는 것을 전하기만 하면 되었다. 특수교사의 일은 통합학급 교사와 함께 모든 학생이 다름을 차이로 인식하게 하고, 다양성을 존중할 수 있게 물심양면으로 지원하는 것이었다.

100명의 특수교육대상 학생이 있다면, 100개의 통합교육의 모습이 있을 것이다. 통합교육에는 하나의 정답이 있지 않다. 그러나 오답은 있어서, 그 오답을 피하기 위해 모범답안을 만들어가려는 다양한 시도들이 진행되고 있다. 내가 선생님들의 마음에 던진 작은 조약돌도 마치 물수제비 튕기듯 학교의 여기저기에서 새로운 시도들이 물결을 일으키며 번지고 있다. 선생님들의 모습을 보면서 혼자 하는 것과 함께하는 것의 차이가 얼마나 큰지 새삼 느낀다. 선생님들 각자가 자기 나름의 통합교육 방법들을 찾아가고 계신다. 해 보지 않았던 시도들이 그 끝에 무엇을 만나게 될지 나도 기대된다.

중·고등학교의 일상에서 이런 작은 시도들이 쌓여 학생들 마음 하나하나에 차이를 차별하지 않고, 다양성을 존중하고, 함께 살아가는 것이 당연하다는 것을 남기는 것이 좋은 통합교육이라고 생각한다. 장애인 또는 사회적 약자를 위해 적극적으로 나서지는 않더라도 말이다. 중·고등학교를 졸업한 학생이라면, 특수학교나 장애인 시설 설치에 적극적으로 힘을 실어 주지는 않더라도 최소한 자신의 이익만을 위해 특수학교나 장애인 시설이 혐오시설이라며 적극적으로 반대하는 사람은 없게 하는 것. 그것이 지금 우리가 할 수 있고 해야 하는 통합교육의 방향일 것이다.

...

우리가 말하는 대로

말에는 힘이 있다. 도저히 이루어질 수 없을 것 같은 바람과 기대도 자꾸 되뇌다 보면 어느 순간 그것을 이루어가고 있음을 보게 된다. 자신을 믿을 수 없는 시간 속에서도, 말이 가지는 힘을 믿고 나아가다 보면 우리는 당연한 기적을 만나게 될 것이다. 말하는 대로 이루어지는 기적.

내가 저자의 한 사람으로 참여했던 책《특수교사 교육을 말하다》에서 나의 바람은 교학상장이라 했다. 그 책 이후의 나의 교사, 특수교사로서의 생활을 돌아보니 말했던 대로 학생들과 서로 가르치며 배우며 함께 성장하는 시간이 가득했다는 것을 느꼈다. 비록 고통스럽고 힘든 순간에는 의심도 했지만, 분명 나는 학생들과 서로 가르침을 주고받고 배우며 성장해왔다. 그러했으니 내가 여전히 특수교사로 자리를 지키며, 또 좋은 통합교육을 향해 힘쓸 수 있는 것이다.

이제 다시 '함께 가는 길'을 말한다. 학생들과의 교학상장을 넘어 특수교사와 일반 교사, 특수교사와 특수교사, 특수교육대상 학생과 일반 학생, 교사와 학부모가 함께 서로 가르치고 배우며 우리 교육을 바꾸는 교학상장을 꿈꾼다. 아마 그 시작은 좋은 통합교육을 향한 특수교사와 일반 교사의 협력일 것이다. 학생들을 위해 서로가 함께하며 한 걸음이 열 걸음, 백 걸음으로, 두 사람의 팔짱이 몇천 명의 어깨동무로 커가는 당연한 기적을 보기를 소망한다.

해 보니까 되더라고요

초판 1쇄 펴낸 날 2022년 5월 31일
초판 2쇄 펴낸 날 2023년 2월 13일

지은이 이수현, 김민진
펴낸이 이후언
기획 이종필
편집 이후언
디자인 윤지은
인쇄 하정문화사
제본 강원제책사

발행처 새로온봄
주소 서울시 관악구 솔밭로7길 16, 301-107
전화 02) 6204-0405
팩스 0303) 3445-0302
이메일 hoo@onbom.kr
홈페이지 www.onbom.kr

© onbom, 2022. Printed in Seoul, Korea

ISBN 979-11-974585-4-5 (03370)